公路工程建设管理丛书

公路建设项目代建工作管理指南

庄建伟　冯　涛　主编
郭宗杰　韩作新　主审

西南交通大学出版社
·成　都·

图书在版编目（CIP）数据

公路建设项目代建工作管理指南 / 庄建伟，冯涛主编. —成都：西南交通大学出版社，2020.8
（公路工程建设管理丛书）
ISBN 978-7-5643-7548-5

Ⅰ. ①公… Ⅱ. ①庄… ②冯… Ⅲ. ①道路工程－基本建设项目－工程项目管理－指南 Ⅳ. ①U415.13-62

中国版本图书馆 CIP 数据核字（2020）第 156662 号

公路工程建设管理丛书
Gonglu Jianshe Xiangmu Daijian Gongzuo Guanli Zhinan
公路建设项目代建工作管理指南
庄建伟　冯　涛　主编

责任编辑	杨　勇
助理编辑	王同晓
封面设计	GT 工作室
出版发行	西南交通大学出版社 （四川省成都市金牛区二环路北一段 111 号 西南交通大学创新大厦 21 楼）
发行部电话	028-87600564　028-87600533
邮政编码	610031
网址	http://www.xnjdcbs.com
印刷	四川煤田地质制图印刷厂
成品尺寸	170 mm × 230 mm
印张	17
字数	303 千
版次	2020 年 8 月第 1 版
印次	2020 年 8 月第 1 次
书号	ISBN 978-7-5643-7548-5
定价	158.00 元

编 委 会

主　　编　庄建伟　冯　涛

副 主 编　高　翔　宋海涛　郭　正　闫法志

冯继军　王树观　孙长金

主　　审　郭宗杰　韩作新

参编人员　薛　亮　李　伟　孙景鑫　任松磊　张　颖

张伦瑶　刘　伟　付兴林　朱晓龙　晋墩鹏

丁雪林　葛　明　许庆林　潘至可　徐　磊

史继伟　王启森　刘明珠　程　前　曹杨杨

前言

改革开放以来，随着社会主义市场经济体制的建立和完善，中国公路交通事业进入了快速、健康的发展轨道。根据《国家公路网规划》，我国在“十三五”期间需完成每年新增高速公路5 000千米、新改建二级公路2万千米和建设农村公路5万千米，才能满足规划建设任务的需求。按这个规模测算，公路建设的投资规模每年将超过1万亿元。目前，我国公路发展正处在加速成网的关键阶段，到2030年，还有2.6万千米国家高速公路待建，还有10万千米普通国省道干线公路需要改造升级。高速公路网约有4 000千米“断头路”，普通国道还有2 800多千米“瓶颈路”，路网中二级及以上公路占比只有12%。

随着投资体制改革的不断深入和工程建设的不断发展，工程建设逐步形成投资多元化，管理标准化、制度化和规范化，经营市场化的新机制。为加快政府投资管理体制改革步伐，从源头上解决当前政府投资管理体制问题，在2004年国务院出台的《投资体制改革方案》中已明确规定“对非经营性政府投资项目加快推行‘代建制’”，即通过招标等方式，选择专业化的项目管理单位负责建设实施，严格控制项目投资、质量和工期，竣工验收后移交给使用单位。

政府投资项目代建制的试行与逐渐推广，为深化政府投资项目管理改革，充分利用社会专业化组织的技术和管理经验，提高政府投资项目的建设管理水平和投资效益，发挥了积极的作用。同时较好地避免了政府投资项目“投、建、管、用”混淆所带来的弊端。大力倡导和发展代建制是国家工程建设发展领域中比较重要的一环，是十分必要的。

代建制作为一种新的项目管理模式目前尚处于探索阶段，推广力度和范围仍然不够。代建人作为“代建制”的责任主体，需要受项目法人的委托，开展项目建设管理及相关工作，提高政府投资项目管理水平和投资效益，提高公路建设项目专业化管理水平，推进现代工程管理。根据《中华人民共和国公路法》、《公路建设项目代建工作办法》(部令 2015 年第 3 号）等有关法律、行政法规，制定本指南。

本指南共八章，内容涵盖了项目代建工作的施工准备阶段、施工阶段、交竣工验收阶段、缺陷责任期管理和“五化管理”、风险管理等，并附有济南市普通国省道干线公路典型案例，用于借鉴指导类似项目的代建工作。

由于时间仓促，编者理论水平和实践经验有限，书中疏漏不当之处在所难免，敬请专家、读者提出宝贵意见和建议，以便我们改进和提高。

《公路建设项目代建工作管理指南》编写组

2020 年 8 月

目 录

第一章
项目代建概述

一、概　述

代建制是指投资方通过规定的程序，选择专业化的项目管理单位（以下简称代建单位），代理投资人组织和管理项目的建设。

本指南所称代建，是指受公路建设项目的项目法人（以下简称“项目法人”）委托，由专业化的项目管理单位（以下简称“代建单位”）承担项目建设管理及相关工作的建设管理模式。

项目法人具备交通运输主管部门规定的能力要求的，可以自行进行项目建设管理。项目法人不具备规定的相应项目建设管理能力的，应当按照本指南规定，委托符合要求的代建单位进行项目建设管理。代建单位依合同承担项目质量、安全、投资及工期等管理责任。

二、代建工作的依据、范围、原则

（一）代建工作的依据

代建单位应依据以下法律、法规、文件开展工作：

1. 国家和地方法律、法规；
2. 国家和行业、地方有关标准、规范、规程；
3. 代建服务合同；
4. 设计、施工、监理合同；
5. 工程设计文件和图纸；
6. 工程实施过程中有关文件、函件。

（二）代建工作的范围

公路建设项目代建可以从施工阶段开始，也可以从初步设计或者施工图设计阶段开始。工程项目代建服务合同必须明确双方职责与权限。

（三）代建工作的原则

公路建设项目代建应当遵循择优选择，责权一致，界面清晰，目标管理的原则。

三、代建单位应具备的条件

（一）代建单位

具有法人资格，以控制项目投资额、保证项目工期及质量为建设目标，在投资人、使用单位、财政、审计、监察等部门的监督下负责项目的建设实施，竣工验收后移交给使用单位。

（二）代建单位资质

高速公路、一级公路及独立桥梁、隧道建设项目的项目法人，需要委托代建时，应当选择满足以下要求的项目管理单位为代建单位：

1. 具有法人资格，有满足公路工程项目建设需要的组织机构和质量、安全、环境保护等方面的管理制度；

2. 承担过 5 个以上高速公路、一级公路或者独立桥梁、隧道工程的建设项目管理相关工作，具有良好的履约评价和市场信誉；

3. 拥有专业齐全、结构合理的专业技术人才队伍，工程技术系列中级以上职称人员不少于 50 人，其中具有高级职称人员不少于 15 人。高速公路、一级公路及独立桥梁、隧道以外的其他公路建设项目，其代建单位的选择，可由省级交通运输主管部门根据本地区的实际进行规范。

项目法人选择代建单位时，应当从符合要求的代建单位中，优先选择业绩和信用良好、管理能力强的代建单位。

省级交通运输主管部门可以根据本地公路建设的具体需要，细化代建单位的要求。鼓励符合代建条件的公路建设管理单位及公路工程监理企业、勘察设计企业进入代建市场，开展代建工作。

（三）代建机构和代建人员

代建机构由代建单位派出并代表代建单位履行代建合同的现场项目代建工作组织。

代建人员依据代建合同对工程质量、安全、环保、费用、进度实施管理活动的人员。

（四）代建机构人员配备

代建单位派驻工程现场的建设管理机构、专职管理人员应当满足项目建设管理工作需要。代建项目现场负责人、技术负责人、工程管理部门负责人应当在代建单位工作 3 年以上，且具有 10 年以上的公路建设行业从业经验、高级以上专业技术职称，以及至少 2 个同类项目建设管理经历。代建单位派驻现场的管理人员和技术人员不得在其他公路建设项目中兼职。

四、代建单位的选择

代建单位应当依法通过招标等方式选择。采用招标方式的，应当使用交通运输部统一制定的标准招标文件。

代建单位在递交投标文件时，应当按照要求列明本单位在资格、能力、业绩、信誉等方面的情况以及拟任现场管理人员、技术人员及备选人员的情况。

评标可以采用固定标价评分法、技术评分合理标价法、综合评标法以及法律、法规允许的其他评标方法，并应当重点评价代建单位的建设管理能力。

五、代建合同

项目法人应当与所选择的代建单位签订代建合同，代建合同应当包括以下内容：

1. 代建工作内容；
2. 项目法人和代建单位的职责、权利与义务；
3. 对其他参建单位的管理方式；
4. 代建工作目标；
5. 代建工作条件；
6. 代建组织机构；
7. 代建单位服务标准；
8. 代建服务费及支付方式；
9. 履约担保要求及方式、利益分享办法；
10. 绩效考核办法及奖励办法、违约责任、合同争议的解决方式等。

六、代建服务费

代建服务费应当根据代建工作内容、代建单位投入、项目特点及风险分担等因素合理约定。

七、代建项目实行目标管理

代建单位依据代建合同及其他参建单位签订的合同中约定的管理目标，细化、分解工程质量、安全、进度、投资、环保等目标责任，开展建设管理工作，制定代建工作的各项制度，确保目标实现。

八、代建单位的考核

项目法人依据代建合同对代建单位的管理和目标控制进行考核和奖惩，督促代建单位严格履行合同。代建服务费宜按照工程进度和目标考核情况分期支付。

九、代建单位主要职责

代建单位依据合同开展代建工作。主要职责包括：

1. 严格执行国家基本建设程序和有关规定，协助项目法人办理相关审批手续并落实相关要求，配合国家有关部门依法组织检查、考核等，负责落实整改；

2. 协助项目法人或者受项目法人委托，组织编制招标文件，完成勘察设计、施工、监理、材料设备供应等招标工作；

3. 对勘察设计、施工、监理、材料设备供应、技术咨询等单位进行合同管理，根据合同约定，细化、分解项目管理目标，落实目标责任；

4. 依据相关法规和合同，履行工程质量、安全、进度、计量、资金支付、环境保护等相关责任，审核、签发项目建设管理有关文件；

5. 依据合同协助完成征地拆迁工作；

6. 拟订项目进度计划、资金使用计划、工程质量和安全保障措施等，并报经项目法人同意；

7. 审定一般设计变更并报送项目法人，协助项目法人办理较大及重大设计变更报批手续；

8. 协助项目法人组织交工验收；

9. 承担项目档案及有关技术资料的收集、整理、归档等工作，组织有关单位编制竣工文件；

10. 负责质量缺陷责任期内的缺陷维修工作管理，配合项目法人准备竣工验收相关工作；

11. 代建合同约定的其他职责。

十、代建单位禁止行为

代建单位不得有以下行为

1. 以围标、串标等非法行为谋取中标；

2. 将代建工作业务转包或者分包；

3. 在所代建的项目中同时承担勘察设计、施工、供应材料设备，或者与以上单位有隶属关系及其他直接利益关系；

4. 擅自调整建设内容、建设规模、建设标准及代建工作目标；

5. 与勘察设计、施工、材料设备供应单位等串通，谋取不正当利益或者降低工程质量和标准，损害项目法人的利益。

6. 国家规定和合同约定的其他禁止性行为。

十一、代建项目的审计

代建单位应当依法接受交通运输主管部门及其他有关部门的监督、检查和审计部门的审计。

十二、代建项目的监理

代建单位具有监理能力的，其代建项目的工程监理可以由代建单位负责，承担监理相应责任。代建单位相关人员应当依法具备监理资格要求和相应工作经验。代建单位不具备监理能力的，应当依法招标选择监理单位。

十三、代建项目资料管理

勘察设计、施工、监理、材料设备供应等单位应当按照相关法规和合同约定，接受代建单位管理，依法承担相应职责和工程质量终身责任。

第二章
准备阶段代建工作

第一节 项目代建管理机构

一、代建管理机构的组建

在委托代建合同签订后，根据投标时的承诺，代建单位应按照有关程序和规定，首先任命代建项目的项目负责人，然后由项目负责人主要负责代建项目现场管理机构（代建办公室）和代建团队的组建。

代建办公室的组织结构可繁可简，可大可小，其复杂程度和职能范围主要取决于组织管理体制、项目规模、难易程度和人员素质。一般代建办公室可下设综合办公室、工程管理部、计划合同部、安全环保部、协调部等部门，对于规模大、工程量多的代建项目，在工程管理部内还可设若干专业组。代建办公室实行项目负责人负责制，由项目负责人领导、主持代建办公室的全面工作，明确各部门的职责，同时安排具有相应执业资格的工程技术人员组成项目管理团队，以实现对项目的全面有效地管理，确保工程顺利开展和实施。项目代建的管理机构设置如图 2.1 所示。

二、代建负责人职责

代建负责人根据公司法人的授权,全面负责代建项目的组织实施管理工作,领导代建办公室履行委托代建合同所规定的义务。具体包括：

1. 领导和组织代建办公室工作，对项目进行全过程管理；

2. 负责向委托方、使用方和公司报告项目进展情况，以及工程存在的重大问题和需要协商解决的问题；

3. 以公司的名义，在招标、开标、评标、定标以及合同谈判过程中，签署文件及其处理相关事务，签发通知、会议纪要等文件；

4. 根据工程需要，向公司提出调入和聘用人员人选；

5. 组织编制项目代建实施方案；

6. 组织编制项目进度计划、投资计划、质量计划等；
7. 组织制定代建办公室的规章制度；
8. 项目管理相关工作的协调。

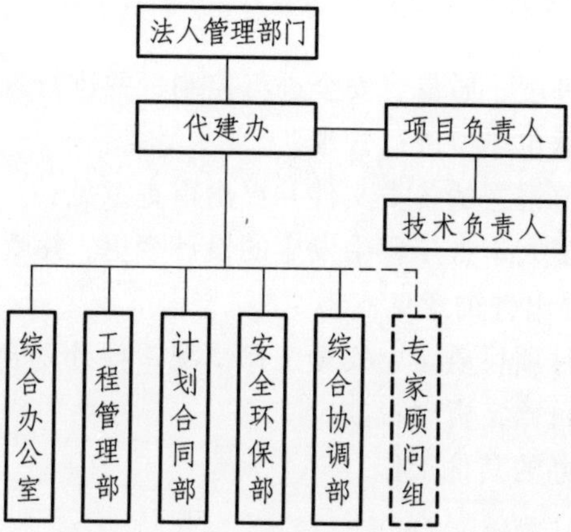

图 2.1　项目代建的管理机构设置

三、综合办公室职责

1. 负责现场代建办公室的日常接待和后勤保障工作；
2. 组织现场项目管理内部会议；
3. 制定代建办公室的规章制度、人事管理和考勤统计；
4. 传达项目负责人的指令，协调代建办公室各部门的工作；
5. 编写项目负责人交办的专题报告；
6. 项目管理的日常文字处理、行文和档案管理；
7. 与委托方和使用单位的日常协调工作；
8. 协助项目负责人做好外部有关建设手续办理等工作；
9. 根据本工程的特点建立项目档案资料管理制度；
10. 对整个项目管理资料进行综合管理；
11. 负责项目管理资料收集、管理归档工作；
12. 整理工程项目档案资料；
13. 负责竣工档案的整理、编制；
14. 完成领导交办的其他工作。

四、工程管理部职责

1. 审核工程总进度计划；

2. 协助项目技术负责人对初步设计、施工图设计以及重要工程的施工方案进行审查；

3. 负责对工程进度、质量、安全进行控制，并进行现场签证工作；

4. 负责对施工承包单位进行管理；

5. 审查施工单位报送的各类文件并提出审查意见；

6. 协助技术负责人审查工程中发生的设计变更，并就变更涉及的技术、经济等方面的问题，提出咨询意见；

7. 检查统计每月项目质量、安全工作情况，报计划合同部汇总；

8. 整理工程项目档案资料；

9. 完成领导交办的其他工作。

五、计划合同部职责

1. 负责日常工程情况的搜集整理，掌握工程形象进度，并及时、准确地做出统计分析向有关部门报送统计报表；

2. 根据委托方和公司的要求，编制有关报表；

3. 根据工程进度和拨付工程款的批准程序，办理工程款的拨付工作；

4. 协助项目负责人制订项目实施阶段的项目统筹规划、阶段性计划及项目总进度计划；

5. 负责项目计划管理、风险管理；

6. 检查统计每月项目各类计划执行情况；

7. 汇总各部本月（本年、阶段）信息，协助项目负责人编制《项目代建月报》；

8. 负责合同管理，监督施工合同、监理合同的履行；

9. 针对与各单位之间的合同争议、索赔、工期延期等问题，向项目负责人提出初步意见；

10. 工程计量审核；

11. 工程变更、现场签证的审核与管理；

12. 审核各类工程付款申请并提出初步审核意见，报计划投资部审查，并定期到现场核实工程量；

13. 造价管理对工程概算、预算进行审核，检查统计每月项目合同、造价执行情况。

六、安全环保部职责

1. 认真贯彻执行安全工作规程、安全施工管理规定及上级的有关规定；

2. 检查监督现场监理和承包人，施工安全措施的实施。检查承包人安全管理规定的执行情况和各级安全人员到位情况；

3. 监督承包人现场安全施工和文明施工。督促做好安全施工设施，发现安全隐患及时提出整改意见。对当场不能整改者，提出书面整改通知书并通知现场监理监督施工单位整改；

4. 对安全措施不到位，严重的“三违”现象和严重危及人身安全的施工，有权指令先行停工整顿；

5. 对重要施工项目和危险作业，做到事先检查，过程巡视监督；

6. 参加安全险情和安全事故的现场查看和调查、分析；

7. 督促有关部门制订相应规程、制度，检查执行情况，包括安全经费的支出和项目的完成情况，监督检查安全技术措施计划的实施；

8. 组织开展安全教育、培训工作，提高员工的安全环保意识；

9. 组织开展安全生产的各项活动；

10. 定期组织召开安全生产例会，对例会决定事项负责组织贯彻落实；

11. 组织制定安全环保应急预案，制定演习预案、组织开展演练；

12. 完成领导交办的其他工作。

七、综合协调部职责

1. 负责协调建设期间永久及临时占地的征收、地面附着物、地下管网的拆迁、补偿工作；

2. 负责协调处理因工程建设引发的各类干扰和阻工事件，做好施工环境的保障服务工作；

3. 负责处理群众上访事件；

4. 负责与地方政府、行业主管部门的协调；

5. 完成领导交办的其他工作。

八、代建机构的组建

代建机构的组建应充分考虑代建项目的规模、难易程度、专业要求和人员的素质，要求各专业人员配置和分工合理。

第二节 项目驻地规划建设

一、项目驻地规划

项目驻地建设是代建工作必要的基础条件。代建机构应在合同规定的时间内或应建设单位要求的时间内及时进场，组建代建机构，开展驻地建设，一般应在一个月内完成代建机构驻地建设。

1. 项目驻地选址。代建单位应依据投标文件承诺，通过现场踏勘，在征求建设单位意见的基础上，按照以下要求，结合工程具体情况合理选定代建驻地的位置。

（1）项目驻地应尽可能集中设置。

（2）要有便利的交通条件，并尽可能靠近施工现场，处于所辖各施工标段的中间地段为宜。

（3）通电、通水、通电话和网络。

2. 项目驻地的办公室、生活区及车辆停放区等应按不同使用功能合理设置。办公区和生活区宜相对分开；条件不允许时，办公室与宿舍之间应当有明显分隔。

二、项目驻地建设

1. 项目驻地用房，可租用沿线合适的单位或民用房屋，或采用活动板房等自建用房，并满足以下要求：

（1）具备独立办公条件，不得与其他单位混租。

（2）房屋必须坚固、安全，房屋面积满足代建工作需要和代建合同要求。

（3）拥有独立院子或条件允许的，可进行必要的装修及绿化。

（4）办公生活区宜采用封闭式管理，应有固定的出入口，有条件时应设置大门。出入口设置专职保卫人员，指定专门的管理制度。

2. 办公用房，一般应设主任办公室、工程技术部、计划合同部、安全环保部、档案室、会议室等，各室门口应挂设标识牌。

3. 办公室、会议室及生活用房的面积，应当满足代建合同、代建工作要求。

4. 生活用房，一般应设宿舍、食堂、厨房、浴室、厕所等，并满足以下要求：

（1）每间宿舍应合理安排代建人员。

（2）食堂应整洁、卫生，具备消毒设施。

（3）浴室应常年供应热水。

（4）条件允许的，宜设置职工活动中心。

5. 办公区和生活区，均应建立安全、卫生管理制度，配置消防安全器具、卫生设施，落实人员维护和保洁。办公和生活垃圾的堆放、处置要符合环境保护的要求。

6. 办公设施、设备，通信设施，交通工具配备标准应满足投标承诺。

7. 驻地标识标牌。

项目驻地应挂门牌，并在项目驻地醒目位置安装工程简介图牌。

（1）工程概况（含建设单位、设计单位、施工单位名称）。

（2）质量目标、安全目标、廉政目标等。

（3）代建驻地电话和监督举报电话。

（4）代建单位全称。

8. 工程图表。

各办公室墙上应当布置必要的工程图表，图表应进行装裱（可采用塑料 KT 板、金属牌等材料）。代建机构上墙图表主要内容包括：

（1）代建合同工程平面图。

（2）代建组织机构框图。

（3）代建部室职责。

（4）代建规章制度，主要包括代建工作制度、会议及学习制度、档案管理制度、廉政建设制度以及代建机构内部的各项管理制度。

（5）工程形象进度图（平、纵断面图）。

（6）天气晴雨表。

第三节 项目代建工作规划

一、项目代建工作规划文件

项目代建工作规划文件分为项目代建工作规划大纲和项目代建工作实施规划（亦可称项目代建工作实施方案）两类。项目代建工作规划大纲的作用是作为代建业务洽商或投标人的项目代建工作总体构想；项目代建工作实施规划是项目代建工作规划大纲的具体化和深化，作为代建办公室实施项目代建工作的依据和指导性文件。

二、代建工作规划大纲

项目代建工作规划大纲具有战略性、全局性和宏观性，显示投标人的技术和管理方案的可行性与先进性，利于投标竞争。项目代建工作规划大纲应与招标文件的要求相一致。项目代建工作规划大纲的内容应包括下列方面：

1. 项目概况应包括项目的功能、投资、设计、环境、建设要求、实施条件（合同条件、现场条件、法规条件、资源条件）等，不同的项目管理者可根据各自管理的要求确定内容。

2. 项目范围管理规划应对项目的过程范围和最终可交付工程的范围进行描述。

3. 项目管理目标规划应明确质量、成本、进度和安全生产的总目标并对目标进行分解。

4. 项目管理组织规划应包括组织结构形式、组织构架、确定项目负责人和职能部门、主要成员人选及拟建立的规章制度等。

5. 项目成本管理规划、项目进度管理规划、项目质量管理规划、项目安全生产与环境保护规划、项目采购管理规划的内容应包括管理依据、程序、计划、实施、控制和协调等方面。

6. 项目信息管理规划主要指信息管理体系的总体思路、内容框架和信息流设计等规划。

7. 项目沟通管理规划主要指项目管理组织就项目所涉及的各有关组织及个人相互之间的信息沟通、关系协调等工作的规划。

8. 项目风险管理规划主要是对重大风险因素进行预测、估计风险量、进行风险控制、转移或自留的规划。

9. 项目验收管理规划包括工程竣工验收、资料收集归档、保修等方面的规划。

对于较简单的项目，代建工作规划大纲的内容可适当简化。

三、代建工作实施规划

项目代建工作实施规划应以项目代建工作规划大纲的总体构想和决策意图为指导，具体规定各项管理业务的目标要求、职责分工和管理方法，把履行合同和落实项目管理目标的任务，贯彻在实施规划中，是项目管理人员的行为指南。

编制项目代建工作实施规划的依据中，最主要的是委托代建合同和项目代建工作规划大纲，应保持与二者的一致性和连贯性，其次是同类项目的相关资料。

项目代建工作实施规划应包括的内容有：

1. 项目概况应在项目代建工作规划大纲的基础上根据项目实施的需要进一步细化。

2. 总体工作计划应具体明确项目管理目标、项目实施的总时间和阶段划分，对各种资源的总投入做出安排，提出技术路线、组织路线和管理路线。

3. 组织方案应编制出项目的项目结构图、组织结构图、重点工作流程图、任务分工表、职能分工表并进行必要的说明。

4. 技术方案主要是技术性或专业性的实施方案，应辅以构造图、流程图和各种表格。

5. 进度计划应编制出能反映工艺关系和组织关系的计划、可反映时间计划、反映相应进程的资源（人力、材料、机械设备和大型工具等）需用量计划以及相应的说明。

6. 质量计划、安全生产与环境保护管理计划、成本计划、资源需求计划、风险管理计划、信息管理计划、项目沟通管理计划和项目竣工验收管理计划，为了满足项目实施的需求，应尽量细化，尽可能利用图表说明。

各种管理计划（规划）应保存编制的依据和基础数据，以备查询和满足持续改进的需要。在资源需求计划编制前应与供应单位协商，编制后应将计划提交供应单位。

7. 项目目标控制措施应针对目标需要进行制定，具体包括技术措施、经济措施、组织措施及合同措施等。

每个项目的项目代建工作实施规划执行完成以后，都应当按照管理的策划、实施、检查、处置（PDCA）循环原理进行认真总结，形成文字资料，并同其他档案资料一并归档保存，为项目代建工作规划的持续改进积累管理资源。

第四节 项目准备阶段计划管理

一、工程进度控制的任务及目标

1. 工程进度控制是指根据既定工期目标编制出最优施工进度计划，确定每一个阶段的工程进度计划值，并在工程施工中通过“执行—调整—再执行”的过程来控制工程进度，以保证按期完成整个工程任务。

2. 各施工单位要根据工程进度目标，认真熟悉图纸，掌握设计意图，结合本单位的实际能力和条件，制订出切实可行、操作性强的工程进度计划。进度计划被批准后，作出形象进度示意图。

二、进度计划的审批

1. 总体工程进度计划在审批施工组织设计时一同审批。首先施工单位将施工组织设计报监理工程师审批，然后连同审批意见一并报代建办，经批准后由监理工程师签发开工令。

2. 施工单位编制施工总体进度计划，必须内容全面，符合实际，一般应包含如下内容：

（1）工程情况简介；

（2）施工技术方案（包括施工顺序、方法、质量保证措施等）；

（3）施工进度计划（细化到月进度计划、分项工程进度计划）；

（4）施工总体及部分工程平面布置；

（5）劳动力需求量及来源；

（6）工程材料用量及计划；

（7）施工机械的需求量等；

（8）临建工程情况。

3. 代建办和监理工程师在收到施工单位编制的进度计划后，审批时应注意以下几点：

（1）工程项目划分及开工顺序是否合理；

（2）各种工序之间的衔接是否合理；

（3）工艺是否合理（是否满足规范要求）。

4. 工期安排是否合理（是否满足合同工期和阶段工期），审批时应注意以下几点：

（1）工程的季节安排是否合理；

（2）考虑不利气候的影响是否合理；

（3）人员、设备是否满足施工要求。

三、工程进度控制的管理与要求

1. 各施工单位必须高度重视和加强工程进度计划管理工作，根据代建办工程总体安排和阶段进度目标，结合施工现场、施工条件，认真组织编制详细的总体进度计划和各阶段进度计划。工程进度计划一经批准将作为考核各单位工程进度的依据，代建办在工程实施过程中将严格按照合同和本办法规定进行奖惩。

2. 各施工单位要建立健全进度控制体系，推行进度计划交底制度，把进度目标层层分解，层层落实，落实到组（队），落实到人，使各工作层人员明确各自的目标任务，随时掌握有可能影响工期的事件并提前协调解决，真正做到计划指导生产，以日进度保证月进度，月进度保证阶段进度，阶段进度确保工程总进度目标的实现。

3. 总体进度计划的上报。

施工单位在签订合同协议书后 7 日内将施工进度计划上报监理，监理 10 日内完成审查工作，并将审查意见报代建办，代建办 7 日完成审批工作。

四、监理计划与监理细则的审查

代建单位应在项目开工前完成监理单位监理计划和监理细则的审查工作。

（一）监理计划的含义

监理计划是在项目监理机构详细调查和充分研究建设工程的目标、技术、管理、环境以及工程参建各方等情况后制订的指导建设工程监理工作的实施方案。监理计划中应有明确、具体、切合工程实际的监理工作内容、程序、方法和措施，并制定完善的监理工作制度。由总监负责组织编写，经工程监理单位技术负责人审核批准后，在工程开工前报业主审查。

（二）监理计划的审查要点

1. 监理工作的范围、内容是否完整，目标是否明确并符合工程总体目标的要求。

2. 监理工作依据是否齐全，选用的规范及标准是否完全并准确。

3. 监理人员的专业配置、人员数量、从业资格等是否与招投标文件和合同相符，是否满足工程建设需要。配备的检测设备和工器具是否满足工程建设需要。

4. 监理工作制度是否齐备。

5. 工程质量控制应明确各分部、分项工程的质量风险、控制要点和措施。

6. 工程造价控制应明确易发生变更的因素及相应的应对措施。

7. 工程进度控制应明确进度控制的重点项目，分析影响工程进度的各种风险因素，制定进度控制的要点和措施。

8. 安全文明施工管理应对风险源进行辨识，明确安全管理的重点及措施，要明确文明施工管理的标准、重点和措施。

（三）监理计划的审批程序

1. 总监主持编制完成后报监理单位技术负责人批准；

2. 总监办将批准的监理计划在第一次工地会议前报送项目代建办；

3. 项目代建办进行审查，审查通过后批准实施，否则根据审查意见修改后重新上报。

（四）监理细则的含义

监理细则是指导项目监理机构具体开展专项监理工作的操作性文件，应体现项目监理机构对于建设工程在专业技术、目标控制方面的工作要点、方法和措施，做到详细、具体、明确。对所有分部分项工程，项目监理机构应编制监理细则。监理细则由总监审批后，在相应工程开工前报业主审查。

（五）监理细则的审查要求

1. 所用的工程规范、标准是否齐全准确。

2. 要紧密结合施工组织设计、（专项）施工方案编制。

3. 监理人员的专业配置、人员数量、从业资格等是否满足工程建设需要。配备的检测设备和工器具是否满足工程建设需要。

4. 工程质量控制应详细分析质量风险、明确控制措施。

5. 工程进度控制应详细分析影响工程进度的各种风险因素，制定控制措施。

6. 安全文明施工管理应详细分析安全隐患，明确安全管理的措施。

（六）监理细则的审批程序

监理细则编制完成后，由总监进行审查；审查通过后批准实施，并上报备案项目代建办，否则根据审查意见进行修改后重新上报。

第五节　项目准备阶段合同管理

一、分包单位资格和开工报审表的审查

1. 分包单位资格的审查。

分包工程开工前，项目监理单位应审查施工承包单位报送的分包单位资格报审表和分包单位有关资质资料，符合有关规定后，由总监理工程师予以签认，合同有约定的需报代建单位备案。

分包单位的资格审查主要包括以下内容：

（1）分包单位的营业执照、企业资质等级证书、特殊行业施工许可证、国外（境外）企业在国内承包工程许可证；

（2）分包单位的业绩；

（3）拟分包工程的内容和范围；

（4）专职管理人员和特种作业人员的资格证、上岗证。

2. 开工报审表的审查。

项目监理单位应审查施工承包单位报送的工程开工报审表及相关资料，具备以下条件时由总监理工程师签发，并报代建单位备案。

（1）施工许可证已获政府主管部门批准；

（2）征地拆迁工作能满足工程进度的需要；

（3）施工组织设计已获项目监理单位和代建单位的批准；

（4）承包单位现场管理人员已到位，机具、施工人员已进场，主要工程材料已落实；

（5）进场道路及水、电、通信等已满足开工要求。

二、第一次工地会议组织召开

第一次工地会议应在工程正式开工前召开。总监办应事先将会议议程及有关事项通知建设单位、代建单位、施工单位及其他有关单位并做好会议准备，会议应由总监理工程师主持。建设单位、代建单位、施工单位法定代表人或授权代表应出席，各方在工程项目中主要管理技术人员必须参加会议。第一次工地会议应邀请质量监督部门参加。

（一）参加会议的人员

1. 建设单位代表；

2. 代建施工单位法定代表人或授权代表必须出席

3. 施工承包单位项目经理及施工单位有关职能人员（必要时包括分包单位主要负责人）；

4. 项目总监理工程师及有关监理人员。

（二）第一次工地会议的主要内容

1. 代建单位、施工承包单位和监理单位分别介绍各自驻现场的组织机构、人员及其分工；

2. 建设单位代表根据委托代建合同宣布对代建单位的授权；

3. 代建单位根据委托监理合同宣布对总监理工程师的授权；

4. 施工单位应书面提交对工地代表（项目经理）的授权书；

5. 施工单位应陈述开工的各项准备情况；监理工程师应就施工准备以及安全、环保等予以评述；

6. 建设单位应就工程占地、临时用地、临时道路、拆迁、工程支付担保情况以及其他与开工条件有关的内容及事项进行说明；

7. 代建单位应就代建工作准备情况以及有关事项做出说明；

8. 监理单位应就监理工作准备情况以及有关事项做出说明。应就主要监理程序、质量和安全事故报告程序、报表格式、函件往来程序、工地例会等进行说明；

9. 总监理工程师应进行会议小结，明确施工准备工作还存在的主要问题及解决措施；

10. 具备开工条件的可下达开工令。

第一次工地会议结束后，由项目监理单位负责起草会议纪要，经与会各方代表会签后分发给有关各方。

第六节　项目准备阶段质量管理

一、图纸会审和设计技术交底

（一）图纸会审

图纸会审是项目施工前的一项重要准备工作。代建单位应在施工承包单位完成自审的基础上组织设计单位、施工承包单位、监理单位及其他相关单位的项目负责人及有关人员进行图纸会审。对于复杂的大型工程项目，代建单位应先组织内部各专业技术人员进行图纸预审，汇总所发现的问题并提出初步处理意见，做到在会审前对设计心中有数。

图纸会审时要有专人做好记录，并在会后做出图纸会审纪要。对于会审中提出的问题，要着重说明处理意见和解决办法，以及相应的责任单位。图纸会审纪要经参加会审的单位签字确认后，分别送交各单位执行及存档，同时将作为施工过程中相关问题的处理依据和竣工验收依据文件的组成部分。

（二）技术交底的组织

技术交底可与图纸会审一并组织进行。代建单位需要组织设计单位对于图纸的设计意图、工程技术与质量要求等向施工承包单位做出明确的技术交底。

施工承包单位应按施工技术管理程序，在单位工程、分部分项工程施工前逐级进行技术交底。对施工组织设计中涉及的工艺要求、质量标准、技术安全措施、规范要求、施工方法、图纸会审中涉及的要求及变更等内容应向有关的施工人员进行交底。

二、标准化建设

（一）工地试验室标准化建设及备案

1. 工地试验室是指公路工程建设从业单位在工程现场为质量控制和检验工作需要而设立的临时试验室。建设应满足《公路水运工程试验检测管理办法》的有关规定。

2. 施工、监理单位应在工程正式开工前，根据合同承诺，经授权在工程现场设立与工程内容相适应的工地试验室。不具备设立工地试验室条件的施工、监理单位和有需设立工地试验室的建设单位，可委托取得《等级证书》和《计量认证证书》的第三方试验检测机构在工程现场设立。

3. 工地试验室应按合同段单独设立，工程规模过大时应设立分试验室（混凝土拌和站距离工地试验室较远时，现场需设立标准养护室），并报质监机构等级备案。同一合同段内施工、监理单位的工地试验室不得由同一家母体检测机构授权设立。

4. 母体检测机构应在其等级证书核定的业务范围内对工地试验室进行授权，上年度信用评价等级在 C 级及以下的检测机构不宜作为授权设立工地试验室的母体检测机构。

5. 工地试验室建设、设备配置、人员配备等参照《高速公路施工标准化技术指南》《山东省公路水运工程工地试验室标准化建设与管理手册》执行。

6. 代建单位应在收到施工、监理单位依据《山东省公路水运工程工地试验室管理实施指南》提交的试验室备案申请后，对试验室建设及申请资料进行审查，完成初审后报送项目质监机构备案，并组织配合质监机构核查。

7. 工地试验室按照规定到项目质监机构申请登记备案并取得《合格证》，方可开展试验检测工作。

（二）场站标准化建设

1. 场站建设一般包括拌和站、钢筋加工场、预制场、施工材料存放场等建设，建设标准参照或执行《高速公路施工标准化技术指南》。公路建设应推行集约化管理，工厂化生产，实现“三个集中”，混凝土集中拌制，钢筋集中加工，混凝土构件集中预制，充分发挥集约化施工的优势。

2. 项目招标前，建设单位应充分考虑集约化施工生产的要求，统筹规划，将具备多个合同段集中生产的工程集中招标，对不具备多个合同段集中生产的工程应尽量要求在单个合同段实行集约化施工生产。

3. 场站选址应满足用地合法，周围无塌方、滑坡、落石、泥石流、洪涝等地质灾害；无高频、高压电源及其他污染源；离集中爆破区 500 m 以外；不得占用已规划的取、弃土场。

4. 施工材料存放应与拌和站、钢筋加工场、预制场等场地配套建设。施工单位进场后，应根据实际需要进行施工材料存放的选址与规划，明确其设置规模及位置等。

5. 场站临时用电应符合《施工现场临时用电安全技术规范》的有关规定。

6. 场站消防设施应满足《建设工程施工现场消防安全技术规范》的有关规定，配置相应的消防安全标识和消防安全器材，并经常检查、维护、保养。

7. 施工机械设备产生的废水、废油及污水应经过处理，不得直接排入河流、湖泊或其他水域中，不得排入饮用水源附近的土地中。

8. 拌和站、钢筋加工场、预制场内标识、标牌设置明确，标识清晰，项目全线应统一。

三、施工组织设计审查

在项目施工前，施工单位应按要求，向监理单位报送项目施工组织设计方案，在监理单位审查后，报代建单位进行审批，由代建单位报委托人备案。施工组织设计的审查内容主要包括施工方案、施工进度计划、施工平面图、资源计划等。

（一）施工方案的审查

施工方案是施工组织设计的核心，方案确定的优劣直接影响到现场的施工组织及工期。施工方案的审查重点包括以下内容：

1. 施工方法和施工机械的确定。对主要施工过程选择施工方法和施工机械时，应考虑工程特点、结构性质、工程量和施工要求，气候与地形、地貌、地质，现场及周围的施工环境，工期，施工承包单位的技术装备和管理水平等。

2. 施工流向的确定。施工流向是指在工程立体空间及平面位置施工开始的部位及其流动方向。施工流向的确定应满足施工组织及工程分期分批竣工投产的要求。

3. 施工顺序的确定。施工顺序应符合施工技术和施工工艺的要求，应与所选择的施工方法和施工机械相适应，应满足施工组织与施工进度的要求，应符合施工质量和安全施工的要求，应考虑现场不利条件造成的影响。

4. 各项施工技术组织措施的确定。应重点审查施工方案中为保证工程质量和工期、降低成本、现场安全施工与文明施工所采取的技术组织措施。

（二）施工进度计划的审查

施工进度计划中的工期安排应当符合施工承包合同中对工期的要求，施工进度计划必须具有可行性和科学性。可行性要求施工承包单位应根据现场施工条件和自身组织管理能力编制计划，真实反映其按进度计划组织施工的可能性；

科学性要求施工进度计划安排得既合理、又符合施工合同的要求，确保工程项目质量。为此，项目监理单位应认真、细致地审查施工承包单位提交的施工进度计划。施工进度计划审查要点包括：

1. 工期。总工期和阶段工期目标是否符合合同规定的要求；计划工期完成的可能性，计划是否留有余地。

2. 施工顺序。各个施工过程的施工顺序是否符合施工技术与组织的要求。

3. 持续时间。主导施工过程的起止时间及持续时间的安排是否正确合理。

4. 技术间歇。应有的技术间歇时间和组织间歇时间的安排是否符合有关规定的要求。

5. 交叉作业。从施工工艺、质量控制、安全生产的要求，审查平行、搭接、立体交叉作业的施工工序安排是否科学、合理。

6. 场地与交通。委托方提供的施工场地与进度计划所需要的场地是否一致，各承包单位施工场地的利用是否会产生相互影响，运输路线的数量、距离、路况是否满足进度计划的要求。

7. 资源配置。劳动力、材料、机械及水、电、气等需用量是否落实和在计划中均衡利用。

（三）施工平面图的审查

施工平面图是施工现场的统筹布局，关系到施工现场组织与管理的综合效率。施工平面图的审查内容主要包括：

1. 施工平面图的内容是否全面。施工平面图的内容应包括：在施工用地范围内，一切已建及拟建的建筑物、构筑物和各管线的平面位置及尺寸，移动式起重机行进路线及轨道铺设，固定式垂直运输设施的平面位置以及各类起重机的工作面幅度，拟建工程的定位桩、测量基桩及取弃土方地点，为施工服务的生产、生活临时设施的位置、大小及相互关系。

2. 空间利用是否合理。应本着节约用地、统筹兼顾的原则布置临时设施，既要有利于生产和管理、方便生活，也要减少临时设施的费用。

3. 料场、取弃土方地点、路线等安排是否合理。应尽量缩短运输距离，减少现场二次搬运。

4. 安全、消防、环保等方面是否满足要求。劳动保护、技术安全、防火条例、市容卫生和环境保护等应遵守国家的有关法规。

（四）资源计划的审查

资源计划主要是指材料、劳动力、设备需用计划。应当审查工程项目所需的材料、劳动力和设备是否能及时得到供应，主要建筑材料的规格型号、性能、技术参数、质量标准能否满足工程需求，材料、劳动力、设备供应计划是否与施工进度计划相协调，能否保证施工进度计划的顺利实施。

四、专项技术方案审查

1. 依据《建设工程安全生产管理条例》《公路工程施工安全技术规范》对于危险性较大分部分项工程，施工单位专业工程技术人员应当在施工前单独编制安全专项施工方案，由施工企业技术负责人及监理单位专业监理工程师进行审核，审核合格，由施工企业技术负责人、监理单位总监理工程师签字实施。

2. 对危险性较大且超过一定规模的分部分项工程施工单位应当组织不少于5人的专家组，对已编制的安全专项施工方案进行论证审查。安全专项施工方案专家组必须提出书面论证审查报告，施工单位应根据论证审查报告进行完善，施工企业技术负责人、总监理工程师签字后，方可实施。专家组书面论证审查报告应作为安全专项施工方案的附件，在实施过程中，施工企业应严格按照安全专项方案组织施工。

五、安全、质量监督手续

（一）安全、质量监督手续所需资料

按照国家基本建设程序的规定，在办理施工许可证之前应当到规定的工程安全质量监督机构办理工程安全质量监督手续。办理安全质量监督手续时需提供下列资料：

1. 交通建设工程安全、质量监督申请书；
2. 工程项目审批文件；
3. 中标通知书和设计、施工、监理合同；
4. 从业单位资质证明材料。
5. 建设单位、施工单位和监理单位工程项目的负责人和机构组成；
6. 施工组织设计和监理规划（监理实施指南）；
7. 施工图设计文件审查报告和批准书；

8. 其他相关材料。

目前，由于还没有相应的法律法规明确代建单位在项目施工阶段的法律地位，因此，在办理相关手续时，还只能以项目建设单位的名义办理。

（二）安全、质量监督手续的办理程序

1. 建设单位应在办理施工许可证前三十日，按照有关规定到质量监督机构办理工程质量监督手续。

2. 准备相关资料；

3. 递交资料：向建设行政主管部门委托的安全质量监督机构递交有关工程安全质量监督项目监理与安全质量监督注册的相关资料；

4. 安全质量监督机构受理：建设行政主管部门委托的安全质量监督机构接收申报的资料，按照受理标准查验申办材料，符合标准时将予以办理；

5. 领取相关审批文件。

六、施工许可

（一）施工许可证的办理

根据《中华人民共和国公路法》第二十五条。公路建设项目的施工，须按国务院交通主管部门的规定报请县级以上地方人民政府交通主管部门批准。

（二）施工许可条件

根据《公路建设市场管理办法》第二十五条，公路建设项目施工许可应当具备以下条件：

1. 项目已列入公路建设年度计划；

2. 施工图设计文件已经完成并经审批同意；

3. 建设资金已经落实，并经交通运输主管部门审计；

4. 征地手续已办理，拆迁基本完成；

5. 施工、监理单位已依法确定；

6. 已办理质量监督手续，已落实保证质量和安全的措施。

（三）施工许可申请材料

根据《公路建设市场管理办法》第二十六条，项目法人在申请施工许可时应当向相关的交通运输主管部门提交以下申请材料：

1. 施工图设计文件批复；
2. 交通运输主管部门对建设资金落实情况的审计意见；
3. 国土资源部门关于征地的批复或者控制性用地的批复；
4. 建设项目各合同段的施工单位和监理单位名单、合同价情况；
5. 应当报备的资格预审报告、招标文件和评标报告；
6. 已办理的质量监督手续材料；
7. 保证工程质量和安全措施的材料。

（四）施工许可程序

国家和国务院交通主管部门确定的重点公路建设项目（新建、改建）的施工许可由国务院交通主管部门实施，其他公路建设项目（新建、改建）的施工许可按照项目管理权限由县级以上地方人民政府交通主管部门实施。许可程序如下：

1. 国家和国务院交通主管部门确定的重点公路建设项目。
（1）申请人向项目所在地省级交通主管部门提出申请，并提交有关申请材料；
（2）省级交通主管部门对申请材料进行初审，提出初审意见，并将初审意见和全部申请材料报国务院交通主管部门；
（3）国务院交通主管部门按照有关规定进行审查，做出行政许可决定。准予许可的，于法定时间内将许可决定通知并送达申请人；不予许可的，应当将理由书面通知并送达申请人。

2. 其他公路建设项目。
具体程序由省级交通主管部门确定。

3. 施工许可办理期限。
国家和国务院交通主管部门确定的重点公路建设项目，省级交通主管部门应当自收到完整齐备的申请材料之日起 10 个工作日内完成初审并上报国务院交通主管部门，国务院交通主管部门应当自收到经初审的申请材料之日起 20 个工作日内做出行政许可决定。
其他公路建设项目，由省级交通主管部门依据《行政许可法》确定办理期限。

七、施工单位现场准备工作的检查

项目监理单位应对施工承包单位的施工现场准备工作进行检查和监督，检查的范围主要有以下几方面：

（一）施工现场测量放线

作为公路施工中一项非常基础与技术性的工作，测量放线贯穿于公路工程施工的全过程，影响着公路的质量。公路工程的测量工作是一项要求比较精细以及专业的工作，需要测量人员严格按照测量规范和标准进行测量，因为测量工作的质量直接影响施工过程的实际操作及工程竣工结算等重要环节，所以施工单位要加强公路施工过程中的测量控制工作，重视测量技术的创新及测量人员的管理，做好测量工作的准备工作，严格把关测量各环节工作的开展，对测量过程实施有效监督及控制。

（二）施工道路及管线

对已经完成“四通一平”的施工现场，进一步检查以下内容：

1. 施工道路是否满足主要材料、设备及劳动力进场需要；

2. 施工给水与排水设施的能力及管网的铺设是否合理及满足施工需要；

3. 施工供电设施是否做到合理安排供电，能够满足施工进度需求。施工道路、各种管线及其他设施应尽量利用已有的永久性设施。

（三）施工临时设施的建设

对施工临时设施的检查主要包括以下内容：

1. 根据工程规模、特点、施工管理要求，对施工临时设施进行平面布置规划，并报主管部门审批；

2. 临时设施的规划与建设应尽量利用原有的建筑物和设施，以降低成本；

3. 对于水平与垂直运输设施、搅拌站、原材料堆场、库存设施、加工车间等生产临时设施应满足施工生产需要；

4. 对用于施工管理的各类办公室、休息室、宿舍、食堂等办公与生活临时设施应以方便管理为原则。

临时施工设施规模与布置还应满足防火与施工安全的要求。

（四）施工现场材料设备的准备

施工现场的材料设备应在开工之前完全落实，主要应检查建筑材料、施工机具、永久设备三个方面的准备工作。

1. 建筑材料与构件。建筑材料、构件能否按阶段施工的需要量和质量要求如期送到现场，并保证正常施工时的最经济的储量。

2. 施工机械与模具。应根据施工进度计划，及时组织所需类型和数量的施工机械和模具进场，并完成安装与调试。

3. 永久设备与金属结构。对于永久设备和金属结构是否落实加工厂家，并按施工进度组织进场安装。

第七节　项目准备阶段安全管理

一、道路施工作业交通组织方案

1. 根据《山东省国省道路网改建工程施工交通组织与安全管理办法》对需要封闭施工的道路作业，项目开工前，一般应具备完善的施工期间保畅通方案，并按规定程序要求进行编制详审和审批。

2. 交通组织与安全管理方案编制要求。

（1）施工路段交通组织中具体技术指标应按照《公路工程施工安全技术规程》《公路养护安全作业规程》等标准、规定执行。交通组织与安全管理方案编制内容应包括：施工现场标志设置方案、交通组织设置方案、路线绕行方案、应急预案等。

（2）施工单位应按《道路交通标志和标线》要求全面完善指路标志，确保标志系统的规范、统一、清晰醒目。应落实专职人员，加强沿线交通安全及绕行、封闭设施的日常保养与维护，积极疏导交通，最大限度地方便通行。

（3）工程项目全幅封闭交通时，要制定合理的绕行路线，在路线起终点前方 2 个路口均设置交通封闭公告板、绕行路线示意图并布设醒目、齐全的绕行标志、安全警示标志、安全防护设施和温馨提示标语。

为方便车辆调头或转向，应在封闭段落前方不少于 2 个主要路口设置绕行标志和温馨提示标语。

（4）工程项目半幅封闭交通时，要采取纵向隔离、横向隔断的措施对施工路段和通车路段予以分隔，在施工段落的两端设立警示及绕行标志（牌）；半幅通车路段，在车辆驶出（入）前方设置指向和限速慢行标志，施工区与行车道区需设立隔离设施，并在适当的地点设置车辆会让处。局部路段若需绕行的应制定绕行路线或修建便道，最大限度地缩短封闭时间，并全程设置指路标志，确保车辆安全顺利通行。

（5）施工单位应在急弯及陡坡路段、施工现场入口处、施工起重机械、临时用电设施、脚手架、出入通道口、孔洞口、桥头、隧道口、基坑边沿、易燃易爆危险品存放处等危险部位，设置明显的安全警示标志，夜间设置鲜明、醒目的照明灯和警示灯，特殊路段应设置护栏。

所设标志和警示牌应齐全、准确、醒目，悬挂位置应适当。安全警示标志必须符合国家标准。

（6）加强对桥梁、隧道、危险路段等重点部位的安全检查，认真落实分路段安全负责制，排查公路标志、标线和安保设施情况，确保公路设施处于安全状态。

（7）安全标志或安排临时指挥人员疏导交通，施工便桥处必须设立安全警示标志。

（8）工程结束后，应尽快清理施工现场，履行交工验收程序后，及时开放交通。

3. 申报、评审和审批。

（1）封闭路段开工前，施工单位应依据有关规定，结合工程实际编制施工组织设计和交通组织方案，并报送监理。交通封闭的申报条件：一是施工许可已办理完成；二是施工单位已编制完成施工组织设计，并按建设程序审查通过；三是召开专家审查会，对交通组织方案进行审查，并按审查意见修改完成。

（2）市公路局对经监理审查后施工组织设计和交通组织方案进行初审并组织召开专家评审会。

（3）跨地市国省道的施工交通组织方案评审专家由工程、路政、交警、相邻市局等部门的代表和特邀专家组成，本市公路系统专家比例不多于50%，省局酌情派员参加。

（4）评审通过后，由市级公路（管理）局向省交通运输厅公路局上报，申报资料应包括以下资料并一式两份。

① 国省道公路工程（养护）施工交通组织审批表；

② 施工许可批复手续；

③ 经审查的施工组织设计和交通组织方案；

④ 专家审查意见；

⑤《国省道封闭交通相关市局意见表》；

⑥ 施工图设计批复；

⑦ 其他有关附件。

（5）封闭交通期限届满仍不能完工，需要延长封闭期限的，应提前20日重新申报。

（6）路基、小桥涵工程半封闭施工前10天需将施工交通组织方案报省交通运输厅公路局备案。

二、安全生产方案审查

根据《公路水运工程安全生产监督管理办法》施工单位应当在施工组织设计中编制安全技术措施和施工现场临时用电方案，对危险性较大的工程应当编制专项施工方案，并附安全验算结果，经施工单位技术负责人、监理工程师审查同意签字后实施，由专职安全生产管理人员进行现场监督.代建单位应当对施工单位安全生产条件进行审查，审查内容：

1. 施工单位是否持有安全生产许可证；

2. 工程项目安全生产责任体系建立情况。是否按规定组建了项目安全生产管理机构，并按规定配置了专职安全生产管理人员，项目负责人、专职安全生产管理人员是否已取得安全生产考核合格证书；

3. 施工现场安全生产管理制度建立情况。包括安全生产责任制和目标考核奖惩制度、安全生产资金保障制度、安全教育培训制度、特种作业持证上岗制度、消防安全管理制度、环境卫生管理制度、安全生产检查制度、安全技术交底制度、伤亡事故报告制度；

4. 参建各方、总包和分包的安全责任是否明确，是否按规定签订了安全生产协议书；

5. 是否按规定编制了施工组织设计，各项专项施工方案是否有施工计划；

6. 现场文明施工、安全技术措施费是否有使用计划；

7. 拟进入施工现场的机械设备、设施计划情况；

8. 施工现场围挡、大门、道路、临时设施等是否符合规定要求；

9. 是否针对性地制定了安全生产事故应急救援预案。

第八节　项目准备阶段文明施工管理

一、文明施工检查

要通过对施工安全与环保措施的检查，使施工现场各级人员认识到文明施工的重要性，检查的主要内容包括：

1. 文明施工的宣传与教育措施和有关的规章制度；

2. 易燃、易爆、有毒、腐蚀等危险物品管理和使用的文明施工措施；

3. 土方与高空作业、上下立体交叉作业、土建与设备安装作业等施工文明施工措施；

4. 现场临时设施是否达到文明施工的要求；

5. 施工与生活垃圾、废弃水的处理是否符合当地环境保护的要求。

二、工地环境保护

1. 建设代建办公室负责工地环境保护管理的组织领导，总监办负责工地环境保护工作的监督检查，各施工单位负责工地环境保护工作的落实。

2. 各施工单位遵照法律、法规的要求，依据 GB/T24001—2004 环境管理体系标准，按照“保护环境，绿色施工”的环保工作方针，建立和完善工程环境保护管理制度，采取切实有效的措施，防止产生废气、废水、废渣、粉尘、放射性物质以及噪声、振动、电磁波等对环境的污染和水土流失。

3. 各施工单位要结合工作实际，开展有计划、有层次的宣传培训活动。使员工了解相关法律、法规的要求，熟悉施工企业常规的污染防治及处理规定和水土保持要求。

4. 开展环保情况调查。施工单位在组织施工调查时，应了解工程环保状况，写出调查报告，纳入施工调查报告。

5. 施工单位应依据法律、法规和当地政府要求，识别适用于项目环境因素管理的法律、法规以及相关要求，编制《项目环境管理的主要法律法规和标准目录》。

6. 制定环境目标、指标和管理方案。督促总监办组织施工单位对环境因素进行识别和评价，编制《重要环境因素、环境影响和管理现状清单》，判定重要环境因素，制定《重要环境因素管理方案》，并报代建办备案。

7. 抓好环保工作技术交底及落实。各施工单位应根据行业、地方及业主要求编写总体技术交底书，下发各作业队。总体环保交底书应包括企业环保方针、项目环境目标、指标，以及总体环保措施和要求等。对影响重大的环境因素，应编制专项环保技术交底书。

8. 施工单位在施工中，严格按照要求开展工作。对易产生环境污染、水土流失的工序和部位加强控制。根据需要配足环保监测和测量设备，实施监测及做好记录，发现异常及时上报。

9. 施工单位负责人按时参加业主等相关各方有关环保的会议，根据需要签订有关环保协议和公布监督电话。对各方的要求，要及时落实并保持记录。

10. 施工单位要认真履行监督检查的责任，开展定期和不定期的督察，对违反环保规定的问题要求整改，并按照奖罚规定处罚。

环保管理人员要经常检查环保方案的执行情况并形成检查记录，对发现的问题要督促整改。要定期对现场开展环保检查，重点环节要旁站监控。

11. 施工单位要根据实际情况，分析可能发生的紧急情况，如：火灾、爆炸等，编制《重大环境事件应急预案》，预备必要的应急物资，需要时按照程序组织抢险救灾。

12. 对因发生事故或其他突发性事件，造成或者可能造成污染事故的，须立即采取措施处理，及时通知可能受到污染危害的单位和居民，在向上级报告的同时向当地环保部门报告。

13. 总监办应在施工前，详细编制工地环境保护奖罚办法，上报建设代建办批准后实施。

三、文明施工专项方案

施工前应由工程技术人员、安全管理人员编制文明施工专项方案，由施工单位总工审核后，报总监办审查批准，报代建办备案。

1. 文明施工专项方案应包括施工平面布置、大门、围挡墙、临时设施、场容场貌、卫生管理、环境保护、文明行为等主要内容。

2. 施工现场施工区、办公区、生活区应分开布置，并有明显划分隔离。施工区域的划分和场地确定应符合施工流程要求，尽量减少专业工种和各工程之间的干扰。应满足劳动保护、安全和防火及环境保护要求。

3. 施工现场必须沿工地四周连续设置围挡。大门和围挡材料要求坚固、稳定、整洁、美观。围挡的标语内容要根据国家、行业的要求，结合社会需求和工程所在地点进行编写。

4. 施工现场必须实行封闭管理，制定门卫制度，严格执行外来人员进、出场登记制度，门卫值班室应设在大门一侧，与大门的距离不得超过 5 m。工作时间严禁管理人员和劳务人员私自外出。不得在门口逗留、闲谈。

5. 施工现场场地应进行硬化，作业区、生活区主干道地面必须用一定厚度的混凝土硬化，场内其他次道路地面可用其他方法硬化处理。施工现场道路畅通、平坦、整洁，无散落物。设置完善的排水系统，排水畅通，不积水。严禁泥浆、污水、废水外流或堵塞下水道和排水渠、道。

6. 新建临建设施必须使用符合规定要求的装配式彩钢活动房屋，活动房屋不得超过两层，并满足安全、卫生、保温、通风（窗扇不能是固定式的）、采光等要求，温暖季节应安装纱门、纱窗。

7. 临建设施应包括门卫值班室、会议室、项目经理办公室、项目主任工程师办公室、施工员办公室、预算员办公室、材料员办公室、材料库房、宿舍、厨房、食堂、卫生间、洗衣房、淋浴室、饮水室（处）、吸烟室（处）、文化活动室。

8. 办公室与宿舍地面应硬化，墙面应进行简单装修，室内外地坪差不得小于 150 mm。利用施工现场原有建筑作为临时设施的，房屋外表要统一涂刷公司标准色。

9. 施工现场应设固定的水冲式男、女厕所，厕所天棚、墙面刷白，便槽贴面砖，地面用水泥砂浆或地砖。高层建筑应每隔二层设临时便溺设施。

10. 临建设施内用电应达到“三级配电两级保护”，未使用安全电压的灯具距地面垂直高度应不低于 2.4 m。

11. 施工现场大门处要设置“六图两牌”，即工程概况牌、不扰民措施牌、消防保卫牌、文明施工牌、安全生产牌、企务公开牌和施工现场平面布置图、工程立体效果图。

12. 施工现场应设置宣传栏、读报栏、黑板报，宣传内容应及时更换。

13. 建筑材料、构件、料具设备必须按施工现场平面布置图堆放，布置合理。建筑材料应分门别类堆放，悬挂统一标牌，标明名称、品种、规格、数量等。施工机械应统一悬挂安全操作规程牌。易产生扬尘的建筑材料，如水泥、砂、生石灰等应装袋存放或进行覆盖。

14. 必须建立清扫制度，落实到人，做到工完料尽、机械净、场地清，施工现场大门处应设置车辆冲刷设施保持出场车辆清洁。

15. 建筑垃圾应集中、分类堆放，及时清运，临时存放现场的也应集中堆放整齐、悬挂标牌，大风天应进行覆盖。生活垃圾应采用封闭式容器，日产日清。不用的施工机具和设备应及时出场。在市区施工，垃圾清运应委托有资格的运输单位，不得乱卸乱倒造成污染。

16. 办公室内、外清洁、整齐、窗明、地净。在墙壁统一位置贴挂岗位职责和施工图表，不得贴挂与施工无关的图画。会议室内应贴挂企业标志背景板、建工集团之歌、项目组织机构图、职工职业道德规范等。

17. 宿舍应建立室长卫生管理制度，且和宿舍人员名单一起上墙。宿舍内应设置封闭式餐具柜和储物箱，各种生活用品摆放整齐，定期清洗衣服被褥，定期消毒，生活垃圾按指定地点集中，及时清理。宿舍周围环境应保持整洁，设置封闭式垃圾箱。

18. 食堂应设置在远离厕所、垃圾站、有毒有害场所等污染源的地方。制作间灶台及其周边应贴瓷砖，高度不得低于 1.5 m，地面应做硬化和防滑处理。食堂应设置独立的制作间、储藏间，门扇下方应设不低于 0.6 m 的防鼠板。生熟食品分案作业，配备必要的排风和冷藏设备，夏季有防蝇措施。

19. 食堂必须取得卫生许可证，炊事人员持健康证上岗，工作须穿戴工作服帽，并保持个人卫生。食堂外应设置密闭式泔水桶，并及时清运。

20. 厕所应设专人管理，及时冲刷清理、喷洒药物消毒，无蚊蝇滋生。现场严禁随地大小便。

21. 施工现场应遵守国家有关环境保护的法律法规，有效地控制粉尘、噪声、固体废弃物、泥浆、强光等对环境污染和危害。

（1）施工现场不得熔融沥青等有毒有害物质和各类废弃物。

（2）食堂应使用油、气、电等清洁热源，禁用散煤等污染性燃料。食堂应设置隔油池并应及时清理。

（3）建筑物内垃圾的清运，必须采用相应容器或管道运输，严禁凌空抛卸。

（4）施工污水经沉淀后方可排入市政污水管网或河流。

22. 现场施工人员必须佩戴胸卡，管理人员统一服装，统一佩戴蓝色安全帽，安全帽正面有公司统一标志，作业人员统一佩戴黄色安全帽。外出时要着装整洁、得体。

23. 采取有效措施，避免施工扰民，妥善处理与周边居民的关系。

25. 参建单位应在业余时间有效开展各种健康的集体娱乐活动和组织学习、培训教育活动。

第三章
施工阶段代建工作

第一节 计划管理

一、工程进度控制

编制工程控制性进度计划，提出工程控制性进度目标，并以此为基础审查施工单位提出的施工实施进度计划，检查其实施情况，督促施工单位采取切实措施实现合同目标要求。当实施进度发生较大偏差时，及时向委托方提出调整控制性进度计划的建设意见，并在通过批准后完成其调整。

二、进度计划审查

项目监理单位必须审查施工承包单位提交的施工进度计划，如发现问题应及时向承包单位提出书面整改通知，并协助承包单位修改。施工进度计划审查的主要内容包括：

1. 计划工期及阶段工期目标是否符合合同规定的要求，计划工期完成的可行性，以及是否留有余地；

2. 各施工过程的施工顺序是否符合施工技术与组织的要求；

3. 主导施工过程的起止时间及持续时间安排是否正确合理；

4. 应有的技术和组织间歇时间是否安排，并且是否符合有关规定的要求；

5. 平行、搭接、立体交叉作业的施工项目安排是否合理；

6. 委托方提供的施工场地与进度计划所需的场地是否一致，各承包商施工场地的使用是否相互干扰、影响进度，运输路线的数量、距离及路况是否满足进度计划的要求；

7. 劳动力、材料、机械及气、水、电等的需要量是否落实和均衡利用；

8. 进度计划是否符合施工合同中的开工、竣工日期的规定；

9. 进度计划中的主要项目是否有遗漏，总承包单位与分包单位分别编制的各单位施工进度计划之间是否相协调；

10. 对由委托方提供的施工条件（资金、图纸、施工场地、物资等），承包单位在施工进度计划中所提出的供应时间和数量是否合理可行，是否有工程延期和费用索赔的可能。

应当说明，编制和实施施工进度计划是承包单位的责任。项目监理单位对施工进度计划的审查或批准，并不解除承包单位对施工进度计划的任何责任和义务。

三、项目进度动态管理

项目代建单位在施工进度计划实施过程中，要进行动态监督和控制，以确保工程能够如期完工。

（一）及时掌握工程施工的实际进度

项目代建单位要及时检查承包单位报送的施工进度报表和分析资料，重点要对工程进度的里程碑点进行检查和控制，同时还要进行必要的现场实地调查，核实所报送的已完项目的时间和工程量，防止虚报现象。

（二）分析并控制施工进度偏差

项目代建单位应对工程实际进度资料进行认真分析，并将其与进度计划数据进行比较，判断实际施工进度是否出现偏差。如果施工进度出现偏差，项目代建单位应进一步分析该偏差产生的原因及对进度控制目标的影响程度，提出纠偏措施。

（三）组织现场协调会

项目代建单位应每月、每周组织召开不同层次的现场协调会议，以解决工程施工进度计划实施过程中的相互协调配合问题。

（四）及时处理工期延误和工程延期事件

1. 工期延误。当出现工期延误时，项目监理单位要督促承包单位采取有效措施加快施工进度。如果经过一段时间后，实际进度没有明显改进，仍然落后于计划进度，而且显然影响工程按期竣工时，项目监理单位应要求承包单位修改进度计划，并提交给项目监理单位重新确认。

项目监理单位对修改后的施工进度计划的确认，并不是对工程延期的批准，他只是要求承包单位在合理的状态下施工。因此，项目监理单位对进度计划的确认，并不能解除承包单位应负的一切责任，承包单位需要承担赶工的全部额外开支和误期损失赔偿。

2. 工程延期。当出现工程延期时，项目监理单位要根据合同规定，合理批准工程延期。经项目监理单位核实批准的工程延期时间，应纳入合同工期，作为合同工期的一部分。即新的合同工期应等于原定的合同工期加上项目监理单位批准的工程延期时间。

（五）控制施工过程工程变更

项目监理单位应尽量减少或避免工程施工过程中的变更。若发生工程变更，应在承包单位进行工序修改前提出，以减少费用损失和工程延期事件的发生。项目代建单位负责对监理单位审核后上报的工程变更进行审核，并建立设计变更管理台账，定期进行汇总整理。

第二节 合同管理

一、合同管理的目标

1. 合同管理以法律为依据，在合法的前提下最大限度地通过合同手段维护委托方的合法权益。

2. 合同管理以建设项目的实际情况为出发点和突破点，保证项目在实现质量、进度、投资三大目标的前提下顺利竣工并投入使用。

3. 合同管理以预防为主，减少甚至避免纠纷和索赔的发生，在发生纠纷、索赔时最大限度地保护代建单位的利益。

4. 最大限度地将建设项目中的各种问题纳入合同管理的范围中，使参与项目建设的任何一方都能以合同为依据，享有权利，履行义务，共同保证建设项目的顺利竣工和投入使用。

二、项目涉及的主要合同类型

1. 委托合同。主要包括：咨询（顾问）委托合同、管理合同（含监理）、招标代理委托合同、造价审计委托合同等；

2. 承包合同。主要包括：勘察承包合同、设计承包合同、施工承包合同（包括分包合同）;

3. 购销合同。主要包括材料购销合同和设备、仪器仪表购销合同。

4. 协调、配合合同（协议）。

5. 其他合同。项目建设过程中需要签订的其他合同，如搬运合同、保管合同等。

三、合同管理工作的内容

1. 制定项目合同网络图；
2. 起草合同文件及其补充协议；
3. 进行合同谈判，制定合同谈判方案、策略；
4. 完成合同、补充协议签署工作；
5. 合同履行中，起草、审查文件记录；
6. 合同履行中，收集、整理文件记录；
7. 检查、分析、总结合同执行情况；
8. 合同变更控制；
9. 合同解释、合同争议处理；
10. 索赔处理；
11. 合同资料的整理、归档。

四、合同管理的措施

（一）合同签订前的管理

在建设项目的不同阶段，需要签订不同的合同，每个合同都必须满足一些基本条件，只有以此为前提，才具有进行合同谈判的可能性。这些合同基本条件具体为：

1. 勘察、设计合同的基本条件。包括：对勘察设计完成时间的要求、对勘察、设计工作内容、工作质量的要求，以及建设项目总体工程投资概算确定的勘察费、设计费额度范围及支付时间要求等。

2. 咨询（顾问）委托合同、招标代理委托合同、造价审计委托合同等合同的基本条件有：对受托人工作内容范围的要求；工作质量及提交工作成果时间的要求，以及根据建设项目投资概算确定的报酬额度的范围及支付时间要求等。

3. 施工承包合同的合同条件包括：对承包工程工期的要求；工程承包内容、工程质量的要求；工程验收、质量保修等方面的要求；以及根据建设项目总体工程投资概算确定工程款的额度范围和支付时间要求等。

4. 购销合同的合同条件包括：供货时间、供货方式、供货价格、货物所应具备的质量、包装标准及其他技术要求和标准等。

5. 协调、配合合同（协议）的合同条件：如配合时间、配合内容、配合费用及支付等。

6. 其他合同的合同条件。根据具体情况，相应地将之转化为合同条件，如拆迁补偿合同，委托方的拆迁补偿费用概算，拆迁时间等都是合同的基本条件。

（二）确定合同谈判的基本原则和策略

每次合同谈判之前，应根据工程的实际情况确定基本合同条件，然后分析合同签订对象的具体情况（如履约能力，财务状况）等，确定出合同谈判的基本原则和策略，这些原则和策略一般包括：以对方必须满足合同的基本条件为前提；对于灵活度较大的其他合同条件，制定出合同谈判的最高目标和最低目标，在实际谈判中尽最大可能实现最高目标；针对对方的具体情况分析谈判的可能情况并制定出相应对策。

1. 组织或参与合同谈判。综合考虑各方面情况制定出具体的合同谈判计划，使合同谈判有序进行，促进合同早日签订。

2. 根据合同谈判结果起草、审查、修订相关合同文件并报有关部门审定。应确保合同条款完备、词句严谨、各方权利、义务明确，确保项目的顺利实施和保护代建单位的合法权益。在编制合同文件时，以下内容是我们编制的重点内容：

（1）勘察、设计合同的重点内容包括：勘察、设计工作依据、工作内容、完成时间、工作质量的要求；勘察费、设计费取费标准、金额及支付；勘察单位、设计单位的义务及违约责任等。

（2）咨询（顾问）委托合同、监理委托合同、招标代理委托合同、造价审计委托合同等的合同重点内容有：工作内容范围；工作质量及提交工作成果的质量、时间的要求；受托人的义务及其违约责任；报酬及其支付等。

（3）施工承包合同的重点内容包括：工程承包内容、承包范围；工程工期；工程质量标准；工程验收标准及程序；质量保修；施工技术要求和标准；工程变更洽商、工程款及其支付；施工承包商的义务及其违约责任等。

（4）购销合同的重点内容包括：材料、设备的规格、型号、品牌、技术要求和标准、数量、单价、供货时间、供货地点、质量标准、包装要求、供货商的主要义务及其违约责任等内容。

（5）协调、配合合同（协议）的重点内容：配合内容、配合时间、配合方式、配合费用及其支付、配合人的义务及违约责任等。

（6）其他合同的重点内容。我们将根据具体情况，相应地将之转化为合同内容，如拆迁补偿合同的重点内容为：拆迁时间、拆迁条件、拆迁补偿方法、补偿费用的计算标准及支付方式等。

（三）合同订立时的管理

1. 组织合同相关方再次明确合同内容；

2. 打印、装订合同文件；

3. 联系合同相关方领取合同文件并监督其在一定时间内完成合同的签署工作，并保证其签署行为的合法有效；

（四）建立合同履行报告制度

1. 监督合同当事人按照合同约定履行合同义务，并定期进行合同履行情况的检查；

2. 对合同履行过程中的变更事项详细记录，并及时组成各方进行商谈。起草合同补充协议书，并在征求各方意见后监督各方完成补充协议书的签署；

3. 教育督促有关人员严格按合同进行工作，随时检查、记录合同的实际履行情况；

4. 在收到合同对方的信函、文书或电报后，及时审阅并制定对策，采用发文、发函的形式发出指令或批复；

5. 及时、积极地收集、整理、保存有关合同履行中的书面签证，往来信函、文书、会议纪要、电报等资料；

6. 必要时对于合同履行中出现的问题给予解释，协调，对经常出现的问题加以研究、剖析，并对这类问题给出一般性的处理意见；

7. 对于合同旅行中出现的问题及时详细地加以记录，并根据实际情况制定出切实可行且有效的处理措施和策略。

（五）建立合同变更与解除控制体系

合同的变更与解除必须依照《合同法》及当地政府有关法律法规的规定，应该按照下列程序执行。

1. 当事人一方要求变更或解除合同时，应当事先向另一方用书面形式提出；

2. 另一方当事人在接到有关变更或解除项目合同建议后应及时做出书面答复，如同意，则项目合同的变更或解除发生法律效力。

3. 必须在双方协议的期限内或者在法律规定的时限内，对变更和解除项目合同提出建议与做出答复。

4. 合同变更或解除必须在变更或解除前，由代建单位报请项目委托人和使用人批准后方可实施。

5. 因变更或解除项目合同发生的纠纷，依双方在合同中约定的解决方式或法定的解决方式处理。

（六）合同纠纷处理及索赔管理

1. 合同纠纷、索赔的预防。

（1）编制合同时，尽可能地使合同条款完善，词句严谨，减少甚至避免因合同约定不明确或没有约定相关内容而导致发生纠纷或索赔。

（2）合同履行过程中，通过协调、沟通、协商等手段减少甚至避免纠纷、索赔的发生。

（3）遇到有可能引起纠纷或索赔的问题，及时、全面地做好书面记录，保存好相关资料，使合同相关方在有据可查，减少甚至避免纠纷、索赔的发生。

2. 合同纠纷、索赔的处理。

合同纠纷、索赔处理的主要方法包括：

（1）在合同履行过程中积极、及时地收集整理、保存有关合同履行的书面签证、往来信函、文书、会议纪要、备忘录、电报等资料，以便在发生纠纷、索赔时能积极地主张代建单位的权利，合法合理且证据充分地保护代建单位的利益。

（2）选择适宜的纠纷处理方式。对于合同履行过程中出现纠纷，应采取组织召开专门问题讨论会、加强现场协调等措施，使得相关方相互沟通、增进了解，争取通过各方的友好协商使纠纷得以解决，必要时将解决结果以合同补充协议书的形式进行落实。

（3）在合同中明确约定纠纷索赔与工程进度相分离的原则，即明确约定在发生索赔或纠纷事件后，承包商应继续按照工程进度计划施工，不得停工。

（4）选择适宜的索赔处理方式。

（七）合同文件资料的管理

在项目施工过程中，应将合同文件资料的管理责任落实到具体的管理人员，妥善保存所有合同及与合同有关的一切资料，并及时满足委托方和使用单位的查阅和询问要求。在建设项目竣工验收完毕后将与项目有关的合同文件资料移交给使用单位。基本的管理制度有：

1. 建立合同文件资料统一编号，统一记录制度；
2. 建立合同文件资料分类管理制度；
3. 建立合同文件资料借阅登记制度。

第三节 质量管理

一、施工质量控制

审查承包单位的质量控制体系和措施，核实质量文件。依据工程建设合同文件、设计文件、技术规范与质量检验校准，对施工前准备工作进行检查，对施工工序与资源投入进行监督。以单位工程为基础，对基础工程、隐蔽工程、分项分部工程的质量进行检查、签证和施工质量的评价。组织质量事故调查，分类评定质量事故等级，审批质量事故处理措施。

二、质量控制的程序、内容和方式

（一）质量控制的程序

1. 在工程施工阶段，代建单位应要求项目监理单位对工程质量进行全过程、全方位的监督、检查与控制，不仅要检查和验收最终产品，而且要监督、检查和验收施工过程中的各个环节及中间产品。

2. 在工程施工过程中，项目监理单位应督促施工承包单位加强内部质量管理，严格质量控制，按规定工艺和技术要求进行施工作业。在每道工序完成后，施工承包单位应在自检合格的基础上填写报验申请表。项目监理单位在收到报验申请表后，应在合同规定的时间内到现场进行检验，检验合格后予以确认。

3. 只有上一道工序被确认质量合格后，方能准许下一道工序开始施工。当一个分项工程、分部工程完成后，承包单位首先需要自检并填写相应的质量验收记录表。待确认质量符合要求后，再向项目监理单位提交报验申请表及自检相关资料。经项目监理单位现场检查及对相关资料审核后，符合要求时予以签认验收。否则，指令施工承包单位进行整改或返工处理。

4. 在验收施工质量时，涉及结构安全的试块、试件以及有关材料，应按规定进行见证取样检测；对涉及结构安全和使用功能的重要分部工程，应进行抽样检测。承担见证取样检测及有关结构安全检测的单位应具有相应资质。

（二）质量控制的主要内容

代建单位应发挥监理单位在施工质量控制中的主导作用，加强对项目监理单位的监督管理，要求监理单位在工程施工控制质量中做好以下工作：

1. 随时密切注意承包单位违反合同规定的行为或质量不符合事件。例如，材料质量不合格、施工工艺或操作不符合要求、现场上岗的施工人员技术资质条件不符合要求等。项目监理单位有权要求承包单位予以处理，直至达到符合要求、标准，使项目监理单位满意。必要时，项目监理单位有权指令承包单位暂时停工予以解决。

2. 督促承包单位将重要的和复杂的施工项目、工序作为重点设立质量控制点。对于主要工序作业和隐蔽作业，按有关规范要求，由项目监理单位在规定的时间内检查、确认其质量符合要求后，才能进行下道工序。

3. 遵照已认证的质量管理体系规定的程序、记录表格填报质量跟踪档案，作为施工质量资料的重要部分。

4. 严格工序产品的检查验收。对于各工序的产出品，应先由承包单位按规定进行自检，自检合格后再由项目监理单位检查确认。确认其质量合格并签发质量报验表后，方可进行下道工序的施工。

5. 对重要的工程部位、工序和专业工程，项目监理单位对施工质量状况未能确信的，还需由项目监理单位进行试验或技术复核、抽样检验后方能验收。

（三）质量控制的方式

代建单位应不定期对工程施工质量进行巡视：一是检查施工质量，对出现的质量问题和质量隐患提出整改意见和要求；二是通过巡视，督促检查监理单位的工作。

三、施工质量过程控制

（一）作业技术交底的控制

1. 施工承包单位做好技术交底工作，是确保工程施工质量的重要条件。在每一个分项工程开始实施前均要进行技术交底。施工单位需要由主管技术人员编制技术交底书，内容包括施工方法、质量要求和验收标准，施工过程中需要注意的问题，可能出现的意外情况及应急措施等。技术交底书报经施工单位技术负责人批准后才能执行。

2. 对于关键部位或技术复杂、施工难度大的检验批、分项工程，项目监理单位应审查其技术交底书。重点审查其施工方法、施工工艺、机械选择、施工顺序、进度安排以及质量保证措施等是否切实可行。没有做好技术交底的工序或分项工程，不得正式实施。

（二）进场材料构配件的质量控制

凡运到施工现场的材料、半成品或构配件，在进场前应由施工承包单位向项目监理单位提交工程材料/构配件/设备报审表，并附有产品出厂合格证及技术说明书、由施工承包单位按规定要求进行的检验和试验报告。经项目监理单位审查并确认其质量合格后，方准进场。没有产品出厂合格证明及检验不合格者，不得进场。

（三）施工机械设备的质量控制

项目监理单位应不断检查并督促施工承包单位做好施工机械设备性能及工作状态的控制工作，只有状态良好、性能满足施工需要的机械设备才允许进入现场作业。

（四）现场劳动组织及作业人员的质量控制

1. 现场劳动组织的控制。从事施工作业活动的操作人员数量必须满足施工作业进度需要，相应各类工种配置应能保证施工作业有序持续进行；施工作业活动现场的直接负责人（包括技术负责人）、专职质检人员、安全员与作业活动有关的测量人员、材料员、实验员必须按班次坚守工作岗位；相关制度要健全。

2. 现场作业人员的控制。施工作业人员应按规定经考核后持证上岗；从事特殊作业的人员，必须持证上岗；施工机械设备操作人员必须有合格的上岗证书，并能熟练掌握操作维护技术。

（五）检验、测量和试验设施的质量控制

所有在施工现场使用的检验、测量和试验设备均应处于有效的合格校准周期内。严禁未经校准或报废的检验、测量和试验设备流入施工生产过程中。在用、封存、报废的检测、测量和试验设施应分别标识。

（六）施工环境状态的控制

1. 施工作业环境的控制。所谓施工作业环境主要是指水、电或动力供应、施工照明、安全防护设备、施工场地空间条件和通道、交通运输和道路条件等。项目监理单位应事先检查施工承包单位对施工作业环境方面的有关准备工作是否做好安排和准备妥当。当确认其准备工作可靠、有效后，方准许其进行施工。

2. 现场自然环境条件的控制。项目监理单位应检查施工承包单位，对于未来施工期内自然环境条件可能出现对施工作业质量的不利影响时，是否已有充分的认识并已做好充足的准备且采取了有效措施以保证工程质量。项目监理单位应检查施工承包单位有无应对方案及有针对性的保证质量和安全的措施等。

（七）测量复核控制

凡涉及施工作业技术活动基准和依据的技术工作，都应该严格进行专人负责的复核性检查，以避免基准失误给整个工程质量带来难以弥补的或全局性的危害。

技术复核是施工承包单位应履行的技术工作责任，其复核结果应报送项目监理单位复验确认后，才能进行后续相关工序的施工。

（八）见证取样控制

见证取样是指在项目监理单位的见证下，由施工承包单位的现场试验人员对工程项目使用的材料、半成品、构配件及工序活动效果进行现场取样并送交试验室进行试验的过程。

（九）停工与复工控制

根据委托监理合同的授权，在工程施工过程中出现下列情况需要停工处理时，项目监理单位可以下达停工指令：

1. 施工作业活动存在重大隐患，可能造成质量事故或已经造成质量事故。

2. 施工承包单位未经许可擅自施工或拒绝项目监理单位的管理。

3. 出现下列情况时，项目监理单位有权下达停工指令，及时进行质量控制：

（1）施工中出现质量异常情况，经提出后，施工承包单位未采取有效措施，或措施不力未能扭转异常情况的；

（2）隐蔽作业未经依法查验确认合格，而擅自封闭的；

（3）已发生质量事故迟迟未按项目监理单位要求进行处理，或者是已发生质量缺陷或事故，如不停工则质量缺陷或事故将继续发展的；

（4）未经项目监理单位审查同意，而擅自变更设计或图纸进行施工的；

（5）未经技术资质审查的人员或不合格人员进入现场施工的；

（6）使用的原材料、构配件不合格或未经检查确认的；或擅自采用未经审查认可的代用材料的；

（7）擅自使用未经项目监理单位审查认可的分包商进场施工的。

施工承包单位经过整改具备恢复施工的条件时，向项目监理单位报送工程复工申请及有关材料，证明造成停工的原因已经消失。项目监理单位现场复查后，认为具备复工的条件时，应及时签署工程复工报审表，指令施工承包单位继续施工。

项目监理单位下达工程停工令及复工指令时，应向项目代建单位报告。

四、施工质量验收管理

在施工过程中，要加强中间产品的质量验收管理，只有施工过程中间产品的质量均符合要求，才能保证最终单位工程产品的质量。

（一）隐蔽工程验收

隐蔽工程验收是在检查对象被覆盖之前对其质量进行的最后一道检查验收，是工程质量控制的一个关键过程，具体验收程序为：

1. 隐蔽工程施工完毕，承包单位按有关技术规程、规范、施工图纸进行自检。自检合格后，填写报验申请表，并附有关证明材料、试验报告、复试报告等，报送项目监理单位。

2. 项目监理单位收到报验申请表后首先应对质量证明材料进行审查，并在合同规定的时间内到现场进行检查（检测或核查），施工承包单位的专职质量检查员及相关施工人员应随同一起到现场。

3. 经现场检查，如果符合质量要求，项目监理单位有关人员在报验申请表及隐蔽工程检查记录上签字确认，准予承包单位隐蔽、覆盖，进入下一道工序施工。

4. 如经现场检查发现质量不合格，则项目监理单位指令承包单位进行整改，待整改完毕经自检合格后，承包单位报项目监理单位进行复查。

（二）分项工程质量验收

1. 分项工程合格规定如下：

（1）分项工程均应符合合格质量规定；

（2）分项工程的质量验收记录应完整。

2. 分项工程质量验收记录。分项工程质量应由项目监理单位（或代建单位项目技术负责人）组织施工承包单位专业技术负责人等进行验收.

（三）分部工程质量验收

1. 分部工程质量合格规定。

（1）分部工程所含分项工程的质量均应验收合格；

（2）质量控制资料应完整；

2. 分部工程质量验收。

分部工程的质量验收在其所含各分项工程质量验收的基础上进行。首先，分部工程的各分项工程必须已验收且相应的质量控制资料文件必须完整，这是验收的基本条件。

3. 分部工程质量应由总监理工程师（或代建单位项目负责人）组织施工项目经理和有关勘察、设计单位项目负责人进行验收。

五、项目质量问题和质量事故的处理

（一）工程质量问题处理

根据我国现行规定，凡是工程质量不合格，必须进行返修、加固或报废处理，由此造成直接经济损失低于 5 000 元的称为工程质量问题；直接经济损失在 5 000 元（含 5 000 元）以上的称为工程质量事故。

（二）工程质量事故处理

1. 修补处理。这是最常用的一类处理方案。当某个分项工程或分部工程的质量虽未达到规定的规范、标准或设计要求，存在一定缺陷，但通过修补或更换器具、设备后还可达到要求的标准，又不影响使用功能和外观要求时，可以进行修补处理。

对较严重的质量问题，可能影响结构的安全性和使用功能，必须按符合规范要求的技术方案进行加固补强处理，这样往往会造成一些永久性缺陷，如改变结构外形尺寸，影响一些次要的使用功能等。

2. 返工处理。当工程质量未达到规定的标准和要求，存在的严重质量问题，对结构的使用和安全构成重大影响，且又无法通过修补进行时，可对分项工程、分部工程甚至整个工程返工处理。

对某些存在严重质量缺陷，且无法采用加固补强等修补处理或修补处理费用比原工程造价还高的工程，应进行整体拆除，全面返工。

3. 限制使用。当工程质量缺陷按修补方式处理无法保证达到规定的使用和安全要求，而又无法返工时，可以做出限制使用的决定。

4. 不做处理。某些工程质量问题虽然不符合规定的要求和标准构成质量事故，但视其严重情况，经过分析、论证、法定检测单位鉴定和设计等有关单位认可，对工程或结构使用及安全影响不大时，也可不做专门处理。

对于处理后符合规定的，项目监理单位应予以验收、确认，并应注明责任方主要承担的经济责任。对经加固补强或返工处理仍不能满足安全使用要求的分部工程、单位工程，应拒绝验收。

第四节　安全管理

一、施工安全文明监督

审查施工安全措施、劳动保护和环境保护措施等，并负责检查、督促落实执行。参加重大安全事故调查并提出处理意见。

二、安全生产管理控制原则

（一）安全第一原则

安全高于一切，代建工作人员每时每刻将安全放在第一位，将安全工作贯穿工程始终。

（二）以人为本原则

以人为本，把人作为控制的动力，把人作为安全保护对象，调动人的积极性、创造性，增强人的责任感，强化“安全第一”的观念，提高人的素质，避免人为失误，以人的工作安全保证工序安全和工程安全；在制定建设方案、计划时，充分尊重人的存在，处处考虑人的安全，确保事前、事中、事后全过程人的安全。

（三）组织化、制度化、规范化、标准化原则

为确保代建项目安全生产目标的实现，应将安全管理工作组织化、制度化、

规范化、标准化，提高安全管理的可操作性，在项目各个层面全面落实安全生产保证体系。

（四）安全预控原则

事先采取各种措施，避免“人、机、料、法、环”各方面不符合安全要求的因素出现，以保证人员、过程、产品安全。

（五）全过程安全管理原则

按照项目的不同阶段、不同专业的不同特点，对安全目标进行分解，制定相对应的保证措施，实现无处不在的安全管理。

（六）全员安全管理原则

通过教育培训，使全体参建人员具有“我要安全，我会安全”的意识和能力，积极、主动地进行安全防范，确保项目建设“零死亡事故”。

三、安全管理机构及各参建单位安全管理职责

（一）建立整个项目安全生产管理小组

为了做好项目施工期间的安全生产工作，应设立由建设单位、代建单位、监理单位、承包单位、分包单位主要人员参加的“安全生产管理小组”，负责对日常安全文明施工和环境保护工作进行监督管理。安全管理委员会根据建设进展情况，督促并参加由总包组织的定期检查、专题活动，对项目的工程施工安全和施工承包单位的安全工作进行现场监督管理。

（二）代建单位的安全生产管理职责

项目代建期间，代建单位按照代建合同约定代行项目建设单位职责，并按国家有关法律法规规定，承担建设单位的安全责任。

（三）设计单位的安全生产管理职责

工程设计必须符合国家有关规定、规范，保证工程结构安全、可靠。设计单位应把项目的安全设计贯穿设计的全过程，努力为建筑物的安全使用、施工安全创造条件，承担委托设计合同规定的责任。

（四）监理单位的安全生产管理职责

按《建设工程安全生产条例》的规定，将以合同形式明确项目监理单位在项目的建设安全生产责任；监理单位和监理工程师应当按照法律、法规和工程建设强制性 标准实施监理，并对建设工程安全生产承担监理责任。

监理单位负责审批项目安全管理办法，批准重大安全技术方案和实施措施，核定重大安全设施的经费；为安全、文明施工创造基础条件与外部环境；协助或组织对特别重大事故的调查、处理。

监理单位在实施监理过程中，发现存在安全事故隐患的，应当要求施工单位整改；情况严重的，应当要求施工单位暂时停止施工，并及时报告建设单位。施工单位拒不整改或者不停止施工的，监理单位应当及时向有关主管部门报告。

（五）承包单位、分包单位、供货单位的安全生产管理职责

承包单位、分包单位、供货单位负责所承包工程项目的施工安全生产职责，接受代建单位和监理单位的管理、检查及监督，接受国家劳动管理部门的劳动安全卫生检查和监督管理。承包单位、分包单位、供货单位应建立健全安全管理机构、安全工作体系和安全管理制度，通过颁布一系列安全生产管理办法、安全生产技术措施、安全生产考核奖罚措施和劳动保护制度等，加强安全管理。

四、安全管理措施

（一）安全生产教育培训

代建单位应督促各参建单位推行不间断的安全生产教育培训，重点做好各级管理人员的安全教育培训，把“安全第一”的思想变成管理人员、作业人员的自觉行为，切实执行“全员安全管理”。

在建设过程中，代建工作人员虽不直接从事一线活动，但其管理的职责对保证现场的安全至关重要，其安全管理意识直接影响到作业人员的安全意识、安全行为。所以，在施工过程中，要重点加强各参建领导者的安全教育培训，不仅对所有作业人员进行安全教育培训，也将对全体管理人员进行安全教育培训、岗前培训。在生产过程中，针对不同阶段、不同施工工艺，开展安全生产培训，安全技术交底，经签认后，在确保作业人员对作业环境、安全防护设施、紧急处理预案有了明确的理解之后再进行施工。对安全教育、培训活动不参加或不积极参加以及考试不合格者坚决予以清退出场。

（二）识别危险因素，推行“全过程” 安全管理

安全高于一切。在工程施工过程中，为保证安全生产，代建单位应在项目开工前，首先对危险因素进行评价，识别出危险因素，进行危害分析、根据分析结果，制定目标、指标管理方案。

1. 施工单位进场前，应要求施工单位遵循 GB/T28001《职业健康安全管理体系要求》的标准和体系文件的要求制定严格控制人的不安全行为的措施，杜绝诸如精力不集中导致误操作，安全防护措施不到位，为抢进度盲目施工，无知蛮干，违章作业以及侥幸心理、麻痹大意等造成的事故隐患。因此，安全管理工程师必须要求监理单位对总包单位及相关单位加强人员不安全行为的管理及检查。

2. 工程施工过程中重点控制物的不安全状态。施工中，要使用许多防护设施、机械设备，工具，材料，用水、用电等。这些设备、机具、电气、防护设施处于良好的状态，不仅能使工程进展顺利，而且为安全施工提供了保障，因此要认真检查总包方进场的各种设备、临电设施、防护设施、消防设施是否符合交通运输部、当地主管部门有关设备、电气、防护、消防的规定及标准，只有做到达标、符合规范的要求，才能确保安全、可靠，操作简便、灵活。

3. 施工中也应严格控制环境的不利影响，作业中人的站位，变电设施的防护、管线、人员出入口，作业通道、临边作业的防护、基坑、边坡，作业面等是对安全生产影响的环境因素，因此均需总包单位采取严密的防护措施，只有措施到位，才能防止伤亡事故的发生。

（三）安全生产管理重点

“实施全过程安全管理”就是对建设生产的全过程进行持续不断的管理，确保每一个作业工序、每一件施工材料、现场的每一个角落处于安全管理的控制中，并处于安全的状态。

（四）建立重点审查制度

在项目开工之前，监理单位应对总包单位安全生产资质进行审查，资质审查内容：营业执照、安全资质、施工许可证、ISO9002、ISO14001、GB/T28001认证情况。安全管理体系及机构的设置情况，并督促总包单位及时编制施工组织设计，其中应提出综合的安全生产施工方案，借以指导整个工程安全生产活动。安全生产方案的编制，应结合整个项目的施工组织设计、技术方案等进行

编制，从而将安全生产管理、安全生产工艺要求等，贯穿于整个生产活动的各个环节。

1. 对方案审查的重点之一是看其是否提出了各专业安全生产方案编制计划。应要求总包单位针对不同阶段的安全生产特点，编制阶段性的安全生产方案，指导安全生产工作。

2. 审批由监理单位审核后的总包施工组织设计中关于安全生产管理制度。作为指导今后安全生产活动的大纲，贯彻在整个生产活动过程中。安全生产管理制度应包括：

（1）安全生产目标

（2）安全生产责任制

（3）安全管理制度

（4）防火防盗的设备、人员配备及组织制度

（5）安全防护用品的使用、安全教育培训

（6）安全施工方案的编制、审批程序

（7）安全风险评估报告及对策书

（8）施工机械的安全使用、安全技术操作规程

（9）意外伤害保险制度、生产安全事故应急救援制度

3. 审批总包单位在推行新工艺、新技术、新材料的过程中的安全措施。在项目设计方案、施工方案、技术方案制定过程中，在新技术、新施工工艺、新材料推行过程中，在管理制度、管理方法的制定过程中，均应严格执行国务院颁布的《建设工程安全生产条例》，提出相应的安全技术措施。凡不符合安全要求达不到相关的安全标准的坚决予以拒绝。

五、加强监督管理与检查

1. 安全生产管理坚持安全第一、预防为主的方针；承包商必须全面履行施工合同中确定的安全生产职责，项目经理依法对本单位的安全生产工作全面负责；

2. 在施工组织设计方案审查时，应严格审查承包单位在施工组织设计中的安全技术措施或者专项施工方案是否符合工程建设强制性标准；

3. 对于下列危险性较大的分部分项工程的施工方案，应严格审查，只有在监理单位签字确认后方可组织施工：基坑支护与降水工程；土方开挖工程；模板工程；起重吊装工程；脚手架工程；拆除、爆破工程；国家建设行政主管部门或者其他部门规定的危险性较大的工程。

4. 代建单位应督促项目监理单位加强对承包单位施工现场作业人员劳动保护的监督管理：

（1）承包单位对施工现场作业人员的劳动保护是否有足够的资金投入和物资投入；

（2）承包单位的施工现场作业人员是否配备和穿戴与施工现场条件和环境的要求相符合的劳动防护用品；

（3）承包单位对特种作业人员上岗前是否进行安全教育，并保证持证上岗；

（4）承包单位是否执行了严禁使用未成年人参加劳动的规定；

（5）承包单位是否执行了相关的女工劳动保护政策。

5. 各单位应设专职（或兼职）安全管理工程师；项目主要负责人要亲自抓安全生产工作；

6. 加强日常和不定期安全检查工作。要加强日常检查和月度安全检查工作，督促监理单位随时进行安全检查，并做好记录，对在监理过程中发现的安全事故隐患，应当要求承包单位整改，情况严重的，应当要求承包单位暂时停止施工，并及时向有关单位报告。承包单位拒不整改或不停止施工的，监理工程师应当及时向主管部门报告；做好月度安全检查工作。每月末由监理组织一次月度安全生产大检查，代建单位、承包商和各发包单位派人参加。主要检查生活区和工程作业区，从生活安全、卫生、文明施工、生产安全等各方面进行检查，并写出检查报告。

代建单位、监理单位应通过日常巡查、不定期的安全大检查及时发现施工单位在施工中的不安全因素，责令施工单位立即加以整改。否则，代建工作单位有权对施工单位发出停工指令，督促承包单位、分包单位、劳务单位供货单位的安全管理工作。

六、安全管理应急预案

工程现场需建立各项安全管理预案，以保证在安全事故发生时能够得到及时处理，将危害程度减少到最低。安全管理应急预案包括：

1. 火灾消防应急预案
2. 人员伤害应急预案
3. 机械设备危害应急预案
4. 自然灾害应急预案
5. 施工用电（触电）应急预案

6. 传染病防治应急预案

7. 卫生防疫（食物中毒）防治应急预案等

第五节 廉政管理

为贯彻落实党和国家有关法律法规及交通运输部有关规定，严格执行合同协议书，实行党风廉政建设责任制，将精神文明建设和项目建设工作紧密结合，一起部署，一起落实，一起检查，一起考核。

廉政建设，由工程参建各单位主要领导负总责，明确当前党风廉政建设的要求，紧跟反腐败斗争的形势，将自查自纠和群众监督相结合。

1. 代建单位与监理公司、承包商在签订工程监理和工程施工合同的同时，应按要求签订《建设工程廉政合同》。

2. 任何人不得索要或接受被管理单位和个人的礼金、有价证券和贵重物品，不得在被管理单位和个人报销任何应由其支付的费用；

3. 任何人不得参加被管理单位和个人安排的高消费宴请和娱乐活动；不得接受被管理单位和个人提供的通信工具、交通工具和高档办公用品；

4. 任何人不得要求或接受被管理单位和个人为其住房装修、婚丧嫁娶活动、配偶子女的工作安排以及出国出境、旅游等提供方便；

5. 代建单位任何人的配偶、子女不得从事与工程有关的监理分包项目和材料设备供应、工程分包、劳务等经济活动；

6. 代建单位和监理单位任何人不得以任何理由向承包商推荐分包单位，不得要求承包商购买合同规定外的材料和设备；

7. 任何人都要秉公办事，不准营私舞弊，不准利用职权从事各种个人有偿中介活动和安排施工队伍；

8. 任何人发现代建单位的有关工作人员有严重违反《建设工程廉政合同》的行为，要向有关领导反映；根据管理权限，依据有关规定，给予党纪、政纪或组织处理；涉嫌犯罪的，移交司法机关追究刑事责任；给其他单位造成经济损失的，应予赔偿；

9. 任何人发现监理或承包商的有关工作人员有严重违反《建设工程廉政合同》的行为，要向有关领导反映，按管理权限，依据有关规定，给予党纪、政纪或组织处理；给委托方造成经济损失的，应予赔偿；情节严重的，报相关主管部门。违法行为，由相关部门追究刑事责任；

10.《建设工程廉政合同》由合同各方上级单位的纪检、监察、检察机关负责监督。上级单位纪检、监察机关对本合同履行情况进行检查，督促各方切实执行合同各项条款，在有争议时提出在合同规定范围内的裁定意见。

第六节 环保管理

一、环境保护管理

（一）环境影响因素识别

1. 应对工程施工全过程可能产生的环境因素进行识别，识别出重要环境因素，进行环境影响评价，制定环境目标、指标及管理方案，实行目标管理及施工过程运行控制，并要求承包商制定环境目标、指标管理方案和环境管理控制方法与手段。

2. 根据 ISO14001 环境体系文件要求建立健全环境保护责任制，并落实各职能部门的岗位职责，同时，要求承包商建立健全环境保护责任制，责任落实到人，做到环境保护工作层层、面面有人负责，人人爱护环境、保护环境。

3. 要求承包商成立施工现场保洁队，配备足够的人员及清扫、洒水设备，每天及时清扫施工现场内及工地大门外卫生责任区，并洒水降尘。

（二）环境管理措施

1. 定期组织召开施工现场环境保护管理工作例会，总结前一阶段施工现场环境管理情况，布置下一阶段施工现场的环境保护管理工作。

2. 建立并执行施工现场环境保护管理检查制度，由代建单位定期组织监理单位及施工单位环境保护管理负责人参加的联合检查，对施工现场的环境监测、目标、指标管理方案执行情况进行检查，对重要环境因素如施工废水、扬尘、噪声、生活废水、施工垃圾的排放及道路硬化等环境保护措施进行全面检查，对检查中发现的问题，开出“隐患问题通知单”，各施工单位及责任部门收到“隐患问题通知单”后，采取定人、定时间、定措施予以整改，监理单位跟踪落实整改情况，确保环境保护全面达标。

3. 开展全员“绿色工程”环境保护教育工作，代建单位监督各承包单位、施工单位、定期对职工进行环境保护法规知识的培训教育考核，做到从我做起，爱护环境、保护环境，在施工中严格按照环保标准作业，对不符合环保要求的材料、排放不达标的设备一律不用。

（三）环境管理要点

1. 防止大气污染。

（1）拆除工程施工前应先洒水、后拆除，拆除过程中也应适量洒水防止扬尘污染，施工垃圾应及时清运，运输车辆必须是封闭式车厢，车辆出场前，车槽边存土必须清理干净，经车辆清洗冲刷台，车轮清洗干净后方可出现场，严防车辆带泥沙出现场。

（2）施工现场主要道路必须硬化处理，办公区、生活区应适当绿化、美化，防止道路扬尘。

（3）水泥、石灰等细颗粒材料必须做好存放，运输时要防止遗洒、飞扬，装卸时应轻码、轻放，减少扬尘。土方施工阶段遇四级以上大风停止土方扬尘施工。

（4）施工现场的冬施锅炉必须使用清洁燃料。

2. 防止水污染。

（1）施工现场应统一设置排水沟、混凝土输送泵及运输车辆，清洗处应设置沉淀池，废水不得直接排入市政管网，经二次沉淀后循环使用或用于洒水降尘。

（2）现场存放油料必须对库房进行防渗漏处理，储存和使用都应采取措施，防止油料泄漏，污染土壤水体，施工中使用的脱模剂等物品使用中也应采取防泄漏措施。

（3）施工现场设置的食堂，用餐人数在 100 人以上的，应设置隔池，加强管理，专人负责清掏，防止污染。

3. 防止施工噪声污染。

（1）施工现场的强噪声设备必须搭设封闭式机棚，并尽可能设置在远离居民区及办公区一侧，以减少噪声污染。

（2）夜间施工应按规定办理夜间施工许可证，并采取措施，最大限度地减少施工噪声，可采用隔音布，低噪声振捣器等方法。

（3）对人为噪声应有管理制度和降噪措施，并严格管理。承担夜间材料运输的车辆，进入施工现场严禁鸣笛、装卸材料应做到轻拿轻放，塔式起重机应使用对讲机指挥，最大限度减少噪声扰民。

（4）施工现场应进行噪声值监测，噪声值不得超过昼间 70 分贝，夜间 55 分贝。

（5）代建单位与委托方、监理、承包商、分包方、街道办事处共同协调施工扰民工作，最大限度地减少施工扰民。

（6）生活垃圾与施工垃圾分别存放，并及时清运。

4. 防止废弃物污染。

（1）采用科学的施工方案、方法及可行的措施，减少现场施工垃圾及拆除垃圾。

（2）施工现场设立专门的废弃物临时贮存场地，生活垃圾与施工垃圾分开，废弃物应分类存放，对有可能造成二次垃圾的废弃物必须单独贮存、设置安全防范措施且有醒目标识。

（3）每天定时清理收集垃圾。

（4）减少用埋填的方法处理垃圾的数量。

（5）废弃物的运输确保不遗散、不混放，送到政府批准的单位或场所进行处理、消纳，对可回收的废弃物做到再回收利用。

（6）有害废料要清楚标识并采取适当的措施，隔离存放。

二、文明施工管理

在项目建设过程中，贯彻“人文工程”的理念，充分尊重人的价值，在进行设计、生产、组织施工等过程中，充分发挥机械设备的使用，代替重体力劳动和危险作业，积极创造舒适方便的工作、生活环境，最大限度地保护作业人员的健康和积极性，向技术设备要生产效率，营造人人心情舒畅、健康向上的工作、生活环境。

（一）文明施工管理制度

推行文明施工责任制、文明施工方案会签制，在实施过程中，进行定期、不定期的检查、评比活动，表扬先进、处罚落后，提出整改措施。

（二）文明施工管理措施

1. 现场统一管理，专人负责，创造整洁、有序、安全的作业环境。为避免生活区与施工区的相互影响，要求实现施工区与生活区完全分开。

2. 现场内主要道路路面全部硬化，平整坚实，做到黄土不露天；路面统一设置排水系统，做到晴天不扬尘、雨天不积水。施工现场加工区设备、设施完善，临电、环保、降噪措施到位。钢筋、木材、水泥、砌块、模板等材料堆放整齐；大型设施、机械布置符合平面图规定；消防通道畅通，消防器材布置合理，并设专人指挥施工现场内的交通，人员、车辆分流。交通随施工生产的进程而变化，确保安全第一。

3. 生活区建立舒适、卫生、整洁的生活环境。贯彻“人文工程”的理念，充分尊重人的需要，提高生活设施标准，使所有的施工人员能够工作好、休息好。

4. 进行持续的安全、治安、消防、卫生防疫、环境保护、交通安全等教育宣传活动。

5. 实行文明施工责任区制度，从制度上落实文明施工工作。根据合同内容、施工范围、施工区域等划分文明施工责任区，做到责任落实到位、落实到班组、落实到每一个作业人员。

第七节　环境协调管理

一、协调管理

主持建设管理服务合同授权范围内工程建设各方协调工作会议，编发施工协调会议纪要。

二、协调的内容

（一）内部协调

内部协调主要是由代建单位、委托方、使用方、设计单位、监理单位、总承包单位、专业分包单位、设备供应单位、材料供应单位参加的协调会，围绕四大控制进行的系统性的沟通协调。

1. 与监理的沟通协调。监理单位将主要围绕质量、进度、通过监理会，进行工程及工作的沟通与协调工作。

2. 与总包的沟通协调。总承包单位按建筑法规定将完成工程主体为此将负责施工现场中各施工单位之间的施工程序相互配合的施工协调任务，如土建与安装给水、排水、空调、供电、弱电系统、消防系统的配合协调等，通常以平衡会、调度会的形式进行。

（二）外部协调

外部协调主要是与政府建设主管部门的沟通协调，以及与建设过程中遇到的其他单位的沟通协调。

三、协调的形式

项目的信息沟通协调，集中以项目会议、项目进展报告、工作总结报告以及项目总结报告等形式进行。

1. 项目会议。项目会议是平衡冲突、解决问题、促进项目团队建设的有效工具。常用的会议形式主要有项目例会、阶段性评审会议、专题会议、技术和设计评审会议、项目总结会议等。

2. 项目进展报告。项目进展报告又可称为项目代建月报、项目监理月报，是描述项目各项工作的进展情况和取得成果，传递项目执行情况的报告。

第八节 投资管理

一、工程造价控制

编制投资控制目标和分年度投资计划。审核承建单位提交的工程计量及费用等，并签发付款凭证。受理索赔申请，进行索赔调查和谈判，并提出处理意见，经招标人书面确认后，下达变更指令。

二、项目资金使用计划的编制

在建设项目施工过程中，通过资金使用计划的编制与执行，可以有效地控制工程造价。

（一）资金使用计划的编制方法

1. 按项目组成编制资金使用计划。代建单位在编制资金使用计划时，可以按照工程项目的组成，按照单位工程、分部工程、分项工程的逐级层次划分，将工程造价进行相应的切块分解。分块细化的程度应结合项目规模、管理水平等实际情况综合考虑确定。

2. 按时间进度编制资金使用计划就是在计划工期范围内将工程造价按照时间进行分解。通常需要利用工程项目的网络进度计划编制资金使用计划。即在拟定工程进度计划时，一方面要确定各项施工活动所需的时间，另一方面需要确定完成该施工活动时的资金支出。

（二）资金使用计划的表达形式

1. 资金使用计划表。按项目组成编制资金使用计划时，可以利用资金使用计划表。资金使用计划表的内容一般包括：工程分项编码；工程内容；计量单位；工程数量；计划综合单价；本分项工程总计。

2. 时间-投资累计曲线。首先根据工程进度计划确定每单位时间内所需投入的资金，然后通过逐步累计便可求得计划工期范围内各时点的累计投资额。由于绘制出来的累计投资曲线的形状通常像英文字母“S”，故通常也称时间-投资累计曲线为 S 曲线。S 曲线不仅能直观表达工程投资随时间的变化情况，而且是控制工程造价的重要依据。

三、工程计量与工程款支付

（一）工程计量

1. 工程计量程序。

按照施工合同的规定，施工承包单位按约定的时间向项目监理单位提出已完工程量的报告，项目监理单位接到报告后在 7 天内按设计图纸核实已完工程量，并在计量前 24 小时通知承包单位，承包单位为计量提供条件并派人参加。承包单位不参加计量，项目监理单位可自行进行，计量结果有效，可作为工程价款支付的依据。若项目监理单位未在规定时间内进行计量，则承包单位报告中所列工程量视为已被确认，可作为工程价款支付的依据。

2. 工程计量依据。

（1）质量合格证书。经项目监理单位检验达到合同规定的标准，并拥有质量合格证书的工程才能予以计量。

（2）工程量清单前言和技术规范。工程量清单前言和技术规范中的条款规定了每一项工程的计量方法及其所确定的单价所包含的工作内容和范围。

（3）设计图纸。设计图纸是计量几何尺寸的依据，对承包单位超出设计图纸增加的工程量和自身原因增加的工程量不予计量。

（二）工程款支付

1. 在双方确认计量结果后，代建单位应根据施工合同的规定，向承包单位支付工程款。按施工合同约定的应扣回的预付款，与工程款同期结算。

2. 符合规定范围的工程变更调整的合同价款及约定的追加合同价款，应与工程款同期调整支付。

3. 如不能按期支付工程款，应与承包单位协商延期支付，承包单位同意后，应承担付款的贷款利息。

4. 如不按合同支付工程款导致承包单位停止施工的，由责任方承担违约责任。

四、工程变更价款的确定

（一）工程变更价款的确定程序

承包单位应在工程变更确定后 14 天内，提出变更工程价款的报告，项目监理单位收到变更工程价款报告之日起 7 天内应予以确认。经项目监理单位审查确认后报代建单位审批，并由代建单位报委托方备案。承包单位未在规定时间内提出变更工程价款报告时，视为该项工程变更不涉及工程价款的调整。

（二）工程变更价款的确定方法

1. 如果合同中已有适用于变更工程的价格，按合同已有的价格计算并变更合同价款；

2. 如果合同中只有类似于变更工程的价格，可以参照此价格确定变更价格，变更合同价格；

3. 如果合同中没有适用或类似于变更工程的价格，由承包单位提出适当的变更价格，经项目监理单位确认后执行；

4. 合同中另有约定的，按约定执行。

五、工程费用索赔的控制

（一）费用索赔的种类

在工程施工过程中，施工承包单位提出的费用索赔通常分为以下几类：

1. 工程延期索赔。因建设单位、监理单位未按合同要求提供施工条件、指令工程暂停、不可抗力事件等原因造成工程延期时，承包单位提出的索赔。

2. 工程变更索赔。由于项目监理单位指令增加或减少工程量、修改设计、变更工程顺序等造成工期延长和费用增加时，承包单位提出的索赔。

3. 合同被迫终止的索赔。由于代建单位、项目监理单位违约以及不可抗力事件等原因造成合同非正常终止，承包单位因其蒙受经济损失而提出的索赔。

4. 工程赶工索赔。由于项目监理单位指令承包单位加快施工速度、缩短工期，引起承包单位人力、财力、物力的额外支出而提出的索赔。

5. 意外风险和不可预见因素索赔。因人力不可抗拒的自然灾害特殊风险以及一个有经验的承包单位通常不能合理预见的不利施工条件或外界障碍等引起的索赔。

6. 其他索赔。由于货币贬值、汇率变化、物价和工资的上涨、政策法令变化等原因引起的索赔。

（二）费用索赔的依据

提出和处理工程费用索赔的依据主要包括：

1. 招标文件、施工合同文本及附件，备忘录、修正案等各类签约，经认可的工程实施计划、各种工程图纸、技术规范等；

2. 双方往来的信函、各种会议纪要；

3. 进度计划和具体的进度安排、项目现场的有关文件；

4. 气象资料、工程检查验收报告和各种技术鉴定报告，工程中送停电、送停水、道路开通和封闭的记录及证明；

5. 国家有关法律法令、政策文件，政府有关部门公布的物价指数、工资指数，各种会计核算资料，材料的采购、订货、运输、进场、使用方面的凭证。

（三）费用索赔处理程序

按照我国现行的有关规定，费用索赔处理程序如下：

1. 承包单位在索赔事件发生 28 天内向项目监理单位提出索赔申请；

2. 承包单位在发出索赔申请后 28 天内向项目监理单位提出补偿经济损失和/或延长工期的索赔报告及有关资料；

3. 项目监理单位审核承包单位的索赔报告和有关资料，并于 28 天内给予答复，或者要求承包单位进一步补充索赔理由和证据。项目监理单位未在 28 天内答复或未对承包单位提出新要求时，视为该项索赔已被认可；

4. 项目监理单位与承包单位谈判协商。如协商不成，项目监理单位有权确定一个其认为合理的单价或价格作为最终的处理意见。如承包单位不接受项目监理单位单方面的决定，可按合同约定仲裁或诉讼；

5. 项目代建单位对监理单位上报的费用索赔进行审核。

（四）工程索赔费用的计算

1. 可索赔的费用。主要包括：人工费；设备费；材料费；保函手续费；贷款利息；保险费；利润；管理费。

2. 费用索赔的计算方法。常用的索赔计算方法为实际费用法。即以承包单位为某项索赔工作所支付的实际开支为依据，确定索赔费用。计算时，将直接费的额外费用与应得的间接费和利润相加，即为承包单位应得的索赔金额。由于实际费用法所依据的是实际发生的成本记录或单据，因此在施工过程中，系统而准确地积累记录资料是非常重要的。

有时也可采用总费用法和修正的总费用法。总费用法是指在发生多次索赔事件以后，重新计算该工程的实际总费用。由实际总费用减去投标报价时的估算总费用，即为索赔金额。但实际发生的总费用总价额中可能包括承包单位的原因（如施工组织不善）而增加费用。此外，投标报价时估算的总费用也可能为了中标而过低。因此，总费用法只有在难以采用实际费用法时才采用。

修正总费用法是对总费用法的改进，即在总费用计算的原则上，去掉一些不合理的因素，使其更趋合理。

六、工程结算

（一）工程价款的结算方式

按工程结算的时间和对象不同,我国工程价款的结算方式可分为以下几种：

1. 按月结算。实行旬末或月中预支，月终结算，竣工后清算的办法。跨年度竣工的工程，在年终进行工程盘点，办理年度结算。我国现行建筑安装工程价款结算中，相当一部分工程是按月结算的。

2. 竣工后一次结算。工期在 12 个月以内或者工程承包合同价值在 100 万元以下的工程，可以实行工程价款每月月中预支，竣工后一次结算的方式。

3. 分段结算。即当年开工、当年不能竣工的单项工程或单位工程按照工程形象进度，划分不同阶段进行结算。分段结算可以按月预支工程款。

4. 目标结算。将合同中的工程内容分解成不同的验收单元，当承包单位完成单元工程内容并经验收后，支付该单元工程内容的价款。

（二）工程款结算程序

1. 工程进度款的支付程序。对于已经预支工程价款或已经开始扣还工程预付款的工程项目，在进行工程进度款结算时，要从工程价款中减去预收工程价款和当月应扣还的工程预付款。

2. 工程保修金的预留。按照有关规定，工程项目总造价中应预留出一定比例的尾留款作为质量保修费用，待工程项目保修期结束后拨付。工程保修金的预留一般有两种做法：

（1）当工程进度款拨付累计额达到该工程造价的一定比例（一般为95%～97%）时，停止支付，预留造价部分作为保修金。

（2）保留金的扣除，可以从向承包单位第一次支付的工程进度款开始，在每次承包单位应得的工程款中扣留投标书附录中规定金额作为保修金，直至保修金总额达到投标书附录中规定的限额为止。

3. 其他费用的支付。其他费用按照合同约定及发生事件的责任方承担的原则支付：

（1）安全施工方面的费用由责任方承担费用；

（2）专利技术及特殊工艺涉及的费用由提出使用方承担费用；

（3）文物和地下障碍物涉及的费用由委托方承担费用。

4. 工程竣工结算。全部工程完工后，经验收质量合格，符合合同要求，承包单位与项目监理单位进行最终工程价款结算。

非跨年度的工程，只需办理一次性结算。跨年度的工程，在年终办理一次年终结算，将未完工程转到下一年度，此时竣工结算等于各年度结算的总和。

根据我国有关的规定，对竣工结算的规定如下：

（1）工程竣工验收报告经发包人认可后28天内，承包人向发包人递交竣工结算报告及完整的结算资料，双方按照协议书约定的合同价款及专用条款约定的合同价款调整内容，进行工程竣工结算；

（2）发包人收到承包人递交的竣工结算报告及结算资料后28天内进行核实，给予确认或者提出修改意见。发包人确认竣工结算报告后通知经办银行向承包人支付工程竣工结算价款。承包人收到竣工结算价款后14天内将竣工工程交付发包人；

（3）发包人收到竣工结算报告及结算资料后28天内无正当理由不支付工程竣工结算价款，从第29天起按承包人同期向银行贷款利率支付拖欠工程价款的利息，并承担违约责任；

（4）发包人收到竣工结算报告及结算资料后28天内不支付工程竣工结算价款，承包人可以催告发包人支付结算价款。发包人在收到竣工结算报告及结算资料后56天内仍不支付的，承包人可以与发包人协议将该工程折价，也可以由承包人申请人民法院将该工程依法拍卖，承包人就该工程折价或者拍卖的价款优先受偿；

（5）工程竣工验收报告经发包人认可后 28 天内，承包人未能向发包人递交竣工结算报告及完整的结算资料，造成工程竣工结算不能正常进行或工程竣工结算价款不能及时支付，发包人要求交付工程的，承包人应当交付；发包人不要求交付工程的，承包人承担保管责任；

（6）发包人和承包人对工程竣工结算价款发生争议时，按约定的争议处理方式处理。

第九节 日常管理

一、对设计单位的管理

（一）管理依据

1. 与设计单位签订的委托设计合同或补充协议书；
2. 《中华人民共和国建筑法》；
3. 国务院令第 393 号《建设工程安全生产管理条例》；
4. 国家、建设部房屋建筑和医院工程有关设计规范；

（二）管理要点

1. 检查设计单位按合同规定提供设计文件情况；
2. 审核设计提交并经监理确认的施工图供图计划；
3. 审核审图单位意见、图纸会审意见，是否反映到施工设计图中；
4. 督促并参加监理组织的施工图会审、技术交底；
5. 检查设计单位驻现场人员是否到位；
6. 协调设计与监理、承包商之间的关系；
7. 对于设计变更，监督设计单位是否严格按规定的程序执行；
8. 充分发挥监理在设计管理方面的作用，监理能够解决的涉及设计方面的问题，应由监理解决，当监理解决有困难时，由代建单位出面协调；

二、对施工单位的管理

（一）管理依据

1. 与施工承包商签订的《建设工程施工合同》及附件（包括廉政责任书和生产安全责任书）；

2.《中华人民共和国建筑法》;
3.《中华人民共和国安全生产法》;
4. 国务院令第 393 号《建筑工程安全生产管理条例》;
5. 国家和当地政府有关建筑工程的规定、规范、规程和标准。

（二）管理要点

1. 检查承包商编制的施工总体规划、施工组织设计、施工方案；
2. 检查承包商工地试验室达标情况；
3. 检查承包商项目经理、人员、施工机械设备进场情况和资源准备及合同执行情况；
4. 检查安全保证体系、措施及安全控制情况；
5. 检查承包商对分包工程和分包队伍的管理情况；
6. 检查企业 ISO9000 标准执行措施，主要检查质保体系。检查技术管理人员到位情况；
7. 检查施工机械设备到位和完好情况，是否满足施工需要；
8. 检查承包商文明施工、环保措施落实情况；
9. 检查承包商计划执行情况、投资完成情况和交工资料归档管理情况。
10. 检查施工单位建筑、材料、建筑物配件和设备的采购及使用情况。

三、对监理单位的管理

（一）管理依据

1. 与监理签订的《建设工程委托监理合同》
2.《中华人民共和国建筑法》
3.《中华人民共和国安全生产法》
4. 国务院令第 393 号《建筑工程安全生产管理条例》
5. 国家标准《建设工程监理规范》
6. 国家和当地政府的有关规定。

（二）管理要点

1. 检查监理规划；
2. 检查监理实施细则；

3. 检查监理机构及人员配制，总监是否到位；

4. 检查监理单位工地设备、试验室设备，能否满足工地监理工作需要；

5. 检查监理对承包商进场材料、成品、半成品是否查验，并进行试验；对施工机械是否检查，有无检查证、合格证；

6. 检查监理对主要分项工程和隐蔽工程的施工是否进行旁站；

7. 检查安全管理工作。

8. 检查监理对验工计价、结算等的签认和归档资料的管理是否合理和规范。

四、工地会议

（一）一般规定

1. 工地会议根据召开时间、会议内容及参加人员等，可分为第一次工地会议、工地例会、专题会议等。

2. 监理单位应做好会议记录，会议纪要由各参加单位签认。会议决定执行的有关事项，应按规定的程序办理。

（二）工地调度会

1. 会议组织。

工地调度会应由代建单位项目负责人主持，应每周召开一次，建设单位代表、代建单位、监理单位和施工单位现场主要负责人及各方有关人员参加。

2. 会议内容。

会议应检查上次会议议定事项的落实情况，并就工程质量、安全、环保、费用、进度及合同其他事项等进行讨论，提出解决问题的措施并确定下一步工作的具体安排和要求。

3. 会议议程。

（1）汇报上周期工作完成情况

① 进度计划完成情况；

② 工程质量控制、安全生产、文明施工等情况；

③ 存在的制约工程开展的有关问题（包括设计、社会环境等方面）及建议。

（2）下周期工作计划安排

① 工程进度计划安排（要与计划相对照，特别需要说明滞后工序的进度安排）；

② 工程质量控制及安全、文明施工保证措施；

③ 需要解决协调的问题（如果有）。

（3）会后编制《工地例会纪要》存档。

（三）专题工地会议

由代建单位项目负责人主持的专题工地会议，根据工程需要及时召开，建设单位、监理单位和施工单位代表及其他有关人员参加，必要时应邀请有关专家参加。

会议对施工期内出现的工程质量、安全、环保、费用、进度及合同管理等方面的重点、难点和需要协调的问题进行研讨，并提出明确的解决方案和落实措施。

第十节　特殊时段管理

一、雨期防汛管理

1. 提高应急处置能力，确保防汛抢险工作高效、有序进行，确保本工程区域内道路在汛期的安全畅通，最大限度地减少降雨对施工现场交通造成的影响。

2. 坚持以人为本、科学应对、预防为主的原则，把保障人民群众生命财产安全作为首要任务，高度重视公路防汛抢险应急处置工作，提高应急科技水平，增强预警预防和应急处置能力。

3. 工程成立以代建办主任为组长，代建办副主任为副组长，各施工、监理单位负责人为成员的防汛抢险领导小组，负责指挥和调度工程防汛工作。

4. 预警及响应。

（1）根据天气预报和相关信息，按中雨、大雨和暴雨及以上分为三级预警等级。中雨标准为（预计未来）12 小时降雨量 5 ~ 15 mm 或 24 小时降雨量 10 ~ 25 mm，启动三级预警；大雨标准（预计未来）12 小时降雨量 15 ~ 30 mm 或 24 小时降雨量 25 ~ 50 mm，启动二级预警；暴雨标准（预计未来）12 小时降雨量 30 mm 及以上或 24 小时降雨量 50 mm 及以上，气象部门发布蓝色以上暴雨预警的，启动一级预警。

（2）代建办接到一、二级预警后，应及时向各施工、监理单位传达，并启动响应机制。

代建办、总监办主要人员全部到岗到位，按职责分工开展工作；对管辖路段和施工单位的应急响应情况进行检查督导。

施工单位组织人员集中待命，应急设备、物资要充足。并加强上路巡查力度，发现问题立即上报。一级预警，每 2 小时对管辖路段巡查一遍；二级预警，每 3 小时对管辖路段巡查一遍。

（3）启动三级预警后，代建办值班人员到岗，及时了解现场信息，总监办主要领导到岗到位，负责对管辖路段和施工单位的应急响应情况进行检查督导。各施工单位主要人员及抢险人员到岗到位，应急设备、物资要充足。

5. 保障措施。

（1）各施工单位要按照要求，成立相应的防汛抢险领导机构，明确岗位职责和分工，责任到人。

（2）各施工单位要结合各自实际，组建相对固定的应急抢险队伍，建立人员花名册和通讯录，明确组织机构和人员分工，定期进行演练，确保随时能够投入抢险工作。

（3）各单位要建立防汛抢险工作通信与信息保障系统，充分利用监控、视频回传和 GPS 定位等系统及时掌握现场情况，预案启动后，参加防汛抢险工作的各级成员手机和对讲机要保持 24 小时联络畅通。要严格按照要求上路巡查，及时逐级上报情况。

（4）各施工单位在进入汛期前，要结合汛期特点，对所有防汛抢险设备和物资进行清点排查，对抢险机械设备进行维护和保养，保证车辆机械的完好；操作手要明确到人，保证发生汛情时车辆、设备及时到位；抢险物资由专人负责保管。

（5）防汛抢险工作实施前必须加强安全教育，所有工作人员都要熟悉操作规程，严格操作程序、规范工作流程，防止发生次生安全事故。要采取安全措施，保障周边群众安全，保障车辆行人安全，保障抢险人员、设备安全；在保证安全的前提下，制定科学的方案进行抢险。要为抢险人员配备雨具、反光背心、工具、照明设备、急救药品等，确保人身安全。

（6）各施工单位将相关信息核实整理后上报总监办、代建办，当发生影响公路交通正常通行的情况时，应及时由代建办发布信息。

二、冬期施工管理

路基工程在反复冻融地区，当昼夜平均气温连续 10 天以上在 −3 °C 以下时，或者昼夜平均温度虽然升到 – 3 °C 以上，但冻土未完全融化时，即进入冬期施工；室外日平均气温连续 5 天低于 5 °C 时，混凝土、钢筋混凝土、预应力混凝土及砌体工程应实施冬期施工。

根据当地气候特点及工程实际情况，在完善的保温措施下，以下工序可在冬期进行施工：桥梁桩基、材料储备、路基填方、路基挖方、浆砌工程、梁板预制、控制性墩台、盖梁、现浇箱梁。

（一）冬期施工组织要求

1. 各施工标段在冬期施工工序安排上要采取有效的施工措施，首先解决影响总工期的关键工序，不可脱离实际、到处开花。施工技术方案的制定必须以工程质量及安全生产为前提，做到技术方案切实可行、经济上合理。

2. 施工技术方案应具有以下内容：施工部署（进度安排）、施工程序、施工方法、机具与材料调配计划、施工人员技术培训与劳动力计划、保温材料与外加剂材料计划、操作要点、质量控制要点、检测项目、安全措施等方面。

3. 总监办应根据施工单位人员、机械投入、工程实际进展及所处位置地形地质条件，会同施工标段确定冬期施工工序，并指导施工单位制定详细、准确而有针对性的施工技术方案，由总监办审批并报代建办备案后方可实施。预应力预制梁等重要部位应组织相关人员论证，报代建办批准后实施。

4. 在开展冬期施工前，各施工标段要依据施工规范要求和批准的冬期施工方案，组织冬期施工所需的机械设备、工程物资及时到位。

5. 总监办要组织监理和施工技术人员认真学习和执行冬期施工规范，认真制定冬期施工监理实施细则，加强质量监控，督促项目部做好冬期施工的各种准备工作，进入冬期后达不到冬期施工条件的不允许施工。要加大检查力度和评比考核力度，加强检查与巡查，并切实做好以下措施：

（1）监理工程师要经常检查混凝土出料、入模、保暖棚、养生棚内的温度，确保冬期施工保障措施落实到位。

（2）冬期施工各工序须经监理工程师验收合格后方可进行下道工序施工。

（3）监理工程师要加大对原材料的质量监管力度，必要时要派人在材料的生产厂家驻守，从源头上确保原材料的质量。

（4）监理工程师要加大巡查力度，建立夜间巡查制度，确保工程质量不因温度过低而受到影响。

（5）各参建单位要克服“重主体轻附属”的思想，主体工程、附属工程冬期施工均应落实各项防寒、防冻措施，并加大抽检范围和频率。

6. 施工人员必须收集当地与冬期施工有关的气象资料，施工日志、混凝土拌制及入模温度、观测及试验记录等资料要记录完备，随时备查。

7. 冬期是备料的好季节，各项目部要加强备料工作，为按时完成来年工程大干做好准备。

8. 施工标段和总监办应认真做好冬期施工台账，凡记录不齐全的不予计量，总监办在审查计量时要严格审查原始记录，严禁弄虚作假，一经发现，严肃处理。

（二）冬期施工措施

1. 冬期施工期间，各项施工措施必须满足公路路基、路面和桥涵施工技术规范和设计文件有关要求。

2. 冬期施工的工程，应预先做好冬期施工组织设计及技术准备工作。对各项设施和材料，应提前采取防雪、防冻措施，制定专门的施工工艺及安全技术方案，处于结冰水域的结构物，应采取必要的防护措施，防治其在施工期间和完工后遭受冻胀、流冰撞击等危害。

3. 冬期施工期间，除永冻地区外，地基在基础施工和养护时，均不得受冻。

（三）冬期施工安全管理

1. 加强施工队伍管理，重点要结合冬期施工的特点，落实各级安全生产责任制度，落实培训和安全交底制度，同时要对施工作业人员做好防冻防护工作，及时兑现农民工工资，努力打造队伍稳定、生产安全、工程施工顺利的良好施工环境。

2. 针对冬期气候寒冷及风霜、雨雪等不利气候因素，切实抓好防火、防滑、防触电、防坠落、防机械设备事故等各项防范工作，使各项安全防护措施落到实处。突出桥梁、交叉、交通保畅等重点环节和现场安全管理力度，确保生产安全。

3. 总监办要督促施工标段严格遵照《公路工程施工安全技术规程》，坚持施工作业准入制度、特种作业持证上岗制度和安全巡查制度。认真审查及督促落实冬期施工方案中的安全技术措施或专项施工方案，按照法律法规和工程建设强制性标准实施监理，对冬期建设期间的安全生产承担监理责任。

三、雨期施工管理

雨期施工面临雨多、风大等不利环境因素的影响，并能直接危及生产安全，给项目带来无法估量的损失，必须积极应对雨期施工面临的各种危险状况，确保工程施工质量和安全。

（一）总体要求

1. 确保信息畅通。由于雨期施工暴风雨等恶劣天气的不确定性和突发性，对破坏程度难以进行预测，需要加强对气象信息的控制管理，及时采取有效的安全措施，加强防范。

2. 防护的全面性。施工现场涉及面较广，包括各部分现场和临时设施的安全防护以及全部人员的安全，因此在制定安全措施时一定要全面细致周到，不可因事小而不为，以留有隐患，带来损失。

3. 科学组织施工。编制施工组织设计时充分考虑雨期施工的特点，将不宜在雨期施工的工程提前或延后安排，搞好工序穿插，提高工效和施工速度，遇到较大的暴风雨天气应停止施工。

4. 快速反应做好防汛抢险救灾应急准备，在雨期施工时，各种防护措施要进一步加固。确保抢险救灾物资人员到位，发生险情立即启动应急预案。

（二）雨期施工技术措施

1. 雨期施工期间，应按照雨期的要求进行施工，各项施工措施必须满足公路路基、路面和桥涵施工技术规范和设计文件有关要求。

2. 雨期施工应通过当地气象部门提前获取气象预报资料，制定切实可行的施工组织计划、施工技术方案及应急预案，做好防范各种自然灾害的准备工作。

3. 雨期施工的工作面不宜过大，宜逐段、分片、分期施工。雨期施工应避开大风大雨天气，遇暴风雨或受洪水灾害时应停止施工作业。

（三）安全保证措施

1. 加强安全检查，及时发现问题。对结构主体、脚手架、施工用电、各施工机械的防雨棚以及临时设施、安全标志牌进行经常性检查，及时排除发现的问题，对破损处及时修复。

2. 注意经雨冲淋材料的使用，要采取处理措施后才能使用。

3. 遭遇暴风雨天气时应立即停止室外施工作业，人员迅速撤到安全地方，同时对工地进行全面断电。

4. 加强对施工人员的培训教育，加强雨期安全施工常识的学习，提高自我防范能力和应急反应能力。

四、热期天气施工安全管理

（一）安全管理措施

1. 为了保证工程的顺利实施，在夏季高温施工中出现紧急情况时，最大限度地保障企业和职工生命、财产安全，预防中暑事故的发生，防止因行动不力或现场救援工作的混乱而延误事故应急，从而降低人员伤亡和财产损失。

2. 热期季节施工事故应急领导小组。

组　长：代建办主任。

副组长：代建办副主任。

组　员：总监办总监、各项目经理。

3. 加强组织领导，落实各项安全责任。高度重视夏季高温期间防暑降温工作着力提高一线人员的安全生产意识和安全防护能力。始终坚持“安全第一、预防为主、综合治理”的安全生产方针，进一步增强责任意识，加强安全生产监督检查，防止因高温天气引发工人中暑和各类生产安全事故。

（二）安全控制措施

1. 加强与气象部门的沟通，密切关注天气变化情况，积极应对强对流天气造成自然灾害。广泛宣传中暑的防治意识，使职工掌握防暑降温的基本常识。

2. 各项目部制定相应的高温天气施工应急预案，并上报总监办、代建办批准后实施。

3. 对有心血管器质性疾病、高血压、中枢神经器质性疾病、明显的呼吸、消化或内分泌系统疾病和肝、肾疾病患者应列为高温作业禁忌症。

4. 在夏季高温作业中，做好职工防暑降温工作，提供含盐 0. 3%清凉饮料、消暑降温药品发放要及时到位，教育作业人员不饮生水，保证职工身体健康。

5. 根据夏季高温施工特点，结合实际，组织编制有针对性的夏季施工方案，采取有效的防暑降温措施，合理安排工作时间，避开中午高温时段高空及露天作业，根据条件在作业场所增设遮阴设施；长时间露天作业的要发遮阳帽，防止作业人员中暑。

6. 改善作业区、生活区的通风和降温条件，确保作业人员宿舍、食堂、厕所、淋浴室等临时设施符合标准要求和满足防暑降温工作需要。

7. 加强夏季高温期间施工安全监管。

（1）严格加强各类易燃、易爆物品管理，合理配置消防器材，防范火灾、爆炸事故的发生。

（2）现场设安全员、电工负责检查电机械设备及露天架设的线路，防止由于暴晒引起过热、自燃等安全隐患。

（3）在夏季高温期间项目部管理人员定期到生产现场进行巡回检查，发现有关问题及时进行解决和处理。

（4）高温时段发现有身体感觉不适的作业职工，及时按防暑降温知识急救方法处理或请医生诊治。

8. 切实做好施工现场的卫生防疫工作，加强对饮用水、食品的卫生管理，严格执行食品卫生制度，避免食品变质引发的中毒事件。要加强对夏季易发疾病的监控，现场作业人员发生传染病、食物中毒时，应及时向有关主管部门报告。

9. 合理安排夏季高温期间的施工作业时间。根据气温变化及时调整夏季高温作业的劳动和休息时间，减轻务工人员劳动强度，减少高温时段作业时间，严格控制加班加点。气温达到 37 度以上时，中午 11 点至下午 3 点间应暂停在阳光直射下作业，并安排务工人员午休，每天工作时间原则上不超过 8 小时，保证务工人员有足够的休息时间。

10. 着力改善务工人员休息环境。施工现场要严格按照《建筑施工现场环境与卫生标准》规定，在落实工地现场临时生活设施建设标准的同时，改善务工人员的生活居住条件。务工人员住宿的活动板房的屋顶要采取降温措施。宿舍要做到清洁、通风，宿舍内应配置电扇或空调，同时加强务工人员宿舍的卫生管理，保证民工有较好的生活休息环境。

11. 针对下级施工作业人员易疲劳、易中暑、易发生事故的特点，认真开展安全生产检查，做到防患于未然。认真抓好安全生产责任制等各项规章制度的落实，积极开展自查自纠工作，重点做好防中暑、防触电、防雷击、防食物中毒、防火灾工作。

（三）应急预案的启动

1. 针对本项目施工特点，高温季节可能发生的安全事故主要有：高空坠落、深基坑及立柱模内施工人员中暑、触电、火灾。

2. 当在高温条件下，现场施工人员如果出现先兆中暑或轻度中暑症状时应迅速处理，立即采取急救，同时向高温季节施工事故救援领导小组汇报，领导小组人员接到通知后，迅速赶到事故现场，组织处理事故，并立即宣布启动应急预案。

3. 如出现重度中暑，中暑人数较多或病情较重时，现场人员应迅速处理，同时向高温季节施工事故救援领导小组汇报，领导小组成员应立即赶到事故现场，根据现场实际情况，由组长或副组长宣布启动应急预案。

（四）危急事件的应对

1. 在高温作业场所醒目位置设立警示标志。

2. 当室外温度达到 34 ~ 37 °C 时，所有室外工作的单位必须及时供应茶水。外出人员应该事先做好准备工作，及时调整自己的身体状态。当室外温度达到 37 °C 以上时：

（1）项目部办公室间歇性安排职工食堂提供的绿豆汤，并且在必要时提供冷饮。

（2）项目部安保部门宣传防暑降温常识、发放防暑降温物品。并认真做好各项服务保障工作，及时传授夏季卫生防病知识和防暑降温常识以及自救与互救知识，提高项目人员防治中暑的能力。及时发放十滴水、人丹等防暑降温药品，对施工作业场所的工作人员必须确保防暑降温各项措施落到实处。

（3）实行防暑降温工作专人负责制。各部门应根据各自的管理职责，将防暑降温工作作为安全生产管理的一个组成部分，切实负起监管责任。项目部办公室负责防暑降温的具体工作落实，防止因高温天气引发的各类人身、生产安全事故。

3. 对中暑人员的施救方法：

（1）轻度患者：现场作业人员出现头昏、乏力、目眩现象时，作业人员应立即停止作业，防止出现二次事故，其他周边作业人员应将症状人员安排到阴凉、通风良好的区域休息，供应其凉水、湿毛巾等。

（2）严重患者（昏倒、休克、身体严重缺水等）：当有出现中暑人员时，周边人员应立即通知所在部门主管，部门接到报告后立即通知项目部相关人员，并及时将事故人员转移至阴凉通风区域（或空调室），并应根据具体情况立即组织救护人员亲临现场对事故人员进行救治。症状严重者，应立即拨打医疗急救电话“120”，并上报公司。

（3）物资准备：项目部安保部门应做好以下物品的申购和准备工作：感冒药、发烧药、腹泻药、消炎药等常用治疗药品及茶叶、人丹、十滴水、风油精、清凉油、制作冷饮所需的辅料等。

（4）方案实施：项目部办公室应及时收集天气温度状况，若气温的变化达到预定的温度峰值时立即启动应急预案。

五、重污染天气施工管理

（一）基本措施

根据《中华人民共和国大气污染防治法》《济南市大气污染防治条例》等法律法规规定和《济南市重污染天气应急方案》要求。为有效应对重污染天气，最大限度保障空气质量，确保工程的顺利开展，保护人民群众身体健康，必须加强重污染天气施工管理。

1. 重污染天气施工事故应急领导小组。

组　长：代建办主任。

副组长：代建办副主任。

组　员：总监办总监、各项目经理。

2. 加强组织领导，落实各项安全责任。高度重视重污染天气期间的安全生产意识和安全防护能力。各施工单位按照“以人为本、预防为主，迅速反应、快速响应，统一领导、协调联动，积极动员、广泛参与”的原则，制定详细的重污染天气施工应急措施，经总监办审核后实施，并报代建办备案。

3. 由于持续不利气象条件导致污染物大范围积累，空气质量指数（AQI）达到重污染相应分级数值（沙尘暴天气除外），并在市级部门预计未来 48 小时将持续出现重污染天气时，按照市重污染天气应急工作指挥部要求，启动相应应急措施。

根据环境保护部《环境空气质量指数（AQI）技术规定》，空气质量为重度及以上污染时为重污染天气。按照《济南市重污染天气应急方案》规定，重污染天气分为三级：空气质量指数（AQI）在 201 至 300 范围时为重度污染天气；空气质量指数（AQI）在 300 以上 500 以下范围时为严重污染天气；空气质量指数（AQI）达到 500 时为极重污染天气。

（二）应急措施

1. 真正落实“以人为本”的管理理念，为一线施工人员购买发放折叠式颗粒物呼吸防护口罩，真正确保一线施工人员的身体健康。

2. 落实“工程安全管控制”，严把现场管控关。根据天气情况合理安排施工进度，及时调整停电计划；对施工现场的安全“危险源”“危险点”进行提前辨识，及时制定防范措施，实现主动、超前的安全生产风险管控。

3. 实行“看板管理”，严把现场组织关。根据检修工作安排和安全“风险点”在工程现场制作“看板”，把安全责任和压力层层落实到每个环节、每个岗位、每个员工，确保各项安全措施落到实处。

4. 继续严格执行《生产现场领导干部和管理人员到岗到位标准》，加强管理人员现场到位监督和考核，不断强化施工现场作业流程的全过程管控。

5. 要求施工现场继续坚持拍摄开工会、现场安全措施、工器具管理、收工会“四张照片”，全面提升现场管理督察力度；同时进一步规范施工现场的材料堆放、工器具摆放、人员着装、标识牌设置等行为。

6. 持续重度污染天气，户外作业人员采取防护措施，合理安排室外作业时间；加强施工工地扬尘污染防治；大管机械清扫保洁频次，减少交通扬尘污染。

7. 持续极重污染天气应增强户外作业人员防护措施，合理安排室外作业时间；停止施工室外作业活动，加大施工工地现场洒水降尘频次，杜绝施工扬尘污染。加大公路机械清扫保洁频次，减少交通扬尘污染，并在保持日常公路清扫保洁频次的基础上，每日增加机械清扫保洁作业 2 次以上。

8. 当接到持续出现重度污染天气预警时，由总监办负责协调落实相关应急措施；接到持续出现严重和极重污染天气预警时，总监办要分别在 2 小时和 1 小时内向领导小组提出启动相应应急措施的建议，并经代建办负责人小组批准后实施。当全市空气质量指数（AQI）降至相应级别范围，且预测未来 48 小时环境空气质量将持续改善时，总监办要按照市重污染天气应急工作指挥部要求，在 2 小时内向代建办负责人小组提出解除相应应急措施的建议，并经代建办负责人小组批准后解除。

六、夜间施工管理

（一）夜间施工安排

了加强施工现场安全生产管理、文明管理、保障职工人身安全，最大限度地保障企业和职工生命、财产安全，结合本工程，必须加强夜间施工管理。

1. 无特殊情况，原则上不宜安排夜间施工，杜绝为赶工而盲目安排夜间施工；严禁极端恶劣天气情况下进行夜间施工。

2. 因施工进度、质量控制等必须连续作业、无法避免夜间施工的，施工单位应采取必要的质量安全保障措施，且不得安排交叉施工，确保工程质量安全。

3. 施工单位应严格按照《夜间施工质量安全管理制度》要求组织实施。因夜间施工组织不当导致生产安全责任事故的，交通主管部门可向施工和监理单位问责，从严处理事故责任单位和责任人。

（二）夜间施工管理

1. 实行夜间施工报备制度。施工单位须提前向监理工程师申请夜间施工报备，未经监理工程师批准，不得安排夜间施工。对危险性较大工程夜间施工的，施工单位必须事先制定《夜间施工专项方案和应急预案》,并向监理工程师报批，同时完善现场应急处置措施，做好各项应急准备。

2. 严格执行交接班制度。施工单位应认真做好夜间施工交接班工作，切实保障施工组织及质量安全技术交底到位。严禁安排体弱、带病、疲劳以及其他不适合夜间作业的人员进行夜间施工。

3. 严格夜间值班与巡查制度。夜间施工中，施工单位应严格实行主要领导值班带班制度，质量安全主管人员与值班电工应加大夜间巡查力度，夜间当班的质检工程师、安全工程师、专业监理工程师必须自始至终在岗。

4. 严格隐蔽工程检查验收制度。对隐蔽工程进行夜间施工时，施工单位须加强自检，并按规定提前通知监理工程师到现场检查验收，否则不得进行下一道工序施工。

5. 保证夜间施工期间用电安全。夜间施工时，应保证施工场地照明充足，施工用电设备有专人看护，必要时应配备发电机，以备急用。

6. 加强夜间施工安全防护。临空、临边和临水作业应按规定设置防护栏杆和防护网，涉及夜间施工的，各工序或作业区的结合部位要有明显的发光标志，并安排专人值守，夜间施工人员需穿戴反光工作服；施工封闭路段、便道转弯处、基坑、沟槽四周须设置施工围挡，悬挂红色警示灯，安排专人值守。

7. 实施具有重大危险源的工程项目时，必须根据重大危险源的应急救援预案措施，做好随时启动应急预案的准备。

七、突发事件应急预案

为确保改建工程全线突发事件应急处理工作高效、有序地进行，最大限度地减轻事故灾害和造成的损失，保障人民群众的生命财产安全，依据《中华人民共和国安全生产法》、交通运输部《公路交通突发事件应急预案》及安全生产管理相关法律、法规、条例和省交通运输厅的管理要求，结合济南某国道改建工程项目工作实际情况，制定应急预案。

（一）制定突发事件应急预案应坚持的原则

1.“以人为本、预防为主、常备不懈”的原则，做到信息畅通、快速反应、处理得当，最大限度地减少突发事件造成的生命和财产损失。

2. 安全责任重于泰山，本着“管生产必须管安全，谁主管谁负责”的原则，积极主动地做好突发事件的应急处理工作，逐级落实，责任到人。

3. 认真贯彻落实“安全第一，预防为主”的原则，做好应对突发事件的各项准备工作，确保在第一时间内迅速启动应急预案。

（二）实施本预案必须坚持以下原则

1. 生命高于一切；
2. 施救与报告同时进行，逐级报告，就地施救；
3. 局部服从全局，下级服从上级；
4. 分级负责，密切配合；
5. 最大限度地减少损失，防止和减少次生损失；
6. 实行属地管理，在当地政府的统一领导下，建立统一，有序和高效的应急处理机制，接受上级政府及其主管部门的领导。

（三）应急处理机构

1. 代建办成立突发事件应急处理领导小组，统一指挥调度工程全线突发事件的处置工作。各参建单位具体负责本单位各类突发事件的处理工作并编制相应的突发事件应急预案，代建办工程技术部为突发事件应急处理办公室。

2. 突发事件应急领导小组组织机构。

组　长：代建办主任。

副组长：代建办副主任。

成　员：各驻地监理工程师、各项目经理。

3. 突发事件应急处理领导小组下设现场施救组、运行稳定组、善后处理组、后勤保障组、通讯联络组、原因责任调查组等六个小组，具体负责突发事件的处理工作。

（1）现场施救组：现场施救组工作人员本着“救人高于一切”的原则，积极救治受伤人员，最大限度减少伤亡人数和损失，千方百计地做好减少次生损失的工作。

（2）运行稳定组：运行稳定组工作人员要做好本单位思想稳定工作，维护正常的生产、生活秩序，保证各项工作有序进行。

（3）善后处理组：善后处理组工作人员应当从快处理善后事项，做好死伤者家属的食宿等接待及思想稳定工作，及时做好事故处理赔付工作。

（4）后勤保障组：后勤保障组工作人员应当根据应急处理工作需要，调集有关物资，保障应急处理工作的需要，为应急处理人员提供生活保障。

（5）通信联络组：通信联络组要做好救灾联络和领导指令的传达，保证领导机构同各救援组织之间、上级和各部门单位之间信息的及时、准确、通畅。完成好汇报、通告、求援，公正地做好宣传报道工作。

（6）原因、责任调查组：调查组工作人员应积极配合做好事故调查取证工作，勘察事故现场，调查分析事故原因，对其他目击证人做好登记核实工作。

（四）预防与预警

1. 通信与信息保障。

在充分整合现有交通通信信息资源的基础上，加快建立和完善“统一管理、多网联动、快速响应、处理有效”的应急通讯体系，充分利用济东高速公路信息平台以及其他方式进行日常的信息沟通和共享。

各参建单位应设立专门的应急联系电话，由代建办统一编制专用电话号码簿。应急联系电话需要保持专用、畅通，24小时值守，并常备记录工具，做好无事通报记录和突发性事件记录。全线所有应急人员均须保持全天通讯状态。

2. 技术支撑。

积极筹划有关安全的科研课题项目，鼓励所有参建单位进行针对性的安全防范研究，依托科研机构，加强应对工程突发事件技术支撑体系，建立突发事件管理技术的开发体系和储备机制；借鉴先进经验，重点加强应急指挥通信技术装备、辅助决策技术研究工作，提高防范和处置重大突发事件的决策水平。

3. 资金保障。

在本项目合同中，均列有专项安全费用，作为各单位的安全生产经费。

4. 预案演练。

应急领导小组督促参建单位制订应急演练计划并督促各组织开展应急演练活动。

5. 宣传与培训。

各参建单位应将应急宣传教育培训工作纳入日常管理并作为年度考核指标，定期开展应急培训。应急工作相关人员每年应至少接受一次避险、救援相关知识和应急预案的培训，并依据培训记录和考试成绩实施应急人员的动态管理，提高应急保障人员的素质和专业技能。

（五）突发事件应急处理流程图

1. 紧急呼救。突发事件发生后，代建办立即向上级主要领导和有关部门紧急呼救，并及时开展自救。

2. 启动预案，紧急报告，当得知发生突发事件或收到紧急呼救后，主要领导人立即赶赴现场组织施救，启动实施本预案。同时立即向当地政府和上级主管部门报告。

3. 代建办内部响应机制。

值守人员接到报告电话后，了解事故发生时间、地点、大致过程、类型、伤亡和现状等情况，立即向应急办公室进行汇报；应急办公室在接到报告电话后，根据事态向应急领导小组主任或副主任汇报，接报的主任或副主任根据汇报的情况，立即明确现场的救援指挥，组织派遣应急办公室有关人员赶赴现场，依据分项预案任务分工，开展救援工作。

4. 应急领导小组领导及被派遣人员在现场的主要任务一般有以下几项：

（1）观察和记录事件发生的情况，进一步判断事态的形势，及时向直接上级有关部门进行汇报；

（2）观察和记录各单位现场的到位和应急工作开展情况；

（3）检查应急预案的执行情况，督促各单位按照专项预案的程序开展工作，提示违反预案和危险的行为；

（4）协助现场应急指挥人员进行调度；

（5）参与超出预案防范范围的事故的处理方案研究；

（6）随时接受上级部门的指令，做好应急及善后工作。

（六）分类应急预案

1. 为了规范和指导各参建单位应急预案的制定工作，以下列出典型突发事件的应急预案，各参建单位可根据实际情况进行增加和完善。

2. 工程突发事故应急预案。

施工区段发生工程事故，专职安全员应按规定及时上报并组织现场施工人员及时撤离施工区域到安全地带，按照规定对施工路段设置多级符合 现行国家标准《道路交通标志和标线》（GB5768）反光式导向标志和施工警示提示，并进行安全布控，同时做好作业区域的安全防护。对现场作业人员、监理人员等人员按规定配给安全反光标志服和劳动防护用品。具体处置程序如下：

（1）在接到报警或现场发生灾害性突发事故时，及时通报事故现场情况，并做好事故处理的过程记录和分析报告。

（2）以工程施工人员为应急抢险常备队伍，所有项目部管理人员全部深入事故现场，配合上级有关人员对突发事件进行分析、评估和上报，提出抢修方案，指导现场抢修。

（3）抢险人员进入事故区域后，要密切注意结构物病害的发展趋势。

（4）如有人员伤亡，坚持“救人第一”的原则，尽最大努力抢救伤员。

（5）组织专家到现场确定处理方案。

（6）立即根据处理方案组织实施，做好现场残留物的清除工作。

3. 触电紧急救治预案。

触电急救要迅速、正确地使触电者脱离电源，快速正确地实施急救。

（1）实施初期救治。

事故发生后，由第一发现人迅速报告医务人员或由其直接实施初期救治，并立即拨打 120 急救电话或与当地医院联系。

① 对于低压触电事故,应立即切断电源或用有绝缘性能的木棍棒挑开和隔绝电流。如果触电者的衣服干燥，又没有紧缠住身体，可以用一只手抓住他的衣服，拉离带电体，但救助人不得接触触电者的皮肤，也不能抓他的鞋。

② 对于高压触电，应立即通知有关部门停电，不能及时停电的，也可抛掷裸金属线，使线路短路接地，迫使保护装置动作，断开电源，注意抛掷金属线时应将金属线一端可靠接地，然后抛掷另一端。

③ 当触电者脱离电源后，应根据触电者的具体情况，迅速对症救护。救护方法采用人工呼吸法和胸外心脏挤压法实施初期救治。并采取正确的搬运方法。

（2）将伤员及时送往医院，途中不能停止救治。

4. 火灾、爆炸应急预案。

为了加强对施工现场的安全管理，预防火灾、爆炸和减少火灾和爆炸危害，特制定如下应急预案：

（1）灭火器材及安全救护设施的配置各责任单位必须为易燃易爆部位配置适量的灭火器材和安全救护设施，如灭火器、防护面罩、砂桶、车辆、雨衣等。

（2）应急措施。

① 当发生火灾事故时，应立即将起火源隔离，比较轻微的火灾，应立即组织职工进行扑救，若灾情有所扩大，应立即拨打当地火警电话 119。

② 迅速将灭火器材和物资运送到位，有关车辆停在现场待命。

③ 对发生火灾或爆炸部位周围的有关设施和人员进行转移和疏散。

④ 对火灾点以外的易燃易爆品进行转移和冷却。

⑤ 切断现场电器设施电源。

（3）拨打当地 120 急救电话，进行伤者抢救。

（4）灭火的同时注意保护火灾现场。

5. 油罐车着火应急预案。

使用油罐车的单位，应建立健全油罐车管理规章制度并明确相应的责任，保证油罐车运输和管理的安全。

（1）运输燃油的罐车发生火灾时，行驶中的车辆应立即停车，取出随车携带的灭火器（必须是干粉灭火器）进行灭火。

（2）根据火情，拨打 119 火警电话，请求援助。

（3）如着火车辆是在人员密集的地方或闹市区、油库及其他有重要设施的地方，在灭火的同时，应疏散人员或尽可能将着火车辆立即驶离该区域，以防罐体发生爆炸，伤及无辜，以减少损失。

（4）保护现场，设置隔离带。

6. 油品泄漏应急预案。

油品管理责任单位应建立有关规章制度并配备必要设施，一旦油品泄漏，能采取有效措施减少损失。

（1）油品一旦发生泄漏时，应立即想办法堵塞漏洞，并及时以砂土覆盖或用松软材料（如木屑）吸附后，集中至空旷安全处处理，覆盖时特别要注意防止油品流入下水道、河道等地方，以防污染或引发火灾隐患。

（2）油品一旦泄漏至河道时，要立即报告河道管理部门并积极采取有效节流、清污等措施以防油品的扩散，以免造成更大的污染。

7. 传染病（重大疫情）应急预案。

（1）医务人员发现传染病病人或疑似传染病病人时，必须按照国务院卫生行政部门规定的时限向当地卫生防疫机构报告疫情。

（2）控制传染源，对患者应早发现、早诊断、早治疗、具体措施如下：

① 对甲类传染病病人和病原携带者，乙类传染病中的艾滋病病人、炭疽中的肺炭疽病人，予以隔离治疗，隔离期限根据医学检查结果确定。

② 对艾滋病、炭疽中的肺炭疽以外的乙类、丙类传染病病人，根据病情，采取必要的治疗和控制措施。

③ 对传染病病人、病原携带者、疑似传染病病人污染的场所、物品和密切接触的人员，实施必要的卫生处理和预防措施。

（3）切断传播途径。

利用各种消毒方法做好疫源地消毒，同时加强水源管理、饮食管理和粪便管理，改变不卫生的生活习惯，切实控制传染病（重大疫情）传播。

（4）保护易感人群。

利用预防接种、预防服药、采取防护等方法增强易感者的抗病能力，使易感者免受传染病（重大疫情）侵害。

8. 中暑应急预案。

（1）应急小组应配备必要的防暑设备和药品。

① 氧气袋或氧气瓶、冰袋。

② 人丹、藿香正气水等药品。

③ 生理盐水、葡萄糖等液体。

（2）先兆中暑和轻度中暑，采取以下措施：

① 立即离开高温环境，将患者迅速搬移至通风良好的阴凉处安静休息。

② 补充清凉含盐饮料。

③ 有循环衰竭倾向时，可给予葡萄糖生理盐水静脉滴注，同时给予对症治疗。

④ 酌情使用人丹、藿香正气水等药物。

（3）重度中暑采取的措施：

① 保持呼吸道通畅，吸氧。

② 迅速降低体温。

③ 防止休克，心力衰竭、脑水肿和肾功能衰竭。

④ 尽快纠正水、电解质和酸碱平衡失调。

9. 一氧化碳中毒应急预案。

（1）迅速脱离中毒现场。发现一氧化碳中毒患者后，应迅速把病人移到空气流通处，松开腰带，解开衣扣，保持呼吸道通畅，并注意保暖。

（2）立即吸入氧气，纠正缺氧，并可针刺人中、十宣等穴位。病情严重持续昏迷者，应转送到有高压氧舱的医院用高压氧舱治疗。

（3）呼吸、心跳停止时，应立即实施胸外心脏按压和人工呼吸。

（4）防治脑水肿，并应用促进神经细胞恢复功能的药物，防止后遗症。

10. 防汛、度汛应急预案。

为保证工程全线桥梁的施工安全，同时配合地方河道管理部门的工作，防止夏季汛期来临对本工程造成不必要的损失，应采取以下措施。

（1）代建办单位积极与地方有关部门联系，注意汛情通报，落实汛期值班制度。

（2）积极进行汛前的安全教育工作，提高警惕性，力争把损失减小到最低。

（3）进行施工调查，收集历年来的水文、气象资料，与当地气象部门取得联系，掌握未来气象趋势，督促各施工单位制定适合本工程的防汛、防洪措施。

（4）认真贯彻执行《中华人民共和国防汛条例》，结合实际情况，制定防汛、防洪计划，做好汛前检查，落实防汛、防洪器材和防汛防洪队伍。

（5）汛前准备好充足的防汛物品，设好排水设施，经常对驻地和现场进行检查，保持排水设施畅通，发现隐患及时处理。

（6）合理安排好汛期施工，对安全有影响的工程项目汛期一律不安排施工。

（7）备齐防洪抢险物资，如：砂石、编织袋等。防洪期间堆放到固定地点封存，不经批准，不准动用，以有备无患。

（8）接到地方政府命令后，能够立即组织人员、设备及防汛物资，投入抢险。

（9）与水利部门和河道管理部门建立长期关系，及时了解提闸放水信息，以便早做准备，确保安全。

11. 食物中毒应急预案。

（1）发生食物中毒后，医务人员应立即赶往现场，迅速、及时、合理的治疗病人。

（2）采用催吐、洗胃、导泻等方法促进毒物迅速排出，并对症治疗。

（3）暂时封存可疑食物、收集可疑食物、病人排泄物、呕吐物和洗胃水送检，同时进行现场调查，确定食物中毒种类。

（4）确定食物中毒性质后应及时使用相应特效药物抢救。

（5）对中毒现场的剩余食物、饮食器具、病人排泄物、受污染的地面墙壁等进行消毒和处理。

（6）及时处理污染源：肠道传染病及带菌者，上呼吸道感染或化脓性皮肤病病人，应暂时调离食堂工作。

（7）调查结束后，应将调查经过及处理情况上报当地卫生防疫部门。

第十一节 节假日及重大活动管理

一、节假日及重大活动期间工作巡检办法

为贯彻落实省、市重大活动期间工作要求，加强项目全过程管控、提升项目管理效能，做到“踏石留印、抓铁有痕”，确保节假日及重大活动期间项目建设安全、质量、环保、进度受控，特制订本办法。

（一）巡检内容

1. 安全管理：按照“平安工地”标准要求，对施工现场安全管理情况，安

全设施配备情况，三类人员管理情况，交通安全管控情况、日常安全管理情况等安全管理工作进行重点巡检。

2. 质量管理：按照“品质工程”建设要求，对施工设备组合匹配情况，施工工艺控制情况，质量自检体系运行情况，进场材料质量情况，关键部位、隐蔽工程质量控制情况等工程质量管理工作进行重点巡检。

3. 环保管理：按照《市局公路改建工程扬尘污染治理措施》要求，对扬尘治理控制情况，便道维护情况，施工渣土覆盖情况，材料运输密闭情况、“四个一律”“六个百分百”落实情况等工作进行重点巡检。

4. 进度管理：按照批复的《2018 年总体进度计划》等，对人员、设备投入情况，施工组织管理情况，材料储备情况，进度计划执行情况等进行重点巡检。

5. 合同履约：按照合同要求，对监理施工人员到岗，监理人员旁站、验收、独立试验检测等日常监督情况进行重点巡检。

6. 其他需要日常巡检事项。

（二）巡检频率

1. 节假日及重大活动期间，建设办人员每天巡检现场不少于 1 次。

2. 节假日及重大活动期间，施工监理管理人员要保证每天巡检现场不少于 2 次。

3. 防汛、大气污染防治等期间的巡检执行相应制度规定。

（三）巡检管理规定

1. 每次工作巡检不少于 2 人；

2. 巡检工作结束后，建设办及时印发《工作巡检情况的通报》，在微加公告栏公布；

3. 施工单位针对通报问题，立即对照整改，监理单位监督整改落实，按照时限要求完成。

4. 巡检中发现安全隐患、质量隐患等重大问题、必须立即停工整顿时，要求监理单位立即下达《停工令》。

5. 对多次发现的同类问题及相关责任人在周调度会议上予以通报。

6. 规范巡检资料的整理归档工作，设专人管理。

（四）值班值守

1. 严格按照上级有关规定，落实节假日及重要活动期间值班值守制度。

2. 实行领导带班制度。

第四章
验收阶段代建工作

第一节 工程档案管理

一、信息管理

做好施工现场建设管理服务记录与信息反馈。按要求编制建设管理服务月、年报，对工程资料及档案按期进行整编和管理，并在工程竣工验收或建设管理服务期结束，做好项目备案工作。

二、信息管理系统

为了使项目的沟通建立在准确、有效的项目信息收集和传递的基础上，应建立项目信息管理系统。建立项目记录，在项目进行期间交流的信息应当尽可能地以各种方式收集起来，并要保管得井井有条，为以后的索赔、仲裁等提供有力的证据。特别是对往来的文件管理更应重视，防止发生丢失、短缺。

代建办公室按照系统化、规范化、标准化的要求，做好包括各种技术文件资料和竣工图纸，以及政府规定办理的各种报批文件的管理。

三、信息及文件的传递

（一）信息及文件发送必备条件

发送单位、签发人、发出时间、接收单位、接收时间、接收人、接收单位、送交有关部门（领导）时间、签收人。

（二）一般信息及文件传递

1. 设计出施工图后经审图单位签认，每份图均需设计、审图单位盖章图纸方能生效。

2. 承包商不得使用未经监理发送的图纸。

3. 设计变更（工程变更）所出图纸均应遵守上述程序。

（三）工程流转文件格式

1. 工程联系单。本项目参建各责任方之间的工程文件的交换。《工程联系单》由发件方单位名称、文件编码、主送、抄送单位、文件属性（工作阶段、专业、文件类型）、标题、正文（联系事项）、签发人、经办人、审核人、签收人、日期及主送单位回复意见组成。所附工程文件可作为《工程联系单》的附件一同发送。

2. 传真。《传真》由发件方地址、电话、传真号码、单位名称、文件编码、收件人、收件人单位、抄送单位、收件人电话、传真号码，标题、签发人、经办人、传真页数、日期、回复要求（紧急、请审阅、批注、答复、传阅）、正文（联系事项）组成。

3. 备忘录。各责任方之间的有关工程问题的情况说明，背景材料，证明材料，可使用备忘录。备忘录由发件方单位名称、发件人、文件编码、收件人、收件人单位、抄送单位、日期、标题、正文（联系事项）组成。

4. 通知。是指由参加本项目建设的各方为项目发出的有关工程施工、进度、质量及其他有关事项的通知。

5. 会议议程。由参加本项目建设的各方为项目有关事宜举行的会议，一律要在会议举行之前，制定会议议程（临时紧急会议除外）。会议议程的产生采用标准的会议议程格式，分发给各参会单位（人员）。会议议程由会议主题、文件编码、会议名称、举行会议的日期、时间、地点、会议持续时间、会议的召集人、会议类型、主持人、记录员、参会人员、需阅读的文件、需携带的文件、会议议题、旁听人员、资料员、下次会议日期、时间、地点、会议议程的传阅单位组成。

6. 会议纪要。是指为本项目有关事宜举行的会议所产生的会议纪要，共同采用标准的会议纪要文件格式。会议纪要由会议主题、文件编码、会议名称、会议举行的日期、时间、地点，主持人、与会人员、缺席人员，会议纪要正文（对会议议题产生的问题；围绕相关议题讨论的结果；相应责任方在规定日期的工作分配；下次会议的日期、时间、地点）、记录员、打字员、签发人、印发份数、传阅单位。

7. 文件。是指参建各方为本项目发出的关于工程施工、进度、质量及其他有关事项的文件。

8. 发文记录。是指由参加建设的各方为本项目发出的关于工程施工、进度、质量及其他有关事项的文件，应对其进行记录。发文记录由发文单和发文记录表格组成。发文记录表格由文件名称（主题）、文件类型、文件编码（编号）、发文单位、日期、时间、收件人、抄送人、经办人、发文回执组成。

9. 收文记录。由参加建设的各方为本项目收到的关于工程施工、进度、质量及其他有关事项的文件，应对其进行记录。收文记录由文件名称（主题）、文件类型、文件编码（编号）、发文单位、日期、时间、收件人、抄送人、经办人、送文回执组成。

档案资料管理是工程建设中的重要环节，是参建各方集体智慧的结晶。工程完成后，委托方应将完整的、准确的、齐全的、规范的档案资料移交主管部门。

四、信息管理的方法与手段

（一）日常管理

1. 做好项目管理日志及工程大事记；
2. 做好合同批复等各类往来文件的批复与存档；
3. 做好项目协调会、技术专题会的会议纪要；
4. 做好施工现场记录和信息反馈；
5. 管理好实施期间的各类技术文档；
6. 按照项目管理合同的要求编制项目管理月报；
7. 对项目管理的往来资料予以登记，并借助计算机进行管理；
8. 管理资料分类存放并编目，以利于查寻；
9. 管理资料的收发借阅，需经资料管理人员办理相关手续；
10. 督促检查各单位资料管理工作。

（二）资料归档管理

1. 项目竣工后，代建办公室整理管理资料，经项目经理审核签字后，报公司领导审阅后归档。

2. 依据委托代建合同的约定，向使用单位和委托方报送管理资料，整理移交的文件包括项目决策立项文件、用地拆迁文件、勘察设计文件、招投标文件、各种项目合同、工程开工文件、商务文件、竣工验收及备案文件等。

（三）信息管理的手段

设立专岗和专业人员，建立检查考核制度，配备计算机，保证工程信息的实时处理和高效应用。

五、技术档案管理

按国家规定组织工程各阶段验收、单位工程验收及竣工验收，提交相应的工程建设管理服务报告，审核设计单位、工程建设单位和施工单位编制的竣工图纸和资料，督促施工单位整理施工归档文件。

六、资料管理的总体要求

1. 资料管理执行国家和当地政府主管部门的规定。

2. 技术文档必须完整、准确、真实，并做到整洁、装订整齐、签字手续完备，图片、照片等要附情况说明。不接受经涂改的技术资料。

3. 竣工图应反映实际情况，做到图物相符，加盖竣工图章。各类施工记录、检测记录、交接验收记录和变更签证应齐全。

4. 建设项目施工过程中的图片、照片、录音、录像等材料，以及建设项目施工过程中的重大事件、事故等，应有完整文字说明，同时要详细填写档案资料情况登记表。

5. 技术资料整理与项目进展同步进行。

七、资料管理的内容

1. 工程竣工时，应将工程往来批件、技术资料和施工图纸整理完好归档，其内容包括建设项目立项批复文件、施工技术资料、设备和材料的质量保证资料、财务报表、项目竣工验收资料、项目投入使用的技术准备文件等。

2. 代建单位按照工程技术资料管理的总体要求，检查工程技术档案是否规范、齐全、正确，档案组卷和装订是否符合归档要求，档案移交手续是否规范。

3. 涉及项目保修的各类合同、文件、资料由代建单位整理成册逐次移交委托方。

八、档案资料的收集

1. 收集范围。凡是反映与项目有关的重要职能活动、具有查考利用价值的各种载体的文件，都应收集齐全，归入建设项目成套档案。

2. 收集时间。各类文件应按文件形成的先后顺序或项目完成情况及时收集；凡是引进技术、设备文件必须首先由委托方（或接受委托的承包单位）登记、归档，再行译校、复制和分发使用。

九、归档资料的质量要求

1. 字迹清楚，图样清晰，图表整洁，签字手续完备。

2. 永久、长期保存的文件的不应用易褪色的书写材料（红色墨水、纯蓝墨水、圆珠笔、复写纸、铅笔等）书写、绘制。

3. 复印、打印文件及照片字迹、线条和影像的清晰及牢固程序应符合设备标定质量。

4. 录音、录像文件应保证载体的有效性。

5. 电子文件应以光盘为长期储存介质。

十、项目文件的整理与归档

1. 形成或收到的有关建设项目的前期文件、设备技术文件、交工试运行（生产）及验收文件，应根据文件的性质、内容，分别按年度、项目的单位工程整理。

2. 勘察、设计单位形成的基础材料和项目设计文件（施工图除外），应按项目或专业整理。

3. 施工技术文件应按单项工程的专业、阶段整理；检查验收记录、质量评定及监理文件按单位工程整理。

4. 设备、技术、工艺、专利及商检索赔文件应由承办单位整理；现场使用的译文及安装、调试形成的非标准图、交工图、设计变更、试运行及维护中形成的文件、工程事故处理文件由承包商整理。

5. 组卷要遵循专案文件的形成规律和成套性特点，保持卷内文件的有机联系；分类科学，组卷合理。

6. 案卷及卷内文件不重份；同一卷内有不同保管期限的文件，该卷保管期限遵从最长保管期限文件。

十一、项目归档卷内文件的排列

1. 管理性文件按问题、时间或重要程序排列。

2. 施工文件按管理、依据、建筑、安装、检测记录、评定、验收排列。

3. 设备文件按依据性、开箱验收、随机图样、安装调试和运行维修等顺序排列。

4. 交工图按专业、图号排列。

5. 卷内文件一般文字在前，图样在后；译文在前，原文在后；正件在前，附件在后；印件在前，定（草）稿在后。

十二、归档案卷编目

1. 编写案卷页号：卷内文件有书写内容的页面均编写页号；页号编写位置：单面书写文件在右下角；双面书写文件，正面在右下角，背面在左下角；图纸的页号编写在右下角，或标题栏外右上方；成套图样或印刷成册文件，不必重新编写页号；各卷之间不连续编页号。

2. 卷内目录。卷内目录由序号、文件编号、责任者、文件题名、日期、页号和备注等组成。

（1）序号，应用阿拉伯数字从1起依次标注卷内文件的顺序，一个文件（或部件）一个号；

（2）文件编号，填写文件文号或图样的图号，或设备、项目代号；

（3）责任者，填写文件形成部门或主要责任者；

（4）文件题名，填写文件标题全称，或拟写文件题名；

（5）日期，填写文件形成日期；

（6）页号，填写每份文件首尾页上标注的页号。

3. 案卷封面和脊背。案卷封面可采用案卷外封面和案卷内封面两种形式，内容主要有：案卷题名、立卷单位、起止日期、保管期限、密级、档案号等；

（1）案卷题名，应简明、准确揭示卷内文件的内容。主要包括项目名称、代字、代号及结构、部件、阶段的代号和名称等；项目名称与批准的原立项、设计（包括代号）应相符；归档外文资料的题名及主要内容应译成中文；

（2）立卷单位，填写文件组卷部门或项目负责部门；

（3）起止日期，填写卷内文件形成的起止日期；

（4）保管期限，应依据有关规定填写组卷时划定的保管期限；

（5）密级，应依据保密规定填写卷内文件的最高密级；

（6）档案号，依据委托方提供的项目档案分类编号方案，填写档案的项目代号、分类号和案卷流水号；

（7）案卷脊背，填写保管期限、档案号和案卷题名或关键词；

（8）案卷封面及脊背的档案号暂用铅笔填写；移交后由接收单位统一正式填写。

4. 卷内备考表。

（1）卷内备考表要标明卷内文件的件数、页数不同载体文件的数量；

（2）说明组卷情况，如立卷人，检查人，立卷时间等；

（3）卷内备考表排列在卷内文件之后；

（4）互见号，应填写反映同一内容而形式不同且另行保管的档案号，并应注明其载体形式。

十三、案卷装订要求

1. 文字材料可采用整卷装订与单份文件装订两种形式；图纸可不装订，但同一专案应统一。

2. 案卷内不应有金属物。

3. 单份文件装订时，应在卷内每份文件首页右上方加盖、填写档号章。档号章内容有：档案号、序号。

4. 外文资料应保持原来的案卷及文件排列顺序、文号及装订形式。

第二节 交工验收准备

一、工作要求

1. 督促施工单位完成合同约定的全部工程内容，且经施工自检和监理检验评定均合格后，提出合同段交工验收申请报监理单位审查。

2. 监理单位根据工程实际情况、抽检资料以及对合同段工程质量评定结果，对施工单位交工验收申请及其所附资料进行审查并签署意见。

3. 项目法人负责组织，设计、施工、监理单位参加交工验收。

4. 成立缺陷责任期工作小组，对工程缺陷责任期全部工作做出评议。

二、工作程序

按交通部令 2004 年第 3 号《公路工程竣（交）工验收办法》规定程序进行，流程框图如图 4.1 所示。

三、工作内容及方法

1. 审查交工验收申请。

监理工程师应按合同及有关规定要求，审查施工单位提交的合同工程交工验收申请。重点检查：合同约定的各项内容的完成情况；施工自检结果；各项资料的完整性；工程数量核对情况；工程现场清理情况等。

2. 评定工程质量与编制监理工作报告。

监理工程师应及时汇总、整理监理资料，对工程的质量等级进行评定，按有关规定编制监理工作报告，并提交建设单位。

3. 参加交工验收。

监理工程师应参加建设单位组织的合同工程交工验收，接受对监理独立抽检资料、监理工作报告及质量评定资料的检查，协助建设单位检查施工单位的合同执行情况，核对工程数量，评定各合同段的工程质量。

4. 签认交工结账证书。

合同工程交工验收证书签发后，监理工程师应认真审核施工单位提交的合同工程交工结账单，并在规定期限内签认合同工程交工结账证书，报建设单位审批。

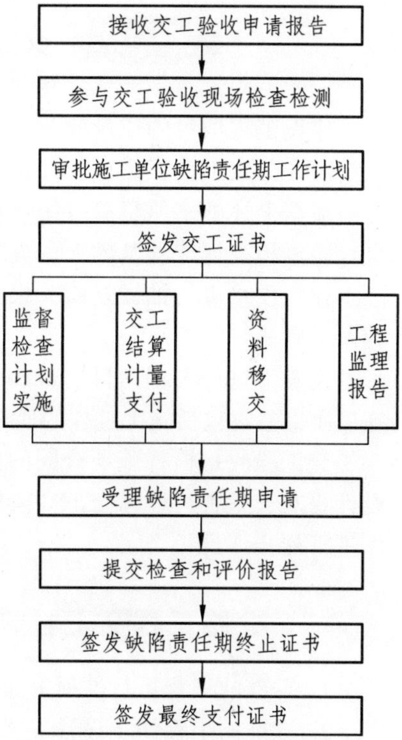

图 4.1　公路工程竣（交）工验收流程图

四、交工验收准备及相关问题

按照《公路工程竣（交）工验收办法》（交通部令 2004 年第 3 号）、交通运输部公路局制定的《公路工程竣（交）工验收办法实施细则》（交公路发〔2010〕65 号）等有关规定，安排质量验收工作，在验收过程中严格把关，保证验收的科学性、真实性。监理单位对工程质量进行评定，出具《工程质量评定报告》；设计单位对工程进行符合性核查，出具了《工程设计符合性评价意见》，委托第三方资质机构进行交工前质量检测工作，工程符合质量评定标准要求，等级评定为合格；当地公路主管部门组织对项目档案进行了预验收，颁发《档案预验收证书》。

第三节 交工验收活动组织与配合

建设工程项目的质量验收，主要是指工程施工质量的验收。施工质量验收应按照《公路工程质量检验评定标准》JTG F80/1-2016 进行。

根据上述施工质量验收统一标准，所谓“验收”，是指公路工程在施工单位自行质量检查评定的基础上，参与建设活动的有关单位共同对分项、分部、单位工程的质量进行抽样复验，根据相关标准以书面形式对工程质量达到合格与否做出确认。

正确地进行工程项目质量的检查评定和验收，是施工质量控制的重要环节。施工质量验收包括施工过程的质量验收及工程项目交竣工质量验收。

交工验收是检查施工合同的执行情况，评价工程质量是否符合技术标准及设计要求，是否可以移交下一阶段施工或是否满足通车要求，对各参建单位工作进行初步评价。

一、公路工程交工验收的依据

1. 批准的工程可行性研究报告；
2. 批准的工程初步设计、施工图设计及变更设计文件；
3. 批准的招标文件及合同文本；
4. 行政主管部门的有关批复、批示文件；
5. 交通部颁布的公路工程技术标准、规范、规程及国家有关部门的相关规定；
6. 交工验收由项目法人负责。

二、交工验收

（一）公路工程（合同段）进行交工验收应具备的条件

1. 合同约定的各项内容已完成；
2. 施工单位按交通部制定的《公路工程质量检验评定标准》及相关规定的要求对工程质量自检合格；
3. 监理工程师对工程质量的评定合格；
4. 质量监督机构按交通部规定的公路工程质量鉴定办法对工程质量进行检测（必要时可委托有相应资质的检测机构承担检测任务），并出具检测意见；
5. 竣工文件已按交通部规定的内容编制完成；

6. 施工单位、监理单位已完成本合同段的工作总结。

公路工程各合同段符合交工验收条件后，经监理工程师同意，由施工单位向项目法人提出申请，项目法人应及时组织对该合同段进行交工验收。

（二）交工验收的主要工作内容

1. 检查合同执行情况；
2. 检查施工自检报告、施工总结报告及施工资料；
3. 检查监理单位独立抽检资料、监理工作报告及质量评定资料；
4. 检查工程实体，审查有关资料，包括主要产品质量的抽（检）测报告；
5. 核查工程完工数量是否与批准的设计文件相符，是否与工程计量数量一致；
6. 对合同是否全面执行、工程质量是否合格做出结论，按交通主管部门规定的格式签署合同段交工验收证书；
7. 按交通部规定的办法对设计单位、监理单位、施工单位的工作进行初步评价。

（三）交工验收工作各方的主要职责

1. 建设单位及代建单位负责组织公路工程各合同段的设计、监理、施工等单位参加交工验收。拟交付使用的工程，应邀请运营、养护管理单位参加；组织各合同段参建单位完成交工验收工作的各项内容，总结合同执行过程中的经验，对工程质量是否合格做出结论；组织监理单位按《公路工程质量检验评定标准》的要求对各合同段的工程质量进行评定；根据对工程质量的检查及平时掌握的情况，对监理单位所做的工程质量评定进行审定。
2. 设计单位负责检查已完成的工程是否与设计相符，是否满足设计要求；
3. 监理单位负责完成监理资料的汇总、整理，协助项目法人检查施工单位的合同执行情况，核对工程数量，科学公正地对工程质量进行评定；根据独立抽检资料对工程质量进行评定，当监理按规定完成的独立抽检资料不能满足评定要求时，可以采用经监理确认的施工自检资料。
4. 施工单位负责提交竣工资料，完成交工验收准备工作。

三、召开交工验收会议

成立交工验收委员会，推举委员会主任。听取并审议《项目执行报告》《设计工作报告》《施工总结报告》《监理工作报告》；各参检人员内外业分组检查。质量监督站对质量监督情况及质量鉴定工作进行说明，交工验收委员会成员汇总交工验收意见，形成并审议通过交工验收报告。

第四节 竣工验收准备

竣工验收是综合评价工程建设成果，对工程质量、参建单位和建设项目进行综合评价。

公路工程进行竣工验收应具备的条件。

1. 通车试运营 2 年后；

2. 交工验收提出的工程质量缺陷等遗留问题已处理完毕，并经项目法人验收合格；

3. 工程决算已按交通部规定的办法编制完成，竣工决算已经审计，并经交通主管部门或其授权单位认定；

4. 竣工文件已按交通部规定的内容完成；

5. 对需进行档案、环保等单项验收的项目，已经有关部门验收合格；

6. 各参建单位已按交通部规定的内容完成各自的工作报告；

7. 质量监督机构已按交通部规定的公路工程质量鉴定办法对工程质量检测鉴定合格，并形成工程质量鉴定报告。

公路工程符合竣工验收条件后，项目法人应按照项目管理权限及时向交通主管部门申请验收。交通主管部门应当自收到申请之日起 30 日内，对申请人递交的材料进行审查，对于不符合竣工验收条件的，应当及时退回并告知理由；对于符合验收条件的，应自收到申请文件之日起 3 个月内组织竣工验收。

第五节 竣工验收活动组织与配合

一、公路工程竣工验收的依据

1. 批准的工程可行性研究报告；

2. 批准的工程初步设计、施工图设计及变更设计文件；

3. 批准的招标文件及合同文本；

4. 行政主管部门的有关批复、批示文件；

5. 交通部颁布的公路工程技术标准、规范、规程及国家有关部门的相关规定。

竣工验收由交通主管部门按项目管理权限负责。

二、竣工验收主要内容及组织配合

1. 竣工验收的主要工作内容是：

（1）成立竣工验收委员会；

（2）听取项目法人、设计单位、施工单位、监理单位的工作报告；

（3）听取质量监督机构的工作报告及工程质量鉴定报告；

（4）检查工程实体质量、审查有关资料；

（5）按交通部规定的办法对工程质量进行评分，并确定工程质量等级；

（6）按交通部规定的办法对参建单位进行综合评价；

（7）对建设项目进行综合评价；

（8）形成并通过竣工验收鉴定书。

2. 竣工验收委员会由交通主管部门、公路管理机构、质量监督机构、造价管理机构等单位代表组成。大中型项目及技术复杂工程，应邀请有关专家参加。国防公路应邀请军队代表参加。

建设单位、代建单位、设计单位、监理单位、施工单位、接管养护等单位参加竣工验收工作。

3. 参加竣工验收工作各方的主要职责是：

竣工验收委员会负责对工程实体质量及建设情况进行全面检查。按交通部规定的办法对工程质量进行评分，对各参建单位进行综合评价，对建设项目进行综合评价，确定工程质量和建设项目等级，形成工程竣工验收鉴定书。

（1）建设单位、代建单位负责提交项目执行报告及验收所需资料，协助竣工验收委员会开展工作；代建单位审查各种竣工技术资料，审查工程决算，做好竣工验收准备工作；

（2）设计单位负责提交设计工作报告，配合竣工验收检查工作；

（3）监理单位负责提交监理工作报告，提供工程监理资料，配合竣工验收检查工作；

（4）施工单位负责提交施工总结报告，提供各种资料，配合竣工验收检查工作。

4. 竣工验收委员会按交通部规定的办法对参建单位的工作进行综合评价。

5. 负责组织竣工验收的交通主管部门对通过验收的建设项目按交通部规定的要求签发《公路工程竣工验收鉴定书》。

通过竣工验收的工程，由质量监督机构依据竣工验收结论，按照交通部规定的格式对各参建单位签发工作综合评价等级证书。

第五章
缺陷责任期代建工作

第一节 缺陷责任期管理办法

工程完成交工验收工作，全面进入缺陷责任期阶段，工程资产移交已经完成，管养单位已经正式接养管理。为规范缺陷责任期内的管理行为，配合管养单位的道路管理，切实执行合同相关规定和要求，明确有关事项如下。

一、缺陷责任期

应根据合同，规定交工工程的缺陷责任期。起算日期必须以签发的工程交接证书日期为准。

对于有一个以上交工日期的工程，缺陷责任期应分别从各自不同的交工日期起算。

二、缺陷责任期的工作内容

1. 检查施工单位遗留工程计划。

监理工程师应定期检查施工单位遗留工程计划的实施，并视工程具体情况，建议施工单位对遗留工程计划进行调整。

2. 检查已完工程。

监理工程师应经常检查已完工程，对工程交接时存在的缺陷及签发交接证书之后发生的工程缺陷情况进行记录，并指示施工单位进行修复。

3. 确定缺陷责任及修复费用。

监理工程师应对工程缺陷发生的原因及责任者进行调查。对非施工单位原因造成由施工单位进行修复的工程质量缺陷，监理工程师应对修复工作做出费用估价，签发追加费用的证明。

4. 督促施工单位按合同规定完成交工资料。

5. 缺陷责任期的监理组织。监理工程师应根据剩余工作量，配备缺陷责任期的监理工作人员，包括：现场巡视、检查的监理人员、负责质量检验的试验人员及处理合同事宜（索赔、变更），办理支付、督促交工资料的合同管理人员。

6. 签发“工程缺陷责任终止证书”。

（1）“工程缺陷责任终止证书”签发的必要条件。

监理工程师确认施工单位已按合同规定及监理工程师指示完成全部剩余工程，并对全部剩余工程的质量检查认可。

监理工程师收到施工单位含有如下内容的终止缺陷责任申请：

① 剩余工作计划的执行情况；

② 缺陷责任期内监理工程师发现并指示施工单位进行修复的工程完成情况；

③ 交工资料的完成情况。

（2）成立缺陷责任期工作检查小组。

三、各单位职责及工作流程

（一）各单位职责

1. 代建办职责。

组织对遗留工程和发现的缺陷进行修复；督促各施工、监理单位完善缺陷责任期资料的整理和汇总；督促各参建单位竣工资料整理和归档；负责与运营单位的协调与沟通。

2. 总监办职责。

履行缺陷责任期的监理责任，完成遗留（缺陷）工程的监理服务工作，完善缺陷责任期资料的整理。

（1）编制缺陷责任期监理计划，审批施工单位缺陷责任期施工计划，并检查施工单位缺陷责任期措施落实情况。

（2）定期巡视检查已完工程，记录发现的工程缺陷，指示相关施工单位进行修复；督促施工单位严格履行合同，指导施工单位在缺陷责任期内对存在的缺陷、病害或其他不合格之处的维修；并对工程缺陷发生的原因、责任及修复费用进行分析和确认。

（3）履行遗留工程监理责任和义务，对遗留工程进行监理，督促落实质量、安全、环保等保证措施，并审核施工单位提交的质量自检报告等资料。

（4）审核施工单位退还质量保留金申请中的工程数量和费用，组织对所涉及的工程项目进行质量抽检，并出具抽检报告。

（5）在合同段缺陷责任期结束、收到施工单位向建设单位提交的终止缺陷责任申请后，总监办应进行审查。对符合合同约定的，总监办应在规定期限内签发合同段缺陷责任终止证书，并向建设单位提交缺陷责任期监理工作总结。

（6）完成合同约定的其他职责内容。

3. 施工单位职责。

严格按照合同和相关规定，履行各项主体责任义务，完成遗留工程施工，完善有关资料。

（1）编制缺陷责任期计划，报总监办审批，并按照批复的计划，组织实施。

（2）加强缺陷责任期内的巡视，对发现的质量缺陷和病害及时上报总监办，并按照监理指示及时修复，对存在的缺陷、出现的病害或其他不合格之处进行维修，直至满足相关标准和要求。

（3）按照规定程序完成遗留工程施工，并严格履行自检、报检程序，及时完成遗留工程资料编制、归档。

（4）办理遗留工程和质保金等计量支付，编制施工竣工决算及相关资料。

（5）编制项目缺陷责任期施工总结，编制施工竣工总结报告。

（6）配合建设、监理单位对缺陷责任期内工作的检查和工程项目的质量检验。

（7）完成合同约定的其他职责内容。

（二）工作流程

对于建设、监理单位检查发现的质量缺陷及遗留工程，施工单位应及时整改，施工前应完善审批程序，并取得公路管理部门的许可；遗留（缺陷）工程施工应满足质量、安全、环保等相关要求。

四、缺陷及遗留工程验收

1. 缺陷及遗留工程的验收由总监办组织，并填写验收移交清单。

2. 对于更换路缘石、清理边沟、补植草皮等零星项目，可一并对几个标段统一组织验收；对于工程量较大，技术复杂的项目，组织专项验收。

五、档案验收

按照项目法人《竣工资料归档整理办法》要求，完成竣工资料收集、整理、归档工作，移交档案管理部门。

第二节　缺陷责任期巡检管理

1. 为加强工程合同管理，严格履行缺陷责任期内各单位的义务，各单位在缺陷责任期内明确责任人员。施工单位每半月至少进行巡视检查一次，监理单位每月至少巡视检查一次，雨、雪、春融天气、气温明显变化、防汛预警期各单位应加大巡视次数。缺陷责任期巡视记录表于当月 25 日前报代建办。

2. 施工单位对发现的缺陷、病害或其他不合格之处应立即记录、上报、分析原因，以利于及时维修，保证通行要求。监理单位及时进行监理和督促，并及时反馈信息。对于车辙等病害处治方案必须进行审批报备。

3. 代建办每季度最后一个月的下旬组织缺陷责任期内巡视检查，各有关单位做好配合。

4. 缺陷责任期巡检内容。

（1）路面工程。

路面是否存在坑槽、松散、拥包、沉陷、泛油、裂缝、网裂、车辙、龟裂等破损。

（2）桥梁工程。

① 构件表面的涂装层是否完好，有无损坏、老化变色、开裂、起皮、剥落、锈迹；

② 桥面铺装是否平整，有无裂缝、局部坑槽、积水、沉陷、波浪、碎边，有无桥头跳车；

③ 排水设施是否良好，桥面泄水管是否堵塞和破损；

④ 伸缩缝是否堵塞卡死，链接部件有无松动、脱落、局部破损；

⑤ 防护栏有无撞坏、断裂、松动、错位、缺件、剥落、锈蚀等；

⑥ 其他附属设施是否完好。

（3）交通安全设施。

防护栏、标志、标线是否齐全、有无损坏。

（4）路面排水。

雨、雪天是否存在积水现象、排水是否畅通；泄水槽、排水沟等项目排水设施是否完好、排水是否畅通。

5. 各单位巡视内容应包含但不限于上述内容。

第六章
项目代建的“五化管理”工作

第一节 项目代建信息化管理

实施信息化管理，采取“互联网+公路建设”，实现工程建设的信息化，加快信息化发展，其规划目标也将更科学、合理、有序。主要包括资金及进度控制、施工监控、工程管理等各个方面，具体措施如下：

一、建立微信企业号及微信、QQ 交流群

1. 建立工程微信企业号，利用微信企业号进行请销假、下发会议通知以及传阅相关文件等工作。

2. 建立工程微信、QQ 交流群，交流群包含所有参建单位主要人员。工作中随时进行信息交流，或上传工作文件。同时工作期间可以进行实时位置共享、利用实时的图片及视频资料进行某些施工项目的报验工作。

通过各种信息平台的建立及使用，提高参建人员的工作效率，使各参建单位之间的信息传递更加高效，快捷。

二、建立科学管理平台进行管控

1. 建立建设项目管理系统。每日对工程量进行汇总，在项目管理系统中进行每日上报、更新。

2. 在拌和站增加物料监控系统。通过监控系统严格控制混合料的掺拌数量，确保配比准确。

3. 利用合同计量系统进行计量。可以快速提交计量资料，通过计量软件可以大大缩短审批时间，减少签字、打印及部分修改时间。

4. 增加视频监控系统。现场施工中，在某些重要的施工项目或某些机械设备上增加视频监控设备，利用影像资料来记录现场施工情况。

5. 通过科学的管理平台对合同、质量、进度、安全、环保等各个环节进行

管控。日报制可以随时了解现场施工进展情况；物料监控系统可以通过对生产过程的严格控制，大大提高施工质量；计量软件可以免去很多审核时间，能提高整个审批流程的进展效率；视频监控可以对视频进行分析，能发现施工中的不足之处，并制定解决方案。也可以发现施工中的亮点，继续坚持发扬。

三、购置无人机进行施工监控

1. 采购无人机设备，加强在施工中的应用，对影响资料进行收集并形成档案。

2. 利用无人机设备，实现信息整合，保证施工现场管理，通过无人机监控等信息化手段来监控现场施工。

3. 充分利用无人机设备进行立体监控，实现现场管理无死角。通过监控，发现不足、找出亮点，确保各项工作顺利开展，实现对项目实施全过程的有效控制。

第二节　项目代建制度化管理

1. 项目管理注重制度建设，不断完善各类制度，依法进行工程管理。

（1）实行工程质量责任登记、一线骨干人员实名登记，监理施工月检查考核，日常进度统计制度，制定《工程日常巡检管理办法》，明确日常巡查标准、巡查频次、处理措施要求，加强项目全过程管控、提升项目管理效能。

（2）积极推行具有相应资质的检测机构独立进行第三方检测制度，以数据如实反映工程质量。对原材料和现场实体按照频率和程序进行及时抽检，对发现的问题进行及时处置，强化代建办对质量的管控，不断创新检测工作机制，采取明检、暗检、专检、抽检相结合的方式，充分发挥第三方机构独立检测和客观评价的作用。

（3）根据《公路建设项目代建工作办法》（见本书附录 1）和《济南市政府投资项目代建制管理办法》（见本书附录 2），摸索公路代建特点，组织编制完成《公路工程项目代建实施细则》，有效的指导代建工作开展。

（4）工程缺陷责任期，及时制定《工程缺陷责任期管理办法》，对各参建单位职责，遗留工程施工，缺陷责任期管理等进行明确规定。

2. 安全管理是工程建设的永恒主题，严抓安全管理，建设平安工程。

（1）制定《安全生产责任制实施办法》，开展安全确认管理，签订安全生产目标责任书，建立健全安全管理网格实名制，实现齐抓共管的良好氛围。

（2）开展安全隐患排查。开展安全检查和隐患排查，进行自查自纠，实行安全隐患清单管理，对查出的隐患及问题逐项登记，落实责任，形成台账，及时整改，有效防范和遏制各类事故的发生。

（3）加强日常安全监管。在旬、月检查基础上，对施工便道、拌和站、深基坑施工现场等重点区域部位加强日常监管，实行 24 小时不间断巡查，发现问题要求及时整改，确保安全形势持续稳定。率先要求施工监理单位加大视频资料留存，每天进行两次行车记录仪巡检，阶段性进行无人机全线视频巡检，并及时进行视频资料固化。

（4）强化问题整改。以问题为导向，召开专题会议研究整改措施并积极督导落实，对重点区域、部位、场所开展拉网式隐患排查治理，彻底消除安全隐患。

（5）加强节日值班值守。节日期间，实行 24 小时值班、领导带班制度。

3. 自始至终将扬尘大气污染防治作为一项重要工作来对待。积极开展扬尘污染治理活动，完善标准、严格要求、加大监管，坚决杜绝扬尘大气污染现象的发生。

（1）组建环保督查小组，对各项环保规章制度、工作措施落实等情况积极开展监督检查，为环保工作扎实开展提供坚强的组织保障。

（2）实行网格化管理制度，各单位编制扬尘污染防治网格化管理制度，突出施工单位主体责任和代建、监理单位监管责任，代建、监理、施工单位签订环保协议书。按照网格化管理模式，层层分解任务，明确责任人，把责任压实、压细。

（3）按照济南市扬尘污染防治“四个一律”和“六个 100%”的要求，制定《公路工程扬尘污染治理措施》《工程施工大气治理 7172 工作制度》《大气污染治理十大措施配档表》《“六个百分百”细则》《施工便道保洁管理实施细则》，明确扬尘污染治理的各项管理措施、技术措施、设备要求和档案编制等各项工作要求，全员进行学习各措施制度。

（4）加强日常环保监管。代建办每天两次巡查，发现问题及时下发代建巡查通报，问题通报责任到人，传达问题不过夜，整改问题不过夜，确保环保和创城工作落到实处。通过共同努力，扬尘大气污染防治工作取得良好成效。

4. 加强进度控制，严格审查工程总体进度计划，实行月度检查考核制度，加大检查考核力度，促进按计划完成年度目标。

（1）排定时间表。按照总体进度计划目标，关死后门、倒排工期，确保总体施工组织方案落到实处。

（2）加强指挥调度。每周定期召开调度会议，实行代建办周办公会会议制度和周环境协调会议制度，实行晚调度会制度，施工单位用综合形象进度图每日汇报综合形象进度，及时安排管理工作、了解工程进展、解决环境协调问题，解决施工中出现的各种质量问题并制定有效措施。

第三节　项目代建规范化管理

认真搭建项目管理的组成部门，真正把懂业务、会管理、责任心强的人员充实到项目管理机构中。同时积极开展管理人员培训，分层次组织管理、技术人员有针对性地开展学习，为提高管理水平、保证项目顺利实施，奠定良好的基础。

1. 强化制度管理。实行技术交底、试验（首件）工程认可等制度，完善质量控制措施。

2. 加强原材料质量管理。对沥青、伸缩缝、支座等主要原材料实施项目法人、承包人联合采购制度，强化建筑材料监管，确保进场原材料、半成品检测指标满足规范和设计要求，确保原材料质量。

3. 强化施工工艺控制。实行分项工程施工方案专家咨询审查制度，制定切实可行的各项施工工艺标准，保证了实体质量。

4. 大力推广预制构件。改分散施工为集中施工、野外施工为场内施工、传统施工为工厂化施工。

5. 推广应用先进施工设备。先进的施工设备是工程质量可靠的硬件保障，积极推行沥青混凝土拌和站“油改气”、水稳拌和站双拌缸技术改造、旧路材料循环利用等节能环保技术，购置混凝土预制构件智能张拉、自达喷淋养生、蒸汽养生等设备，推进项目节能减排建设。

6. 严格检查考核。大力推行旬月检查考核制度，采取综合检查、巡查和专项检查相结合，大密度、高频率、全方位地进行实体质量监督检查，确保工程质量措施落实。

7. 开展全面质量管理活动。制定全面质量管理办法，各参建单位成立 QC 活动领导小组，结合工程实际，围绕课题积极开展全面质量管理活动。

8. 采取施工现场观摩会、施工质量研讨会、施工技术交流会等多种形式，相互取长补短，学习借鉴经验，提升建设管理水平。

9. 开展“公路工程质量通病治理”活动，编制《公路工程质量控制手册》，形成公路工程质量通病治理的长效机制。注重施工管理过程总结，编制完成并出版发行《公路路基路面工程施工作业指导书》《公路桥梁涵洞工程施工作业指导书》《公路交通安全及附属工程施工作业指导书》，规范作业程序。

10. 重视科研，技术攻关。与大专院校、科研机构联合成立项目科研小组，进行《公路结构表层混凝土防护纳米材料的研发及防护应用技术》等的专项研究。

11. 技术研讨，优化工艺。全面提升路面工程施工质量，组织召开提升施工质量研讨会，按照研讨会专家意见建议，编写《关于进一步提升沥青路面工程施工质量的指导意见》，明确有关要求，优化施工工艺。

12. 及时总结，展示成果。全面及时总结活动开展情况，梳理活动开展中存在的问题，对现场进行收集、整理亮点工作，总结形成《工程质量管理年活动专刊》。

13. 规范现场施工围挡。对路基、基层等施工现场一律采取彩钢板围挡，围挡设置高度严格执行城市道路施工标准，严防建设施工过程中建筑材料、建筑垃圾、泥浆外溢；对穿村路段、项目终点等人流、车流较多且可能影响视线的部位，根据实际情况设置透明式围挡。

14. 完善现场管控措施。根据“四个一律、六个百分百”标准要求，所有进场材料覆盖保存，易扬尘的石灰、土方等材料运输和储存实施严密覆盖。

15. 优化施工环保工艺。购置雾炮车、大型吸尘、专业清扫等专业设备，土方施工、道路清扫采取湿法作业，基坑周边和施工便道经常性洒水降尘；清扫采用机械吸尘设备，严禁采用吹尘方式施工；彩钢板污损时，采用专用设备进行清洗。

16. 加强运输车辆监管。在所有拌和站设置了雾炮台和洗车台，并设置规范的沉淀池、过滤网和排水沟，确保出场运输车一车一洗，不带泥上路；材料运输使用正规车辆，号牌清晰，出现外露、遗撒、高尖等现象的运输车一律不得上路。

第四节 项目代建标准化管理

严格执行公路建设法律法规和强制性标准，在工程管理中针对项目管理难点，控制要点，薄弱环节，将管理制度和流程、检查标准和工作责任贯穿于项目管理全过程。结合项目特点，制定标准化要求，严格按标准实施，确保工程质量。

1. 驻地建设标准化。严格按照交通运输部《高速公路施工标准化技术指南》和省交通运输厅的有关要求，建设功能齐全、施工方便、布置科学的项目部、预制场、拌和站和施工现场；严格按照法规规章、技术标准和合同承诺，派驻现场技术和管理人员。

2. 施工工艺标准化。按照建设精品工程的标准，对重要工程施工方案实行专家论证，确定满足标准、确保质量、科学实用的施工工艺。特别做好重要部位质量管控工作。

3. 安全管理标准化。按照建设“平安工地”的要求，健全隐患排查、风险分析、事故预警和应急救援机制，完善“平安工地”建设、验收程序，编制完成了《安全管理手册》，创建平安工地，确保工程建设安全。特别做好关键部位的安全管理工作，制定特殊部位安全管理细则。

4. 质量通病治理标准化。开展“公路工程质量通病治理”活动，编制了《公路工程质量控制手册》，形成公路工程质量通病治理的长效机制。

5. 工程计量支付标准化。应用省局组织研发的路网改建工程项目管理软件，科学、合理分解工程量清单，科学划分计量单元，确保工程计量的真实、准确。

6. 档案管理标准化。按照上级竣工档案编制办法要求，组织开展了档案管理培训，明确档案归档标准和要求，解决档案管理的薄弱环节，提升工程档案管理水平。

7. 文明施工标准化。在完善文明施工措施的基础上，扎实开展扬尘污染治理活动，完善标准、严格要求、加大监管，确保扬尘污染零投诉，树立公路良好形象。

第五节　项目代建人本化管理

在工程管理过程中高度关注安全生产和人身安全，维护劳动者的合法权利，做到以人为本。

1. 组织开展安全培训教育，有针对性地进行安全教育培训与安全技术交底，有效指导安全施工。

2. 加强现场交通安全管理。根据审批的《道路施工作业交通组织方案》要求，对沿线设置的提示、绕行等各类交通安全设施及时进行检查和维护，并联合交警部门对施工现场进行交通安全隐患排查，在人员密集区设置了多功能可透视网状护栏，为驻区人员、车辆出行提供安全保障。

3. 打造精英团队。统筹梳理、充分利用人力资源优势，通过培育、发掘和吸纳技术管理人才，组建了“友好协调”“智慧管理”“精细施工”“科技创新”“本质安全”“智能环保”等精英团队。

4. 开拓创新，打造良好工作环境。建设职工小家，打造"温暖"品牌。利用有限空间建设“党员之家、文化之家、活动之家”的三家建设，在艰苦环境中，为职工建起一个温馨“小家”，使职工“开心、舒心、安心”，更加“用心”地工作，促进项目建设工作持续、健康、稳步推进。

5. 组织建设管理人员外出学习、培训、交流，参建职工的工作技能和职业素养不断提高，独立工作能力不断提升，建功立业积极性不断提升。

第七章 项目代建风险管理

一、风险管理目标

一般工程建设项目周期较长，项目计划较难保证已考虑到各种可能发生的意外事件，在实施过程中总会存在各种各样的风险。风险管理是整个项目管理过程中一个非常重要的环节。风险管理上的失误将不可避免地影响实现项目的某些目标，可能是项目的经济目标，也可能是完成项目任务的其他方面目标。

在整个项目的实施过程中，对风险的持续监控应当作为正常项目管理审查和汇报程序的一部分予以关注，以保证有效地管理已知风险，以及发现和预防因项目环境发生变化而可能产生的任何新的风险。

风险管理的目标是：针对费用、质量、工期的要求，尤其是项目设备和建筑材料的选型和采购、质量和总工期的要求，制定风险管理计划，变被动为主动控制，进行风险识别和分析，制定风险应对策略，并进行全过程监测和控制。

二、风险识别

对于建设工程项目，可能产生风险的因素包括：工程地质条件的变化、自然灾害的影响、政府有关部门的批复延后、国家有关基本建设投资方面的政策变动、资金到位情况、设计变更、施工进度滞后、工程质量事故、设备及材料市场价格的变动、汇率的变动，以及水、电价的变动及其他因素的影响等。总结归纳起来主要有以下风险：

1. 工程地质风险：自然灾害、岩土地质条件、水文地质条件、气象条件等。

2. 设计风险：勘察资料不准确，特别是地质资料错误或遗漏；设计内容不完善，规范应用不恰当；设计对未来施工的可能性考虑不周等。

3. 工期风险：由于项目前期各项审批手续办理的时间具有不确定性，一旦前期手续办理拖后，势必影响到整个工程的工期，因此，存在很大的工期风险。

4. 投资风险：工程地质的不确定性，工程变更，以及政策、价格和利率等的变化或资金使用安排不当等风险事件，最后会引起实际投资超出计划投资。

5. 质量风险：项目管理是一个比较复杂的过程，会有很多不确定因素影响项目质量，例如设计质量、施工质量等因素的影响。因此，项目也存在着质量风险。

6. 施工风险：施工方案的可操作性、与现场情况的配合程度，是否严格执行物资采购计划、寻求最优的采购批量和供应间隔期、选择信誉优良的供货商等。

7. 管理风险：资金是否及时到位、分配是否合理、项目成本控制风险、合同控制是否严格、事故防范措施和计划是否严密、人身和信息安全控制计划是否周详；设计人员、监理工程师、施工单位管理人员的能力，部门设置不当造成工作效率不理想，权责划定不清造成工作配合和效率不理想等。

8. 安全风险：因现场管理不善，造成人员伤亡，材料、设备等财产的损毁或被盗等。

三、风险评价与控制

在风险管理的过程中，风险管理人员要时刻把握工程进展的脉搏，随时收集来自与本工程建设有关的各个方面的各种信息，并进行加工整理，并制定相应的风险防范措施。

通过建立项目管理信息系统，及时收集项目实施过程中的各种反馈信息，并进行统计分析，确定其走势，并预测其对项目实施的影响；同时，密切关注市场形势和国家政策走向，分析其对项目实施的影响。风险分析采取定性和定量方法。确定性风险可采用敏感性分析法和盈亏平衡分析法，不确定性风险采用概率分析法和期望值法。通过风险分析，对原项目进度和费用的计划进行分析，提出确认的项目周期、完工日期和项目投资，并提出对当前项目计划实现目标的可能性。

第一节 安全风险管理

严格执行国家、交通部发布的有关安全生产法规、施工安全规范和安全技术强制性标准。按照建设“平安工地”的要求，健全隐患排查、风险分析、事故预警和应急救援机制，完善“平安工地”建设、验收程序。

1. 制定《安全生产责任制实施办法》，开展安全确认管理，签订安全生产目标责任书，建立健全安全管理网格实名制，实现齐抓共管的良好氛围。落实安全责任，同步签署《安全合同》，层层落实安全责任。

2. 加强安全教育培训，对进场项目负责人和重点岗位管理人员进行了安全管理教育培训，进行安全管理能力测试，保证考核合格管理人员方能上岗。

3. 建立健全各项安全规章制度，完善落实安全管理措施，建立科学的值班制度，建立应急组织机构，制定应急救援预案，形成平安工地建设长效机制。

4. 根据冬期、雨期及热期天气特点，编制《冬期、雨期及热期施工安全管理指导手册》，确保安全施工。如：冬期施工应编制《安全过冬保障方案》，提前谋划储备融雪剂、防滑砂等除雪防滑应急物资，提前保养调试除雪防滑设备，落实应急队伍，促进施工安全生产形势持续稳定，保障项目安全过冬。

5. 大力开展安全检查和隐患排查。结合项目实际，以“平安工地”建设活动等要求为重点，各参建单位开展经常性安全巡查、旬月检查。同时突出节假日、特殊时段的安全检查，确保各项安全措施落实到位。

6. 强化应急值守，积极主动应对。实行 24 小时值班、领导带班制度，完善了值班值守记录。加强与气象部门的工作沟通，出现降雨、雾霾等恶劣天气和突发事件，及时组织值班值守；积极响应上级发布的应急预警，值班人员 24 小时在岗，按要求定期汇报应急响应情况。

7. 加强现场交通安全管理。组织专家审查《道路施工作业交通组织方案》，办理了交通封闭许可手续。保证周边群众、过往人员和工程人员的通行和施工安全，以人为本，安全第一。

第二节　质量风险管理

依照“百年大计、质量第一”的思想，把质量当作重中之重来抓，强调质量责任是终身责任，建立健全四级质量保证体系，实行试验（首件）工程认可，施工工艺专家审查、重要原材料集中采购等制度，“分级管理、责任到人”。同时，积极引进新技术、新设备、新工艺，提高重要部位施工质量。加强施工单位自检、监理单位抽检和建设办巡视等管理手段，保证工程质量合格率达到 100%。

一、加强管理，完善管理制度

实行工程质量责任登记、一线骨干人员实名登记制度。要按程序审查、审定后装订组卷，并纳入旬月检查考核，建立登记制度的长效机制，确保登记工作的真实性、有效性。

开展“公路工程质量通病治理”活动，编制《公路工程质量控制手册》，形成公路工程质量通病治理的长效机制。注重施工管理过程总结，组织各参建单位联合编制《施工作业指导书》，规范了作业程序。

二、强化质量检测，进行全过程控制

代建办督促监理施工单位建立健全质量保证体系，强化体系职责，明确质量控制要点；对工程质量做出及时、准确评价，推行具有相应资质的检测机构独立进行第三方检测制度，以数据如实反映工程质量。

制定《工程日常巡检管理办法》，进一步加强项目全过程管控、提升项目管理效能。对施工质量、工艺和有关技术问题随时进行检查，对现场发现的质量问题和缺陷，及时进行口头通知，严重时下发巡查通知单等督促施工单位进行整改或补强处理，绝不留任何质量隐患，以免发生重大质量问题。

三、技术攻关，优化工艺

重视新工艺、新技术、新材料的推广应用，对成熟技术、工艺定形固化推广应用。重视科研，技术攻关，经验总结。

按照立足工作实际，突出工作创新的要求，以解决工作中的实际问题和促进工程顺利开展为目标，早筹划，抓落实，编制工程施工作业指导书。

坚持“合格是底线、精品是目标”的理念，贯彻“操作行为严于规程、质量指标高于标准”的执着追求，制定“源头严控、过程严管、后果严惩”的“三严”原则，强化对质量的管控。

第三节 廉政风险管理

一、完善廉政制度

结合工程特点和实际，借鉴其他项目的管理经验，建设办对既有廉政制度进行梳理、调整、补充和完善，形成廉政制度汇编，进一步提高廉政制度的针对性和可操作性，用制度规范行为。

二、全方位开展廉政学习教育活动

采取自学、集中、研讨等多种形式组织各参建单位加强廉政教育学习。

三、召开廉政专题会议

每季度定期组织召开廉政工作会议，适时开展民主生活会和谈心活动，教育全体党员及工作人员提高思想认识，改进工作作风，转变思想观念，提高工作质量和工作效率，保证各项工作顺利推进。

四、加强工作监督

督促各参建单位均在驻地明显位置设置廉政举报箱，公布举报电话，广泛接受监督。

第四节　投资风险管理

一、工程造价控制管理

1. 建立科学的评标办法。招标中设立投标控制价上限，实行综合评标法，严格执行程序，强化各方监督，做到公平、公正，确保项目投资处于批复投资范围之内。

2. 加强红线控制。开工后，及时组织各施工、监理单位审核施工图纸、复核清单工程量，初步确定工程红线，作为施工费用控制的依据。

3. 加强计量支付管理。严格按合同条款进行费用控制，确保工程计量的准确性。对上报的计量支付，严格按程序审核签字确认，严格规范计量程序，保证每一笔支付的公正性和合理性。

二、设计变更管理

工程实施中，严格按照上级批复的建设规模和标准组织，严格控制设计变更行为。对发生的一般变更，严格执行省局、市局设计变更管理规定，根据审批权限，及时履行设计变更审批程序。

1. 认真审核工程变更，并对变更项目提出审核意见，对新增细目预算单价进行审核并及时上报上级部门审批，保证了计量支付工作的顺利进行。

2. 人员，及时做好本项目的工程量核实、计量台账统计及日常报表上报工作。根据所报的总体进度计划，制定出阶段性的费用控制界限，做好费用校核。

第八章 项目代建规章示例

第一节 项目准备阶段质量管理

项目准备阶段质量管理规章一般有《施工组织设计审查办法》《监理实施细则审查办法》《专项施工方案审查办法》《设计交底管理办法》《监理交底管理办法》《施工交底管理办法》《施工图纸会审管理办法》等，可参考示例 8-1-1 ~ 示例 8-1-7 进行编写。

【示例 8-1-1】

施工组织设计审查办法

第一条 为进一步规范工程项目建设，提高工程建设管理水平，保证工程施工质量，依据相关法律法规及文件，结合本项目实际情况，制定本办法。

第二条 施工组织设计方案应当由项目经理组织施工技术、安全、质量等部门的专业技术人员进行审核。经审核合格的，由技术负责人签字。

第三条 专家审查会议由总监办负责组织。依法须先进行咨询的，施工单位应委托具有相应咨询资格的单位咨询后再提交专家审查。

第四条 评审专家人数一般为 5 名以上的单数，确定后总监办以书面方式将评审会时间、地点和评审程序等内容告知相关参加单位。

第五条 专家审查会由专家组、代建办、施工单位、监理单位参加，具体人员包括：

1. 专家组成员；
2. 代建办负责人或技术负责人；
3. 监理单位总监理工程师、专业监理工程师及相关人员；
4. 施工单位项目经理、项目总工及相关人员；

第六条 专家审查会由总监理工程师主持，其具体程序是：

1. 主持人宣布专家组名单，推选专家组组长；
2. 施工单位简要介绍施工组织设计主要内容，并着重突出重要结构及部位的施工技术方案及保障措施；

3. 专家提出审查意见并签字；

4. 代建办负责人讲话；

5. 主持人宣布专家评审会结束。

第七条 施工组织设计专家审查的主要内容包括：

1. 施工组织方案是否完整、可行；

2. 专项方案计算书和验算依据是否符合有关标准规范；

3. 安全施工的基本条件是否满足现场实际情况。

第八条 施工组织设计方案经审查后，专家审查意见作为施工

组织设计修改完善的指导意见。若需做重大修改的，应重新组织专家进行论证。

第九条 施工、监理单位应当严格按照审查后的施工组织设计组织施工，不得擅自修改、调整。如因设计、结构、外部环境等因素发生变化确需修改的，修改后的施工组织设计应当按规定重新审核。

第十条 本办法自发布之日起实施。

【示例 8-1-2】

监理实施细则审查办法

第一条 为进一步规范工程项目建设，提高工程建设管理水平，确保监理工作成效，依据相关法律法规及文件，结合本项目实际情况，制定本办法。

第二条 监理实施细则由总监办组织专业监理工程师编制，总监理工程师负责审批。

第三条 监理实施细则专家审查工作由总监办负责组织。施工单位、监理单位参加，必要时可邀请建设单位参加。一般采取专家审查会的方式。

第四条 专家由总监办在专家咨询库中确定，专家人数一般为 3 名以上的单数，确定后总监办以书面方式将审查会时间、地点和审查程序等内容告知相关参加单位。

第五条 专家审查会由专家组、代建办（如果有）、施工单位、监理单位参加，具体人员包括：

1. 专家组成员；

2. 代建办负责人或技术负责人（如果有）；

3. 监理单位总监理工程师、专业监理工程师及相关人员；

4. 施工单位项目经理、项目总工及相关人员。

第六条 专家审查会由总监理工程师主持，其具体程序是：

1. 主持人宣布专家组名单，推选专家组组长；

2. 总监办汇报监理实施细则的主要内容，并重点突出监理工作方法和措施、监理工作程序、监理控制要点等内容；

3. 专家查阅监理实施细则及相关文件资料并提出专家审查意见；

4. 代建办负责人讲话；

5. 主持人宣布专家评审会结束。

第七条　监理实施细则专家审查的主要内容包括：

1. 监理实施细则内容是否齐全、完整；

2. 监理实施细则是否有针对性、可行性；

3. 监理实施细则内容是否符合相关标准、规范要求。

第八条　监理实施细则经审查后，专家审查意见作为监理实施

细则修改完善的指导意见。若需做重大修改的，应重新组织专家进行审查。

第九条　总监办应根据专家审查意见对监理实施细则进行修改完善，修改后的监理实施细则必须经总监理工程师批准后实施。

第十条　监理单位应当严格按照批准的监理实施细则开展监理工作，施工单位应在监理实施细则的指导下组织施工，不得擅自修改、调整监理实施细则。

第十一条　本办法自发布之日起实施。

【示例 8-1-3】

专项施工方案审查办法

第一条　为进一步规范工程项目建设，提高工程建设管理水平，保证工程施工质量，依据相关法律法规及文件，结合本项目实际情况，制定本办法。

第二条　专项施工方案应当由施工单位项目总工组织施工技术、安全、质量等部门的专业技术人员进行审核。经审核合格的，由技术负责人签字。实行施工总承包的，专项方案应当由总承包单位技术负责人及相关专业承包单位技术负责人签字。不需专家论证的专项方案，经审核合格后报监理单位，由项目总监理工程师审核签字。

第三条　专家审查会议由总监办负责组织。依法须先进行咨询的，施工单位应委托具有相应咨询资格的单位咨询后再提交专家审查。

第四条　评审专家人数一般为 5 名以上的单数，确定后总监办以书面方式将评审会时间、地点和评审程序等内容告知相关参加单位。

第五条　专家审查会由专家组、代建办、施工单位、监理单位参加，具体人员包括：

1. 专家组成员；

2. 代建办负责人或技术负责人；

3. 监理单位总监理工程师、专业监理工程师及相关人员；

4. 施工单位项目经理、项目总工及相关人员；

5. 勘察、设计单位技术负责人及相关人员。

第六条 专家审查会由总监理工程师主持，其具体程序是：

1. 主持人宣布专家组名单，推选专家组组长；

2. 施工单位简要介绍专项方案主要内容，并着重突出重要结构及部位的施工技术及保障措施；

3. 专家提出审查意见并签字；

4. 代建办负责人讲话；

5. 主持人宣布专家评审会结束。

第七条 专项方案专家审查的主要内容包括：

1. 专项方案内容是否完整、可行；

2. 专项方案计算书和验算依据是否符合有关标准规范；

3. 安全施工的基本条件是否满足现场实际情况。

第八条 专项方案经审查后，专家审查意见作为专项方案修改
完善的指导意见。若需做重大修改的，应重新组织专家进行论证。

第九条 根据专家审查意见修改完善专项方案，并经施工单位技术负责人、驻地监理工程师、总监理工程师签字后，方可组织实施。

第十条 施工、监理单位应当严格按照审查后的施工组织设计组织施工，不得擅自修改、调整。如因设计、结构、外部环境等因素发生变化确需修改的，修改后的专项方案应当按规定重新审核。

第十一条 本办法自发布之日起实施。

【示例 8-1-4】

设计交底管理办法

第一条 为推进工程建设标准化管理，进一步规范建设项目设计交底工作，加强建设项目现场管理，根据《山东省建设工程勘察设计管理条例》等有关规定，制定本办法。

第二条 设计交底是指在建设单位组织下，勘察设计单位根据审核合格的施工图，就设计内容、设计意图和施工注意事项向施工、监理等单位进行说明，解答施工、监理等单位提出的问题。

第三条　设计交底为集中交底，施工单位项目经理、项目总工、主要技术管理人员，监理单位总监理工程师、专业监理工程师、主要监理员参加。设计交底会由代建办负责组织，代建办技术负责人支持，勘察设计单位专业负责人进行交底。

第四条　设计交底前，设计单位应认真做好设计交底准备工作，施工、监理单位应在现场核对的基础上，提出需要澄清的问题和建议意见，保证设计交底质量。

第五条　施工、监理单位应全面理解设计意图，将勘察设计问题解决在施工之前。施工过程中需要设计单位解释施工图的，应及时向建设单位提出技术交底申请，建设单位审核后联系设计单位进行交底。

第六条　设计交底的主要内容：

1. 设计说明。主要介绍设计依据、设计原则、设计文件组成及内容、设计范围及内容、主要技术标准和质量标准、工程条件、设计采用主要技术规程规范及新技术、工程数量、工程造价等。

2. 主要施工方案和施工注意事项。主要介绍重点工程以及采用新技术、新工艺、新材料的工程的施工方法、检测要求和施工注意事项，技术复杂结构工程采取施工安全措施，对影响施工及行车安全所采取的措施等。

3. 文件中尚未说明的问题。主要介绍施工图文件完成时尚未明确及需要建设、施工单位和监理单位进一步协调配合解决落实的问题。

第七条　建设单位应在设计交底结束后形成设计交底会议纪要，纪要内容包括：设计交底主持人、设计交底人员、设计交底内容，施工、监理单位参加人员，对建设、施工、监理等单位所提问题的答复及存在问题的处理意见，待定问题解决时间等。纪要应及时下发各参加单位并存档。

第八条　设计交底工作纳入勘察设计单位施工图考核。对于勘察设计单位技术交底不到位、处理问题不及时、影响工程建设的，建设单位在施工图考核中予以扣分。

第九条　本办法自发布之日起实施。

【示例 8-1-5】

监理交底管理办法

第一条　为推进工程建设标准化管理，进一步规范建设项目监理交底工作，加强建设项目现场管理，根据有关法律、法规，工程标准、规范及合同文件的规定，制定本办法。

第二条 监理交底是指监理单位向施工单位明确监理单位的职责和权限，明确监理工作流程及监理工程内容的过程。

第三条 监理交底工作由监理单位负责组织，总监理工程师主持，监理单位、施工单位、建设单位相关人员参加。监理交底工作必须在项目开工前进行。

第四条 监理交底的主要内容：

1. 介绍项目监理机构的组成及成员；
2. 介绍监理单位的工作职责；
3. 说明监理工作依据和监理工作流程；
4. 叙述监理工作要点及工作内容。

第五条 监理单位应在监理交底结束后形成监理交底纪要，纪要内容包括：监理交底主持人、监理交底人员、监理交底内容，施工、监理单位参加人员，纪要应及时下发各参加单位并存档。

第六条 施工过程中如遇重大工程变更，或在关键、特殊工艺施工之前，总监理工程师认为有必要的可对施工单位进行补充监理交底。

第七条 本办法自发布之日起实施。

【示例 8-1-6】

施工交底管理办法

第一条 为推进工程建设标准化管理，进一步规范建设项目设计交底工作，加强建设项目现场管理，根据《山东省建设工程勘察设计管理条例》等有关规定，制定本办法。

第二条 施工交底是施工单位项目总工及技术管理人员依据设计文件及设计交底纪要，将施工方案及施工工艺、施工进度计划、过程控制及质量标准、作业标准、材料设备、安全措施及施工注意事项等向参与施工的技术人员和作业人员传达的过程。

第三条 施工交底应分级进行，项目总工对项目经理部各部室及技术人员进行技术交底，技术负责人对作业队技术负责人进行技术交底，作业队技术负责人对班组长及全体作业人员进行技术交底。

第四条 项目总工对项目经理部各部室及技术人员的技术交底，主要内容包括：工程概况、图纸、实施性施工组织设计、总体施工顺利及主要节点进度计划安排；施工现场调查情况、施工场地布局；主要施工技术方案、工艺方法，采用的新技术、新结构、新材料和新的施工方法；工程的重点难点、主要危险源；主要工程材料设备、劳动力安排及资金需求计划；工程技术和质量标准，重大技术安全环保措施；设计变更内容、施工中应注意的内容等。

第五条　技术负责人对作业队技术负责人进行技术交底，主要内容包括：总体施工组织安排、施工作业指导书、分部分项工程交底；作业场所、作业方法、操作规程及施工技术要求；采用新技术、新工艺的有关操作要求；工程质量、安全环保等施工方面的具体措施和标准；有关施工详图和加工图；试验参数及配合比；测量放样桩位、测量控制网、监控量测；重大危险源的应急救援措施；成品保护方法和措施；施工注意事项等。

第六条　作业队技术负责人向班组长及全体作业人员的技术交底，主要内容包括：作业标准、施工规范及验收标准，工程质量要求；施工工艺流程及施工先后顺序；施工工艺细则、操作要点及质量标准；质量问题预防及注意事项；施工技术措施和安全技术交底；出现紧急情况下的应急救援措施、紧急逃生措施等。

第七条　各分部、分项工程、关键工序、专项方案实施前，项目总工或技术负责人必须会同技术管理人员向作业队进行交底，并对交底后的实施情况进行检查验收。

第八条　桥涵等结构物测量放样技术交底，由项目部测量工程师负责；交底资料经技术负责人复核、项目总工审核，测量队在施工交底后进行施工放样。

第九条　施工技术交底要求：

1. 施工交底要细致全面，讲求实效，不能流于形式，要交到基层施工班组；

2. 施工技术交底后要形成施工技术交底纪要，参加施工技术交底的人员应签字确认，并加盖项目部公章后生效；

3. 施工技术交底纪要由技术部门负责保存，工程竣工时纳入工程档案。

第十条　施工单位在施工过程中发现需要设计澄清问题的，应书面上报监理单位，经监理单位确认后报建设单位，由建设单位签认后转发设计单位，设计单位应在五日内书面回复，并纳入下一次设计交底纪要。

第十一条　施工技术交底应交到工班和作业人员，使施工人员明确和掌握桥涵等结构物的几何尺寸、标高、施工工艺、质量标准、安全技术措施要求，明确工程材料、工艺、质量、安全、环保、进度要求及所采用的施工规范、工程验收标准等，严格按照施工图、施工组织设计、作业指导书、施工及验收规范的有关技术规定施工。

第十二条　施工单位应将施工技术交底作为施工的基础，必须认真做好施工技术交底准备工作，将施工方案及施工工艺、施工注意事项等向作业人员交代清楚。经批准，施工方案及施工工艺变化的及时进行补充交底。

第十三条 监理单位应加强对施工单位技术交底工作的监督管理，对分级交底工作进行检查，督促施工单位全面做好技术交底工作，准确交到具体作业层面。

第十四条 施工交底工作纳入施工单位信用评价。对于施工单位技术交底不到位、处理问题不及时、影响工程建设的，建设单位在信用评价中予以扣分。

第十五条 本办法自发布之日起实施。

【示例 8-1-7】

施工图纸会审管理办法

第一条 为推进工程建设标准化管理，进一步规范建设项目图纸会审工作，加强建设项目现场管理，根据有关法律、法规及文件规定，制定本办法。

第二条 施工图纸会审是指专业技术人员熟悉和审核设计图纸，了解工程特点、设计意图和关键部位的工艺和质量要求，为质量控制和施工生产提供依据，避免产生技术事故或工程质量问题。

第三条 图纸会审工作由监理单位负责组织，施工单位、建设单位、设计单位参加。图纸会审工作必须在分部分项工程开工前完成。

第四条 图纸会审程序：

1. 施工、监理单位技术人员按专业分工认真审查图纸，检查核对图纸存在的问题，及时做好记录，技术负责人及时确认后汇总。

2. 监理单位初步组织施工单位召开图纸会审会议，将图纸中存在的问题汇总，并确认分析，提出设计变更建议及意见。

3. 监理单位组织由设计单位、建设单位、监理单位、施工单位参加的图纸会审会议，设计单位针对图纸中存在的问题，给予澄清，并在规定时间内提出书面处理意见。

4. 监理单位会后形成图纸会审纪要，记录会审时间、地点、参加人、会议内容等，对于会上未达成一致意见的问题，要明确处理时限，尽快研究解决。

第五条 图纸会审主要内容：

1. 设计图纸与说明是否符合要求。

2. 图纸相互间有无矛盾；专业图纸之间、平立剖面图之间有无矛盾；标注有无遗漏。

3. 总平面与施工图的几何尺寸、平面位置、标高等是否一致，是否矛盾。

4. 设计结构安全性和施工可行性。

第六条 图纸会审记录由监理单位负责整理并分发各相关单位执行、归档。

第七条　施工、监理单位应坚持日常的图纸审核工作，发现问题及时向技术负责人汇报，由技术负责人签认后及时报送监理单位，监理单位审核后报送建设单位，建设单位确认后及时联系设计单位解决。

第八条　本办法自发布之日起实施。

第二节　项目准备阶段安全管理

项目准备阶段的管理办法可按示例8-2-1进行编写。

【示例8-2-1】

交通组织方案审查办法

第一条　为进一步规范工程项目建设，提高工程安全管理水平，确保施工安全和交通畅通，树立良好施工形象。依据有关文件要求，结合本项目实际情况，制定本办法。

第二条　交通组织方案编制应征求当地路政、交警等部门意见，结合当地社会环境，满足施工安全和交通畅通的需要。

第三条　交通组织方案应当由施工单位项目总工组织施工技术、安全、质量等部门的专业技术人员进行审核。经审核合格的，由技术负责人签字。实行施工总承包的，交通组织方案应当由总承包单位技术负责人及相关专业承包单位技术负责人签字。

第四条　专家审查会议由代建办负责组织。依法须先进行咨询的，施工单位应委托具有相应咨询资格的单位咨询后再提交专家审查。

第五条　评审专家人数一般为5名以上的单数，确定后代建办以书面方式将评审会时间、地点和评审程序等内容告知相关参加单位。

第六条　专家审查会由专家组、代建办、施工单位、监理单位参加，具体人员包括：

1. 专家组成员；
2. 代建办负责人或技术负责人；
3. 监理单位总监理工程师、专业监理工程师及相关人员；
4. 施工单位项目经理、项目总工、专职安全管理人员及相关人员。

第七条　专家审查会由代建办技术负责人主持，其具体程序是：

1. 主持人宣布专家组名单，推选专家组组长；

2. 施工单位简要介绍施工组织方案主要内容，并着重突出交通组织方式、保安全保畅通措施等内容；

3. 专家提出审查意见并签字；

4. 代建办负责人讲话；

5. 主持人宣布专家评审会结束。

第八条 交通组织方案专家审查的主要内容包括：

1. 交通组织方案内容是否完整、可行；

2. 交通安全设施设置是否符合有关标准规范要求；

3. 安全施工的基本条件是否满足现场实际情况。

第九条 交通组织方案经审查后，专家审查意见作为交通组织方案修改完善的指导意见。若需做重大修改的，应重新组织专家进行论证。

第十条 施工单位根据专家审查意见修改完善交通组织方案，并经施工单位技术负责人、驻地监理工程师、总监理工程师签字后，方可组织实施。

第十一条 施工、监理单位应当严格按照审查后的交通组织方案组织交通，不得擅自修改、调整。如因客观环境等因素发生变化确需修改的，修改后的交通组织方案应当按规定重新审核。

第十二条 本办法自发布之日起实施。

第三节 项目准备阶段文明施工管理

项目准备阶段文明施工管理办法可按示例 8-3-1 进行编写。

【示例 8-3-1】

扬尘污染治理方案审查办法

第一条 为进一步规范工程项目建设，提高工程文明施工管理水平，减少扬尘污染，保护施工环境，依据《济南市建筑工程施工现场文明施工管理暨扬尘治理指导手册》及相关法律法规，结合本项目实际情况，制定本办法。

第二条 扬尘污染治理方案应当由施工单位项目总工组织施工技术、安全、环保等部门的专业技术人员进行审核。经审核合格的，由技术负责人签字。实行施工总承包的，扬尘污染治理方案应当由总承包单位技术负责人及相关专业承包单位技术负责人签字。

第三条　扬尘污染治理方案审查采取专家审查会的形式。专家审查会议由总监办负责组织，代建办、施工、监理单位参加。

第四条　专家组人员由总监办在专家咨询库中确定，审查专家人数一般为3名以上的单数，确定后总监办以书面方式将审查会时间、地点和审查程序等内容告知相关参加单位。

第五条　专家审查会由专家组、代建办、施工单位、监理单位参加，具体人员包括：

1. 专家组成员；
2. 代建办负责人或技术负责人；
3. 监理单位总监理工程师、环保监理工程师及相关人员；
4. 施工单位项目经理、项目总工、环保工程师及相关人员。

第六条　专家审查会由总监理工程师主持，其具体程序是：

1. 主持人宣布专家组名单，推选专家组组长；
2. 施工单位汇报扬尘污染治理方案主要内容，并重点介绍施工现场扬尘污染防治措施等内容；
3. 专家提出审查意见并签字；
4. 代建办负责人讲话；
5. 主持人宣布专家评审会结束。

第七条　扬尘污染治理方案专家审查的主要内容包括：

1. 扬尘污染治理方案内容是否完整、可行；
2. 扬尘污染治理方案是否符合有关标准规范要求；
3. 扬尘污染防治措施是否健全、有效，是否符合工程实际情况。

第八条　扬尘污染治理方案经审查后，专家审查意见作为扬尘污染治理方案修改完善的指导意见。若需做重大修改的，应重新组织专家进行审查。

第九条　施工单位根据专家审查意见修改扬尘污染治理方案，并经施工单位技术、安全环保负责人、驻地监理工程师、总监理工程师签字后，方可组织实施。

第十条　施工、监理单位应当严格按照审查后的扬尘污染治理方案施工，不得擅自修改、调整。如因外部环境等客观因素发生变化确需修改的，修改后的扬尘污染治理方案应当按规定重新审核。

第十一条　本办法自发布之日起实施。

第四节 计划管理

计划管理办法可按示例 8-4-1 ~ 示例 8-4-3 进行编写。

【示例 8-4-1】

总体进度审批管理办法

第一章 总 则

第一条 为了加强工程进度管理工作，保证工程进度均衡连续、合理配置资源、节约成本、提高经济效益，确保工程高质量、高标准、按期完成，特制定本办法。

第二章 工程进度控制的任务及目标

第二条 工程进度控制是指根据既定工期目标编制出最优施工进度计划，确定每一个阶段的工程进度计划值，并在工程施工中通过“执行—调整—再执行”的过程来控制工程进度，以保证按期完成整个工程任务。

第三条 各施工单位要根据工程进度目标，认真熟悉图纸，掌握设计意图，结合本单位的实际能力和条件，制定出切实可行、操作性强的工程进度计划。进度计划被批准后，用图表作出形象进度示意图。

第三章 进度计划的审批

第四条 总体工程进度计划在审批施工组织设计时一同审批。首先施工单位将施工组织设计报监理工程师审批，然后连同审批意见一并报代建办，经批准后由监理工程师签发开工令。

第五条 施工单位编制施工总体进度计划，必须内容全面，符合实际，一般应包含如下方面：

1. 工程情况简介；
2. 施工技术方案（包括施工顺序、方法、质量保证措施等）；
3. 施工进度计划（细化到月进度计划、分项工程进度计划）；
4. 施工总体及部分工程平面布置；
5. 劳动力需求量及来源；
6. 工程材料用量及计划；
7. 施工机械的需求量等；

8. 临建工程情况。

第六条　代建办和监理工程师在收到施工单位编制的进度计划后，审批时应注意以下几点：

1. 工程项目划分及开工顺序是否合理；
2. 各种工序之间的衔接是否合理；
3. 工艺是否合理（是否满足规范要求）；
4. 工期安排是否合理（是否满足合同工期和阶段工期）；
5. 工程的季节安排是否合理；
6. 考虑不利气候的影响是否合理；
7. 人员、设备是否满足施工要求。

第四章　工程进度控制的管理与要求

第七条　各施工单位必须高度重视和加强工程进度计划管理工作，根据代建办工程总体安排和阶段进度目标，结合施工现场、施工条件，认真组织编制详细的总体进度计划和各阶段进度计划。工程进度计划一经批准将作为考核各单位工程进度的依据，代建办在工程实施过程中将严格按照合同和本办法规定进行奖惩。

第八条　各施工单位要建立健全进度控制体系，推行进度计划交底制度，把进度目标层层分解，层层落实，落实到组（队），落实到人，使各工作层人员明确各自的目标任务，随时掌握有可能影响工期的事件，要做到提前协调解决，真正做到计划指导生产，以日进度保证月进度，月进度保证阶段进度，阶段进度确保工程总进度目标的实现。

第九条　总体进度计划的上报。

施工单位在签订合同协议书后7日内将施工进度计划上报监理部，监理部10日内完成审查工作，并将审查意见报代建办，代建办7日完成审批工作。

第十条　监理工程师必须根据合同要求和代建办下达的进度目标，严格进行进度计划的核查、审批，并对已批准的进度执行情况进行监督，分析和预测影响工程进度的因素，使工程进度始终处于受控状态。

第十一条　工程实施过程中，施工单位必须定期、经常地对实际进度和计划进度进行对比分析，出现偏差时及时寻找产生偏差的原因，分析偏差对后续工作的影响，采取措施加以调整，总体进度计划的调整需经代建办的批准。

第十二条　当施工单位进度严重滞后时，影响到阶段工期和总工期的实现，为了确保总体工程进度，代建办有权对该合同段工程进行强制分割直至驱逐出场。

第五章　附　则

第十三条　本办法由相应工程代建办负责解释。

第十四条　本办法自发布之日起施行。

【示例 8-4-2】

月进度审批管理办法

第一章　总　则

第一条　为了工程进度管理工作，保证工程进度均衡连续、合理配置资源、节约成本、提高经济效益，确保工程高质量、高标准、按期完成，特制定本办法。

第二章　工程进度控制的任务及目标

第二条　工程进度控制是指根据既定工期目标编制出最优施工进度计划，确定每一个阶段的工程进度计划值，并在工程施工中通过“执行—调整—再执行”的过程来控制工程进度，以保证按期完成整个工程任务。

第三条　各施工单位要根据工程进度目标，认真熟悉图纸，掌握设计意图，结合本单位的实际能力和条件，制定出切实可行、操作性强的工程进度计划。进度计划被批准后，用图表作出形象进度示意图。

第三章　进度计划的审批

第四条　月进度计划由监理工程师审批，批准后执行，同时报代建办备案。

第五条　施工单位编制施工进度计划，必须内容全面，符合实际，一般应包含如下方面（月进度计划）：

1. 上一阶段计划执行情况、存在问题及下一阶段采取的措施；
2. 本阶段进度计划（细化到具体的路段、桩号、工程项目）；
3. 目前劳动力、机械拥有量及下一阶段需求量；
4. 工程材料用量及计划。

第六条　代建办和监理工程师在收到施工单位编制的月进度计划后，审批时应注意以下几点：

1. 工程项目划分及开工顺序是否合理；
2. 各种工序之间的衔接是否合理；
3. 工艺是否合理（是否满足规范要求）；
4. 工期安排是否合理（是否满足合同工期和阶段工期）；
5. 工程的季节安排是否合理；

6. 考虑不利气候的影响是否合理；

7. 人员、设备是否满足施工要求。

第四章　工程进度控制的管理与要求

第七条　各施工单位必须高度重视和加强工程进度计划管理工作，根据建管处工程总体安排和阶段进度目标，结合施工现场、施工条件，认真组织编制详细的总体进度计划和各阶段进度计划。工程进度计划一经批准将作为考核各单位工程进度的依据，代建办在工程实施过程中将严格按照合同和本办法规定进行奖惩。

第八条　各施工单位要建立健全进度控制体系，推行进度计划交底制度，把进度目标层层分解，层层落实，落实到组（队），落实到人，使各工作层人员明确各自的目标任务，随时掌握有可能影响工期的事件，要做到提前协调解决，真正做到计划指导生产，以日进度保证月进度，月进度保证阶段进度，阶段进度确保工程总进度目标的实现。

第九条　月进度计划的上报。

要求在每月×日前报监理工程师审批，批准后执行，同时报代建办备案。

第十条　监理工程师必须根据合同要求和代建办下达的进度目标，严格进行进度计划的核查、审批，并对已批准的进度执行情况进行监督，分析和预测影响工程进度的因素，使工程进度始终处于受控状态。

第十一条　工程实施过程中，施工单位必须定期、经常地对实际进度和计划进度进行对比分析，出现偏差时及时寻找产生偏差的原因，分析偏差对后续工作的影响，采取措施加以调整，同时对工程进度所做出的调整需得到监理工程师的批准。

第十二条　月进度计划的调整。

当本月工程实际进度落后于计划进度时，要准确核实进度差距，在保证质量的前提下，可采取措施加快工程进度，调整下月进度进行弥补或尽可能将进度差距消化在本阶段剩余时间内。

第十三条　每月×日前施工单位要向代建办上报工程进度统计月报表，月报表要求总监、驻地监理签字认可。

1. 工程进度统计月报表中上报的已完工程，应为经监理工程师确认的符合质量要求且业内资料齐全的工程。

2. 工程进度统计月报表要认真填写，实事求是，不得弄虚作假。如发现有月报表不真实者，将按完不成当月任务论处，每发现一次处以施工单位 10 000

元违约金，项目经理1 000元违约金，驻地监理500元违约金，并在劳动竞赛中扣分。

第十四条 加强工程进度的跟踪检查，全面准确了解掌握进度计划的执行情况，代建办和监理工程师必须认真做好以下几方面的工作：

1. 认真收集工程进度有关数据资料，并进行整理、统计、分析，定期（月、阶段）形成分析报告。

2. 实地检查进度的实际执行情况。

第五章 附 则

第十三条 本办法由工程建设项目管理办公室负责解释。

第十四条 本办法自发布之日起施行。

【示例8-4-3】

进度统计管理办法

第一章 总 则

第一条 为加强工程项目的统计管理工作，保障统计资料的准确性和及时性，明确和规范各参建单位在统计工作中的职责和内容，结合项目实际情况，制定本办法。

第二条 本办法适用于工程建设期间进度、投资等统计管理工作。

第二章 管理机构和职责

第三条 本工程统计工作实行建设管理单位统一领导、分级负责。建设管理单位统一领导统计管理工作，负责审核、汇总施工、监理上报的各种统计资料，并向上级有关部门报送。

第四条 建设管理单位负责的统计资料的汇总、审核和上报工作，具体内容包括《交通重点建设项目进展情况调度表》《联席会议》《工程概况及工作量完成情况一览表》《重点工程拟参建单位投标信誉情况表》《工程项目形象进度统计表》《工程项目工作量完成情况一览表》《工程项目形象进度完成情况一览表》《全社会交通固定资产投资情况统计表（半月报）》《工程项目形象进度统计表（月快报）》《工程投资情况一览表》《建设项目固定资产投资统计表》《形象进度统计》《取土场征用情况统计》《拆迁进度统计》。

第五条 监理单位负责本职范围内的统计资料的审核、汇总上报。具体内容包括《工程进度报表》《材料进场情况统计表》《工作量完成情况一览表》《形象进度完成情况一览表》《取土场征用情况统计》《征迁进度统计》《工程存在问题明细表》。

第六条　施工单位负责本合同段内的统计资料的编制、上报。具体内容包括《工程进度日报表》《材料进场情况统计表》《工作量完成情况一览表》《形象进度完成情况一览表》《取土场征用情况统计》《征迁进度统计》《工程存在问题明细表》。

第三章　统计工作内容和要求

第七条　统计工作应坚持严肃性、全面性、时效性和准确性，确保统计报表的报送时间和质量。

第八条　各施工、监理单位要明确统计责任人。人员一经确定，原则上不再变动，若确需要更换，需报建设管理单位批准。

第九条　统计报表要严格按照规定的格式和内容填写，要有负责人、统计人员审核签字。采用纸质和电子版两种形式报送。

第十条　工程各类统计报表格式见附表

第十一条　严格执行国家有关统计资料保密管理的规定，加强对统计数据的保密管理，未经主管部门批准，不能对外公开的数据不得擅自向外公布。

第十二条　建设管理单位按施工、监理考核办法对统计工作进行考评和奖惩。

第四章　附　则

第十三条　本办法由工程建设项目管理办公室负责解释。

第十四条　本办法自下发之日起施行。

第五节　合同管理

合同管理办法可按示例 8-5-1 ~ 示例 8-5-5 进行编写。

【示例 8-5-1】

工程变更管理办法

工程变更管理办法严格按照《山东省国省道改建工程设计变更管理办法(试行)》执行。

山东省国省道改建工程设计变更管理办法（试行）

第一章 总 则

第一条 为进一步加强国省道改建工程建设管理，规范设计变更行为，有效控制工程造价，明确职责和权限，及时合理解决设计变更问题，确保工程建设顺利实施，根据交通运输部《公路工程设计变更管理办法》（交通部令 2005 年第 5 号）和山东省交通运输厅（以下简称“省厅”）《关于进一步规范公路工程设计变更工作的通知》（鲁交建管〔2011〕73 号）等有关规定，结合我省实际，制定本办法。

第二条 本办法适用于省厅公路局（以下简称“省局”）负责管理的国省道改建工程设计变更工作。

第三条 本办法所称设计变更是指自施工图设计文件批准之日起至通过交工验收之日止，对已批准的施工图设计文件进行的修改、完善等工作。

第二章 设计变更原则

第四条 国省道改建工程设计变更应符合国家有关公路工程强制性标准和技术规范的要求，符合工程质量和使用功能的要求，符合安全生产和环境保护的要求；以提高勘察设计质量、节约建设资金、保护生态环境和推动科技进步为目标。

第五条 任何单位或者个人不得擅自变更已经批准的施工图设计文件，不得肢解设计变更规避审批。

第六条 除紧急抢险工程及其他特殊规定外，未经审查批准的设计变更不得实施；经批准的设计变更不得再次变更。

第七条 国省道改建工程的招标文件中设计变更的有关条款不得与本办法发生冲突。

第八条 设计变更需符合下列条件之一：

（一）在保证原设计标准前提下，能更好解决特殊技术问题，节约土地资源，有利于环境保护及节能减排，保证施工安全和道路畅通，或能有效缩短建设工期。

（二）虽原设计可行，但存在较大优化余地，或原设计经适当优化，虽增加部分投资，但能更好提高工程质量，改善运营功能，节省后期维修、养护费用，促进服务水平提升。

（三）因水利、工矿、文物、城建、电力、电信、铁路、环保、消防等方面原因或其他不可预见因素，必须进行的设计变更。

（四）因行业技术规范或国家相关法律、法规调整引起。

（五）属于其他特殊情况。

第三章　设计变更分类

第九条　设计变更分为重大设计变更、较大设计变更和一般设计变更。

有下列情形之一的设计变更，属于重大设计变更：

（一）路线方案调整连续长度2公里以上或涉及新增占地；

（二）特大桥数量或结构、形式发生变化；

（三）隧道数量或通风方案发生变化；

（四）互通立交数量发生变化；

（五）收费站位置或规模发生变化；

（六）单项变更投资变化超过500万元（人民币，下同）或项目变更累计超过1 000万元；

（七）由于变更费用增加超出批复预算投资规模。

有下列情形之一的设计变更，属于较大设计变更：

（一）路线方案调整连续长度2公里以内（含2公里）或技术标准发生变化；

（二）路面结构类型、宽度或厚度发生变化；

（三）路基填料类型及特殊不良地质路段处置方案发生变化；

（四）大中桥数量或结构、形式发生变化；

（五）隧道长度发生变化超过20米或者洞口方案发生变化；

（六）互通立交位置或方案发生变化；

（七）分离立交的数量或形式发生变化；

（八）监控、通信系统总体方案发生变化；

（九）管理、养护和服务设施数量和规模发生变化；

（十）中央分隔带结构、形式发生变化；

（十一）单项变更投资变化介于200万元至500万元之间或项目变更累计介于300万元至1 000万元之间；

（十二）增加的变更费用能够控制在批复预算投资规模以内。

一般设计变更是指除重大设计变更和较大设计变更以外的其他设计变更，并且增加（或减少）的变更费用能够控制在项目签约合同价暂定金范围内。

第四章　设计变更审批权限和程序

第十条　审批权限

（一）重大设计变更由省厅负责审批，较大设计变更由省局负责审批，一般设计变更由项目所在地级市公路（管理）局（以下简称“市局”）负责审批。

（二）对需要进行紧急抢险引起的较大及以上设计变更，或对工程可能造成重大影响及安全责任事故需紧急处理的较大及以上设计变更，市局可在告知省局（其中重大设计变更须经省厅同意）后先行处理，然后根据审批程序及时完善有关手续。

第十一条 审批程序

（一）由施工单位向驻地监理工程师办公室（以下简称“总监办”）提出书面设计变更申请文件，申请文件应包括变更的原因、方案、费用增减情况说明、与变更有关的各种附件等内容。

1. 变更原因：无论何种原因引起的设计变更，均不得低于原设计标准和水平。

2. 变更内容：包括桩号、部位、工程细目、工程数量、工程量增减情况等。

3. 变更方案：具体的设计变更方案，应包括原设计方案及变更后设计方案。

4. 变更费用：设计变更相应的建安费用，应包括变更方案与原设计相比建安费用的增减情况。

5. 附件：设计变更申请表（见本办法附件 1）、设计变更工程数量计算表（见本办法附件 2）、设计变更工程费用增减情况一览表（见本办法附件 3），以及其他必要的设计变更支持性文件、试验检测等资料。

（二）总监办自受理申请之日起 3 个工作日内，做出初步审核意见，并向市局提交书面申请文件，施工单位提交的申请文件应作为附件一同上报。

实行二级监理模式的改建项目，总监办自受理申请之日起 3 个工作日内，做出初步审核意见，并向总监理工程师办公室（以下简称“总监办”）提交书面申请文件，施工单位提交的申请文件应作为附件一同上报。总监办自受理申请之日起 5 个工作日内出具审核意见，并向市局提交书面申请文件，总监办提交的申请文件作为附件一同上报。

（三）对于一般设计变更，市局自受理申请之日起 7 个工作日内均应书面批复。对需要审查论证的设计变更，由市局组织施工、监理、设计人员或邀请有关专家进行调查核实，根据核查结论确定是否同意设计变更；对于不需要审查论证的设计变更，由市局直接批复相关单位按原设计文件执行。

（四）对于重大设计变更和较大设计变更，市局自受理申请之日起 7 个工作日内，会同双院制审查单位、施工、监理、设计人员或邀请有关专家进行调查核实或审查论证，向省局提出书面申请，监理单位提交的申请文件作为附件一同上报。市局的书面申请文件应包括：

1. 设计变更有关支持性文件、申请书、变更说明、调查核实结论等文字材料；

2. 设计变更勘察设计图纸及原设计相应图纸；

3. 设计变更引起的工程量、投资变化对照清单。

4. 其他需要提交的相关资料。

省局在接到市局提交的变更申请后，应根据原设计单位会同双院制审查单位提出的初步意见，召集相关单位研究解决方案，必要时邀请专家进行论证，并在受理申请之日起 15 个工作日内对较大设计变更进行书面批复,或将重大设计变更上报省厅审批。

省局在接到省厅重大设计变更书面批复 7 个工作日内，向有关市局转发省厅批复文件，由市局负责通知原设计单位根据批复意见修改、完善变更设计文件，并对施工单位提交的变更申请进行书面批复，批复文件应附设计变更通知单（见本办法附件 4）及变更后的设计图纸。未经批准的设计变更由市局书面通知有关单位按原设计文件执行。

第十二条　由设计单位、监理单位、项目法人提出的设计变更按上述程序相应核减。

第十三条　所有设计变更的文件、图纸、说明、依据等都应作为竣工资料的组成部分整理归档。

第五章　设计变更的造价控制

第十四条　变更单价的确定

（一）合同中已标价工程量清单中有适用于变更工程子目的，采用该子目单价。

（二）合同中已标价工程量清单有类似子目的，可以参照类似子目单价确定变更工程单价。

（三）合同中已标价工程量清单无适用或类似子目单价的，在综合考虑单价分析表的基础上，商定或确定变更工程单价。

（四）依上述条款仍无法确定细目单价的，可执行招标文件有关规定或根据《公路工程基本建设项目概算预算编制办法》及补充规定，计算相应变更单价。

第十五条　计量支付

经批准的设计变更，将有关费用纳入计量支付，计量支付方式仍按原合同规定执行。其中重大设计变更由省局依据省厅批复调整年度投资计划后方可申请计量支付。

第六章　责任追究

第十六条　有下列情形之一，予以通报批评，限期整改：

（一）设计变更审查不严，变更工程量和单价与实际明显不符；
（二）变更图纸错误、遗漏较多，致使工期受到严重影响；
（三）重大及较大设计变更资料上报不及时；
（四）须由省厅、省局审批的紧急抢险工程未按照本办法规定及时上报；
（五）肢解设计变更工程量规避审批。

第十七条 有下列情形之一，责令项目停工，并暂缓计量支付：
（一）重大及较大设计变更审查意见与现场实际情况严重不符；
（二）一般设计变更未能及时审查、批复，致使工期受到严重影响；
（三）利用设计变更为有关单位谋取不正当利益；
（四）不按照规定权限、条件和程序审查、报批公路工程设计变更文件；
（五）由于设计原因造成的重大及较大设计变更，双院制审查单位未发现或发现后市局未督促整改。

第十八条 有下列情形之一，取消市局当年度工程优质杯评选资格，并依据相关规定追究相关责任人责任：
（一）重大及较大设计变更未经批准，擅自实施，或已实施完成才上报；
（二）在设计变更中故意降低质量标准或安全生产条件；
（三）在设计变更中弄虚作假，骗取工程建设资金。

第七章 附 则

第十九条 本办法由山东省交通运输厅公路局负责解释。

第二十条 本办法自发布之日起施行。

附件 1：设计变更申请表
附件 2：设计变更工程数量计算表
附件 3：设计变更工程费用增减情况一览表
附件 4：设计变更通知单

附件 1

设计变更申请表

编号：________________

<table>
<tr><td>项目名称</td><td colspan="2"></td><td>变更提出日期</td><td></td></tr>
<tr><td>变更项目名称</td><td colspan="4"></td></tr>
<tr><td>里程桩号</td><td></td><td>合同段</td><td colspan="2"></td></tr>
<tr><td>设计单位</td><td></td><td>施工单位</td><td colspan="2"></td></tr>
<tr><td>总监办</td><td></td><td>总监办</td><td colspan="2"></td></tr>
<tr><td>变更金额</td><td>□增　□减 ______万元</td><td>变更类别</td><td colspan="2"></td></tr>
<tr><td>设计变更
原　　因</td><td colspan="4">□原设计存在错误或缺陷　□现场情况与原设计不符
□优化原设计　□技术标准、规范发生变化
□抢险工程　□地方政府或有关部门要求
□不可预见因素　□施工工艺改变
□工期调整　□其他：____________________</td></tr>
<tr><td>原
设
计
概
况</td><td colspan="4"></td></tr>
<tr><td>通过变更拟解决的主要问题</td><td colspan="4">承包人签字：　　　　（章）
年　　月　　日</td></tr>
<tr><td>变
更
内
容</td><td colspan="4">承包人签字：　　　　（章）
年　　月　　日</td></tr>
</table>

<table>
<tr><td>监理单位意见</td><td>总监办</td><td>签字：（章）
年 月 日</td></tr>
<tr><td>设计单位意见</td><td colspan="2">签字：（章）
年 月 日</td></tr>
<tr><td>市局（或建设单位）对变更申请的调查核实情况</td><td colspan="2">签字：（章）
年 月 日</td></tr>
<tr><td>省局（或项目法人）意见</td><td colspan="2">签字：（章）
年 月 日</td></tr>
</table>

附件 2

设计变更工程数量计算表

项目名称：

序号	细目名称	单位	数量	计算简式

编制单位：（章）　　　　计算人：　　　　复核人：

附件 3

设计变更工程费用增减情况一览表

项目名称：

序号	细目名称	单位	数量	单价/元	合价/元	备注

编制单位：（章）　　　　　　计算人：　　　　　　复核人：

附件 4

设计变更通知单

项目名称：

<table>
<tr><td>合同段</td><td></td><td>编号</td><td></td></tr>
<tr><td>变
更
内
容</td><td colspan="3">签字：　　　　（章）
年　　月　　日</td></tr>
</table>

【示例 8-5-2】

关于进一步规范公路工程设计变更处理程序的通知

第一章 总 则

第一条 为进一步加强我局公路工程建设管理，规范设计变更行为，有效控制工程投资，确保工程质量和施工安全，根据《山东省国省道改建工程设计变更管理办法》(鲁路基〔2013〕18 号)文件规定，现将我局公路工程设计变更处理程序进行明确。

第二条 根据鲁路基〔2013〕18 号文规定，改建工程的重大设计变更报省厅审批，较大设计变更报省局审批，一般设计变更由我局负责审批；养护大、中修工程参照该办法执行。

第二章 处理程序

第三条 市局成立工程设计变更审查小组，负责工程设计变更(A 类除外)审核，组长由分管建设或养护的副局长担任；成员由发展规划处、财务审计处、建设处、养护处、监察室、技术处和工程项目现场管理机构人员组成，小组成员应具备中级以上职称，人员相对固定。

第四条 重大、较大设计变更由市局工程设计变更审查小组审查，在形成审核意见并报局办公会同意后，由市局按规定上报省局。

第五条 一般设计变更分 A、B 两类：桩号、位置变化且费用不变，优化设计费用不增加且工程量清单子目不变化的为 A 类；除 A 类以外的其他一般设计变更为 B 类。

(一)A 类设计变更由项目现场管理机构负责审批，报责任处室备案。

(二)B 类设计变更由责任处室牵头，报市局工程设计变更审查小组进行审核(在组长认为有必要时，可以邀请相关领域专家参与审查)，审查小组应出具审核意见并形成审查会议纪要，各相关处室按程序批复。

(三)对需要进行紧急抢险引起的 B 类设计变更，或对工程可能造成重大影响及安全责任事故需紧急处理的 B 类设计变更，项目现场管理机构可在上报市局同时进行处理，然后根据审批程序及时完善相关手续。

第六条 本程序自下达之日起执行。

【示例 8-5-3】

工程索赔管理办法

第一章　总　则

第一条　为加强工程索赔管理，维护合同双方的利益，制定本办法。

第二条　本办法适用于工程建设过程中所产生的索赔管理工作。

第二章　工程索赔的含义

第三条　索赔是指在合同履行过程中，对于并非自己的过错，而是应由对方承担责任的情况造成的实际损失，向对方提出经济补偿和时间补偿的要求。

第四条　工程索赔是双向的，包括施工索赔和业主索赔两个方面，一般习惯上将承包商向业主的施工索赔简称"索赔"，将业主向承包商的索赔称为"反索赔"。工程索赔是工程承包中经常发生的正常现象，对施工合同双方而言，工程索赔是维护双方合法利益的权利，与合同条件中的合同责任一样，构成严密的合同制约关系。

第五条　在本工程建设项目管理中，我们必须认真对待工程索赔，设专人负责索赔管理工作，将索赔管理贯穿于工程项目全过程、工程实施的各个环节和各个阶段，以此带动工程项目管理整体水平的提高。

第三章　工程索赔的起因

第六条　工程索赔的起因主要有以下几个因素：

（一）业主没有按合同规定的要求交付设计资料、设计图纸，没按合同规定的日期交付施工场地、交付行驶道路、接通水电，使承包商的施工人员和设备不能进场；没按合同规定的时间和数量支付工程款、供应材料，或供应材料不合格，延误工期；

（二）工程地质情况与合同规定的不一样，出现异常；合同条款不全、错误，文件不完备或文件之间矛盾、不一致；招标文件不完备，业主提供的信息有错误；

（三）业主指令工程停建、缓建，指令增加、减少或删除部分工程，提高装饰标准，提高建筑五金标准等，把删除工程委托转给其他人完成；

（四）由于设计变更、设计错误，业主做出错误的指令、提供错误的数据、资料等造成工程修改、报废、返工、停工、窝工等，业主拖延图纸批准、拖延隐蔽工程验收，拖延对承包商问题的答复，不及时下达指令、决定，造成工程停工，或要求加快工程进度，指令承包商采取加速措施；

（五）物价大幅度上涨，造成材料价格、人工工资大幅度上涨；货币贬值，使承包商蒙受较大的汇率损失；国家法令的修改，如提高工资税，提高海关税，颁布新的外汇制度等。

（六）不可抗力因素，如反常的气候条件、洪水、革命、暴乱、内战、政局变化、战争、经济封锁、禁运、罢工和其他一个有经验的承包商无法预见的任何自然力作用等使工程中断或合同终止。

（七）在保修期间，由于业主使用不当或其他非承包商责任造成损坏，业主要求承包商予以修理；业主在验收前或交付使用前，擅自使用已完或未完工程，造成工程损坏。

第四章　工程索赔依据

第七条　任何索赔事件的成立，其前提条件是必须具有正当的索赔理由。索赔必须有理有据，事实要清楚、依据要完善。工程索赔必须以合同为依据，做到处理索赔时以事实和数据为依据。

第八条　工程索赔依据包括：

（一）招标文件、工程合同及附件，业主认可的施工组织设计、工程图纸、各种变更、签证、技术规范等。

（二）工程各项会议纪要、往来信件、指令、信函、通知、答复等。

（三）施工计划、现场实施情况记录、施工日报、工作日志、备忘录，图纸变更、交底记录的送达份数及日期记录，工程有关施工部位的照片及录像等，工程验收报告及各项技术鉴定报告等。

（四）工程材料采购、订货、运输、进场、验收、使用等方面的凭据；工程停送电、停送水、道路开通封闭等干扰事件影响的日期及恢复施工的日期；工程现场气候记录，有关天气的温度、风力、雨雪等。

（五）国家、省、市有关影响工程造价、工期的文件、规定等。

（六）工程材料采购、订货、运输、进场、验收、使用等方面的凭据；工程预付款、进度款拨付的数额及日期记录；工程会计核算资料等其他与工程有关的资料。

第五章　索赔程序

第九条　当索赔事件发生以后，甲乙双方应按照合同有关条款的规定及时、合理地按照程序处理索赔事件。

第十条　建设工程施工合同文本规定：甲方未能按合同的规定履行自己的

各项义务或发生错误以及应由甲方承担责任的其他情况，造成工期延误或向乙方延期支付合同价款及乙方的其他经济损失，乙方可按下列程序以书面形式向甲方索赔：

（一）索赔事件发生后28天内，向工程师发生索赔意向通知；

（二）发出索赔意向通知后28天内，向工程师提出补偿经济损失和延长工期的索赔报告及有关资料；

（三）工程师在收到乙方递交的索赔报告和有关资料后，于28天内给予答复，或要求乙方进一步补充索赔理由和证据；

（四）工程师在收到乙方递交的索赔报告和有关资料后28天内未予答复或未对乙方做进一步要求，视为该项索赔已经认可；

（五）当该索赔事件持续进行时，乙方应当阶段性向工程师发出索赔意向，在索赔事件终了后28天内，向工程师送交索赔的有关资料和最终索赔报告。索赔答复程序同上（三）（四）。

第十一条　乙方未能按合同约定履行自己的各项义务或发生错误给甲方造成损失，甲方也按以上各条款确定的时限向乙方提出索赔。

第十二条　在索赔事件发生后，按照上述程序，承包方必须分阶段的准备好如下索赔文件：

（一）索赔意向通知，在规定时间递交索赔意向通知，超过时限，工程师和业主有权拒绝承包商的索赔要求。索赔意向通知，通常包括以下3个方面的内容：

1. 事件发生的时间和情况的简单描述；

2. 合同依据的条款和理由；

3. 有关后续资料的提供，包括及时记录和提供事件发展的动态（对工程成本和工期产生不利影响的严重程度；对索赔做出的解释和具有强有力的证明材料；证明资料必须真实、全面、及时、与干扰事件关联，并具有法律证明效力）。

（二）索赔报告，索赔报告是承包商向工程师（或业主）提交的一份要求业主给予一定经济（费用）补偿和延长工期的正式报告，承包商应该在索赔事件对工程产生的影响结束后，在规定时限内向工程师（或业主）提交正式的索赔报告。编写索赔报告应注意以下几个问题：

1. 索赔报告的基本要求：首先，必须说明索赔的合同依据，即基于何种理由提出索赔要求。一种是根据合同条款规定，承包商有资格因合同变更或追加额外工作而取得费用补偿和（或）延长工期；另一种是业主或其代理人任何违反合同规定给承包商造成损失，承包商有权索取补偿。第二，索赔报告中必须有详细准确的损失金额及时间的计算。第三，要证明客观事务与损失之间的因果关系，说明索赔前因后果的关联性，要以合同为依据，说明业主违约或合同变更与引起索赔的必然性联系。

2. 索赔报告必须准确：其中包括责任分析应清楚、准确，索赔值的计算依据要正确，计算结果要准确，措辞要婉转和恰当。

3. 索赔报告应简明扼要，条理清楚。索赔报告编写完毕后，应及时提交给工程师正式提出索赔。业主（或工程师）通过对报告的审查，对工程索赔进行反驳或提出疑问，承包商应根据所提出问题进一步提供补充资料。

4. 要具体分析、认真计算工程索赔费用。

第六章　附　则

第十三条　本办法由济南某国道改建工程项目管理办公室负责解释。

第十四条　本办法自下发之日起施行。

【示例 8-5-4】

工程计量与支付管理办法

第一章　总　则

第一条　为规范济南某国道改建工程的计量支付工作，确保计量与支付的统一性、准确性、真实性、合法性和及时性，有效地控制工程造价，切实保障工程建设的顺利进行，依据交通部颁发的《公路工程施工监理规范》、山东省交通运输厅有关规定，结合工程实际，制定本办法。

第二条　本办法适用于工程施工、监理等单位的计量与支付及其监督管理。

第二章　职责分工

第三条　施工单位、监理单位均应设专职计量工程师，并能熟练操作电脑和使用计量支付软件。施工、监理单位的计量工程师不能随意更换。

第四条　总监办负责施工基础资料的检查和计量资料的复核，并签发支付证书，建设管理单位负责对计量资料的审核、汇总及上报上级单位。

第三章　一般要求和基本原则

第五条　工程计量的主要依据是本工程项目的合同文件，包括图纸、工程量清单及其说明、工程变更令及修订的工程量清单、合同条款、有关计量的补充规定等有关文件、指令等。

第六条　工程计量范围包括工程量清单、修订的工程量清单的内容、为完善功能涉及的变更及合同文件规定的支付费用。

第七条　工程量清单是计量支付的基础，各方必须熟悉工程量清单。

（一）各级相关人员必须熟悉本项目的技术规范和工程量清单及其说明，具体掌握工程细目的工作范围、内容、计量方法和方式。

（二）工程量清单是建设管理单位和施工单位双方签订合同的基础。施工单位进场后，施工单位与监理应根据现场和图纸进行复核，经建设管理单位确认，此工程量为施工单位的计量控制红线，计量控制红线的调整需经总监办审查，由建设管理单位批准。

（三）工程量清单的任何变动，应取得建设管理单位的同意。待工程量全部核实及变更单价确定以后，方能办理终期计量支付。

（四）工程量清单中各专项暂定金额的使用，必须经建设管理单位书面同意。

第八条　工程计量应该遵守如下基本原则：

（一）按合同文件及技术规范规定的办法、范围、内容、单位计量，实事求是，既不超计，也不漏计。

（二）合同中未在工程量清单中填入单价或总额的工程细目，在清单或技术规范写明已包含在本合同的其他细目的单价和总额价中，建设管理单位将不另行计量支付。

（三）对施工单位超出施工设计图纸（含设计变更图）范围和因施工单位原因造成返工的工程量，建设管理单位不予计量。

第四章　计量方法

第九条　单价细目已完成工程量按月计量，总价细目按合同规定分阶段计量。

第十条　单价细目的工程计量原则上按照分项工程为单元进行。当某一分项工程完成后，需经中间交工验收合格，并签发“中间交工证书”后方可填报“工程量确认单”。

第十一条　如果分项工程施工期较长，为了如实反映工程进度和加快资金周转，可对施工期较长的工程单元进行分次计量，分次计量的额度由总监办提出建议报建设管理单位批准。

分次计量的工程，每次计量须填报“中间计量表”并附监理工程师签证的有关施工情况及质量证明资料。如：分项工程开个申请批复单、工序检查记录表等。当分项工程完工最后一次计量时，应填报“中间交工证书”和“工程量确认单”。

第十二条　计量方法除遵循合同文件条款外，为方便计量、同意操作标准，部分细目的计量单元明确如下：

（一）竣工文件提供接收单位的“竣工资料移交签收单”后方可计量。

（二）现浇混凝土达到 28 天强度后方可计量，各类预制构件达到 28 天强度后且吊装完成后方可计量。

（三）基层、底基层达到规定强度后经取芯成型后方可计量。

（四）路基土石方分层检测、分层计量。

第五章 计量红线

第十三条 建设代建办公室批复的复核工程总量作为计量控制红线，除设计变更外，不得随意调整。

第十四条 施工单位在收到施工图设计后，应立即进行原地面复测和工程量清单复核。经过总监办逐级审核后，建设管理单位最终批复工程量清单复核结果。

（一）复核工程量应与工程量清单所列工程细目编号、项目名称、计量单位、内容一致，注意设计文件说明与招标文件计量项目内容的一致性。

（二）除复核全部工程计算费用控制红线外，还应按项目及其阶段进度（如年、季）计划目标规定费用控制的界限，以便于进行阶段性费用支付校核。

（三）注意事项：

1. 复核路基土石方工程量是，应重点复核原始测量成果的真实性、准确性和完备性。

为减少土石方计算误差，原地面复测时，每 20 米一个断面，每断面不少于 5 个点，地形变化较大或者弯道处应适当加密测点。监理抽检频率不低于 30%。如有异议，应全部复查。

2. 桥涵工程数量计算前应先复核设计图纸，重点纠正结构尺寸、材料数量表中的错误，以及图表不对应等情况。

3. 按照技术规范有关计量条款核算数量，注意某些已分摊或不再扣除等部位的数量计算。

4. 工程量的计算要与规范中有关计量支付的规定相结合，应注意有关附属材料，附属部位不予计量，小体积（面积）结构不予扣除或不予增加等。

5. 路基土石方、路面工程宜按整公里桩号或以结构物分段进行计算，计量时宜与之一致，以便控制计量。

第六章 施工计量支付

第十五条 支付必须在质量合格和准确计量的基础上进行。

第十六条 支付必须以合同文件和技术规范的要求、原则为依据。

第十七条　开工预付款、材料预付款的支付条件应严格执行合同条款的规定。

第十八条　工程支付报表的报审程序。

按照信息化管理的要求，计量支付采用书面及计算机管理系统申请相结合的方式进行。

施工单位按监理工程师指定的格式整理计量资料，交由现场监理员和专业监理工程师（材料、设备预付款支付须有试验专业监理工程师签认）进行签认。施工单位完成计量资料的整理、签认后，填写计量用表，进行网上计量申报。

施工单位首先根据监理签认的书面资料在计量软件内输入本期需计量的项目与工程数量，并根据网络流程上报，监理单位、建设管理单位各部门在网络流程上签字确认。具体流程如下：

（一）施工单位将“工程量确认单”电子版（附表、附图仅限于WORD、EXCEL、CAD 文件）上传至系统，同时填报支付报表报总监办审查。

（二）总监办审核合格后，报市代建办。

（三）代建办以工程量计算和现场质量是否满足要求为审核重点，审核无误后，报省厅公路局。

（四）代建办以计量支付计算、支付是否符合合同、变更是否有依据等为审核重点，审核完毕后确认支付。

（五）上述各环节中，如果审查发现有误，将逐级退回，重新上报。

（六）网上计量审批通过后，由施工单位打印成书面计量用表，由监理人员逐级签认后，由总监理工程师报建设管理单位进行审核、签认、汇总及上报上级单位。

施工单位每期办理支付报表时随表完善上一期的计量支付台账和变更设计台账供审核。施工单位、总监办分别建立计量支付台账。

（七）市代建办填报“合同款支付审批表”，报代建办负责人签字。上级单位将资金划拨到位后由代建办拨付施工单位。

（八）施工单位按规定程序办理支付手续。

（九）时限。

责任方	施工单位申报	总监办审核	代建办审核
时限	每月　　日之前	日之前	下月　　日之前

第七章　监理服务费计量支付

第十九条　监理服务费采用分期支付的方式，按月支付。

第二十条　支付内容

当期支付总额=当期计量总额－考核管理基金－保留金＋考核奖惩－违约金（如果有）。

（一）保留金。

自第一次支付监理服务费的期中支付开始扣留保留金，每期应按支付款额的5%扣留。该项费用在签发工程缺陷责任终止证书后一次全额支付。

（二）赔偿款与违约金。

根据监理服务天数所确定的监理单位向建设管理单位的经济赔偿与违约金，从当期应支付的监理服务费中扣取，但每次扣回额不超过当期应支付的监理服务总费用的20%，剩余部分从下期监理服务费中继续扣取，直至全部回扣。

第二十一条　开工预付款的支付条件应严格执行合同条款的规定

第二十二条　工程支付报表的报审程序

总监办根据合同计算本期应计量总额，并根据网络流程上报，总监理办公室、代建办各部门在网络流程上签字确认。具体流程如下：

（一）总监办将监理支付资料报市代建办。

（二）市代建办对监理支付报表的人员、车辆、设备进行审核。

（三）代建办以计量支付计算。支付是否符合合同等为审核重点，审核完毕确认支付。

（四）上述各环节中，如果审查发现有误，将逐级退回，重新上报。

（五）代建办填报“合同款支付审批表”，报代建办负责人签字。

（六）网上计量审批通过后，有监理单位打印成书面计量用表。书面计量用表由总监理工程师签认后，报代建办进行审核、签认、汇总及上报上级单位。

（七）上级单位将资金划拨到位后由代建办拨付监理单位。

（八）监理单位按规定程序办理支付手续。

（九）时限。

责任方	监理单位申报	总监办审核	代建办审核
时限	每月　　日之前	每月　　日之前	下月　　日之前

第八章　施工计量支付台账

第二十三条　施工单位每期办理支付报表时随表完善上一期的计量支付台账和变更设计台账供审核。施工单位、总监办分别建立计量支付台账。

第二十四条 台账建立的依据

（一）合同文件、技术规范、工程量清单。

（二）施工设计图。

（三）设计变更文件。

第二十五条 施工单位、监理单位、建设管理单位应设专人管理台账，定期或不定期进行核对。

第二十六条 基础台账。

（一）首先按施工设计图认真清理，统计出设计工程数量，经施工单位、总监办及建设管理单位三方核对无误后建立基础台账。凡是超出合同清单量的工程细目应分析原因，做出特别说明，必要时按照《工程变更管理办法》完善程序、基础数据应当包括红线数量、清单数量、构件或成品的几何尺寸、形象数量等。

（二）按工程量清单细目名称建立，细目编号全线统一。若有变更新增项目，应及时补充完善。

第二十七条 日常台账。

监理单位在每月收到施工单位的月支付报表时，应首先记录计量台账，核对待计量部分与已计量部分是否冲突，计量数据是否准确、有无超出红线等，审核无误后再按计量的有关规定上报建设管理单位。

计量支付台账应准确反映本期完成、上期未完成及自开工累计完成工程量情况。工程竣工结算时，计量台账、工程台账、竣工图应统一。

第九章　计量支付资料

第二十八条 施工计量的主要资料包括：

（一）“工程量确认单”及附表、附图。

（二）“分项开工申请批复表”。

（三）经监理工程师签证的检验资料。

（四）“工程质量检验评定表”及有关质量评定资料。

（五）涉及变更的，有关建设管理单位下发的变更通知或批复。

（六）“中间交工证书”或“中间计量表”。

第二十九条 施工支付的主要资料包括：

（一）“中期/终期支付证书”。

（二）“中期/终期支付申请”。

（三）“投资及工程月报表”。

（四）“清单支付表”。

（五）“工程变更一览表”。

（六）“永久性工程材料到达现场计量表”。

（七）“开工预付款支付与扣回一览表”。

（八）“材料、设备预付款支付与回扣一览表”。

（九）“中间计量支付汇总表”。

（十）“施工单位到达现场人员统计表”（仅在申报开工预付款时填报）。

（十一）“施工单位到达现场机械设备统计表”（仅在申报开工预付款时填报）。

第三十条 监理计量支付的主要资料应包括：

（一）“监理费用支付报表”。

（二）“监理人员考勤表”。

（三）“车辆、设备到位情况表”。

第三十一条 计量资料的要求。

（一）“工程量确认单”必须要求清楚真实地填写计量记录结果，并附有简图、算式和说明，经监理工程师和施工单位等有关人员审核签认。

（二）对一次完成计量的项目应有“中间交工证书”及其检验资料；对分次完成计量的项目，最后一次计量时，需附质量检验资料和“工程量确认单”。

（三）计量支付申请资料独立成册，逐页加盖申请人公章。

（四）施工计量支付资料的份数为六份，建设管理单位三份、监理单位和施工单位各一份；监理计量支付资料的份数为五份，建设管理单位三份，总监办一份。

第十章 计量审核

第三十二条 计量审核。

（一）施工单位申报计量，实际数量与设计数量和变更设计数互相吻合。

（二）监理单位审查计量时，应对据实计量的工程进行100%现场核实。

（三）建设管理单位有权对计量工程进行现场抽查、核实。对不合格和不真实的工程，不予计量。对于施工单位已完成计量的工程量，建设管理单位认为有必要时，可随时委派相关管理人员进行复核，施工单位必须配合，配合费用由施工单位承担。

第三十三条 不真实性的处理。

（一）计量过程中如发现施工单位有弄虚作假行为，除扣减虚假工程费用外，由施工单位承担虚假工程费用二倍金额的违约金。

（二）监理的单位审查不力或有弄虚作假行为，一经查实，将按合同有关条款规定处罚。

第十一章　附　则

第三十四条　本办法由工程项目管理办公室负责解释。

第三十五条　本办法自发布之日起施行。

【示例 8-5-5】

费用支付管理办法

第一章　总　则

第一条　为了规范工程项目建设资金申请及拨付工作，加强项目建设资金的管理和监督，提高运行效率和使用效益，确保资金安全，根据《国有建设单位会计制度》及省交通运输厅、省交通运输厅公路局的有关规定，制定本办法。

第二条　本办法中的建设资金包括部省补助和地方自筹。

第三条　建设项目资金必须专款专用、程序合规、资料真实、兑付及时、保障运转、讲求效益。

第四条　本办法适用于工程项目施工、监理、技术服务、设计等款项的资金拨付工作。

第二章　建设资金管理与拨付原则

第五条　施工单位必须以××项目部的名义经建设单位审查同意后开设工程资金专用结算账户，开户全称格式:（某单位）××高速公路（某）合同段项目经理部。专用结算账户已经确定，各单位不得擅自变更，如有特殊原因确需变更的必须提交建设管理单位财务部认可才能办理。账户开好后，要以书面形式报送建设管理单位财务部。各施工单位必须指定具有会计从业资格的人员办理所有工程款项的收、付款业务，不得利用个人存折和其他不规范银行户头支付工程款。如指定人员调动需要更换时需书面通知建设管理单位。

第六条　施工单位申请拨付建设资金必须以合同和计量支付为依据，手续完备，证据齐全，合法审批。

第七条　建设管理单位按合同及《计量与支付管理办法》约定，按时办理计量与支付，并将批准的计量支付单和合同款支付审批表及时送财务部按规定进行账务处理。

第八条　开工预付款、材料预付款必须直接用于项目工程，不得用于上交管理费等。

第九条　在工程完工之前，各项目部原则上不得向其上级主管单位上缴管理费（社保资金除外）。

第十条 各项目部每月现金提款量，不得超过50万元。如有特殊情况必须报建设单位审批。

第十一条 各施工单位除工程施工正常支用外，资金应相对封闭管理，严禁挪用、转移、抽逃工程资金。

第三章 工程计量支付款申请及拨付程序

第十二条 工程计量支付款指根据合同协议和工程建设进度，拨付给施工和监理单位用于工程施工建设和监理服务的专项资金（包括桥梁主体工程、房建、绿化、照明工程、交通工程等）。

第十三条 工程计量支付款的申请，由总监办于每月×日向代建办报送计量支付资料或监理服务费申请文件8套。计量支付资料包括支付证书、工程量确认单、计算资料、支付台账等。各审核部门均有相关人员签字。

第十四条 代建办审核后，10天内完成联合审核。工程组负责根据合同协议审查计量支付的合理性和合法性，以及相关费用计算的准确性，审查质量、检测及工程量等相关资料内容，填写《费用支付审批表》，提出审核意见，组织巡签。财务组根据工程财务管理及检查情况，签署拨付意见。经各有关部（办）会签后，报代建办主任审签，经主任签字同意后，工程组在每月×日前报省交通运输厅申请资金后办理支付（详见本办法附件1费用支付审批表）。各相关单位款项到账后3日内上报资金拨付发票至代建办。

第四章 设计及检测费用

第十五条 设计费用指根据合同协议书和按工程设计进度，拨付给设计单位用于支付勘察设计费、设计审查费的专项资金。检测费用指根据合同协议书和检测工作进展，拨付给检测单位用于支付与检测工作相关的专项资金。

第十六条 设计检测费用的支付，由设计咨询或检测单位按照招标文件或合同协议书的规定，提出书面申请文件及相关附件资料5套报市代建办，附件材料包括工程进展情况，相应图纸（或代建办签收证明）、专家审查意见、批复意见等。其办理程序同工程计量支付款。

第五章 建设单位管理费

第十七条 建设单位管理费（以下简称管理费）是指建设单位从立项、筹建、建设、联合试运转、竣工验收、交付使用及后评估等全过程管理所需的费用。

第十八条 市代建办管理费实行预算包干管理。每年底，由市代建办提出下年度建设单位管理费预算申请。代建办按核定的预算总额审批后，在下年度第一季度和第三季度分两次拨付。

第十九条　代建办应遵循勤俭节约的原则，建立健全内部控制制度，加强监督与约束，按照相关批复要求，严格控制人员编制，尽量压缩会议，加强车辆、固定资产及办公费用管理，堵塞漏洞，切实降低招待费用。

第二十条　为保证计量支付款及时拨付，各有关部门应在每月初编制下月计量支付资金需求计划，交财务部（详见本办法附件 2）。

第六章　监督检查

第二十一条　建设管理单位将根据项目进展情况，定期或不定期地对工程资金使用情况进行检查，各单位应提供必要条件，积极配合。为保证项目资金专款专用。建设管理单位有权对施工单位的资金使用进行监督。施工单位应予以配合。

第二十二条　经检查发现违规使用资金的，建设管理单位将根据不同情况分别采取制止、纠正及提请整改等措施，并视情节轻重给予施工单位批评、警告、书面通报、暂停支付、罚款等处罚。

第二十三条　施工单位在项目建设期间如有挪用、抽逃、违规使用工程资金的，一经发现，将按以下标准缴纳违约金，并限期补回工程建设资金。

（一）100 万元以内（含 100 万元），按总金额百分之五罚款。

（二）100 万元至 500 万元（含 500 万元），按总金额百分之八罚款。

（三）500 万元以上的，按总金额百分之十罚款。

第二十四条　建设管理单位将向施工单位开户银行发送《资金监管委托函》，开户行必须严格按建设管理单位资金监管要求办理支付。如不能达到监管要求，建设管理单位将另行给施工单位指定开户银行。

第二十五条　承担项目建设资金监管的银行，应监督施工单位规范使用工程建设资金，并配合建设管理单位的资金管理工作，反馈工程资金使用管理信息。在办理施工单位的工程款项支付时，对用途不明的资金，应及时与建设管理单位财务部联系，并要求施工单位补充相应资料；对施工单位不予配合或严重违规使用资金的，银行应在止付的同时与建设管理单位财务部联系后做进一步处理。

第七章　附　则

第二十六条　本办法由工程项目管理办公室负责解释。

第二十七条　本办法自颁布之日起施行。

附件 1

费用支付审批表

（类　型）

第（ ）期

申请单位：

<table>
<tr><td colspan="3">技术组：
（需对申请支付的内容和费用进行汇总说明，可作附件）

（签字）
年　月　日</td></tr>
<tr><td colspan="3">财务组：

（签字）
年　月　日</td></tr>
<tr><td>总工：

（签字）
年　月　日</td><td>副主任：

（签字）
年　月　日</td><td>副主任：

（签字）
年　月　日</td></tr>
<tr><td colspan="3">主任：

（签字）
年　月　日</td></tr>
</table>

附件 2

济南某国道改建工程资金需求计划表

类别	标准	数量	金额/万元	备注	部门签字
一、工程计量支付款					
1. 预付款					
2. 计量支付款					
……					
小计					
三、建设项目管理费					
1. 设计及检测费用					
2. 建设单位管理费					
3. 监理费					
4. 研究试验费					
……					
小计					
其他					
合计					

主任：　　　　分管副主任：　　　　总工：

部（办）负责人：　　　　制表：

第六节 质量管理

质量管理办法可按示例 8-6-1 进行编写。

【示例 8-6-1】

试验检测管理办法

第一章　总　则

第一条　为加强工程项目试验检测的管理，充分发挥试验检测工作在工程质量管理和指导施工方面的作用，使试验室各项试验检测工作科学化、规范化、制度化，为工程施工和工程质量评定提供真实可靠的数据，根据有关规范、标准，结合本项目工程实际情况，制定本办法。

第二条　凡在本项目从事建设活动的施工、监理、外委试验检测机构和管理单位，必须严格遵守本办法。

第二章　试验检测机构

第三条　本项目设置承包人工地试验室、总监办试验室以及外委的试验检测机构。承包人工地试验室、总监办试验室的主要人员及试验仪器必须满足合同及招标文件的要求。

第四条　承包人工地试验室的任务是：对本标段所有原材料试验、标准试验、工艺试验、现场检测试验按照招标文件及规范规定的频率自检，使所有工程全部处于受控状态，并达到质量标准。同时配合做好外委试验取样及验收试验检测准备工作。要充分重视做好首件工程的试验检测工作，应向监理工程师提供翔实的试验检测报告。

第五条　总监办试验室的任务是：负责核实试验标准、规程，编制各种试验表格，提供各种试验统计的格式；指导与检查承包人的试验室试验，及试验检测仪器、设备和试验检测人员的上岗情况，督促承包人定期标定仪器；负责现场检测抽检试验、材料抽检试验和监理工程师的委托试验；进行平行验证试验与审核工作；检查承包人的试验工作，审查试验方法、检测频率和测试结果；监督检查首件工程试验情况；对高标号和重要部位的混凝土配合比、路面基层及沥青混凝土配合比等重要试验项目进行验证和批复；承担工程中间交工验收的试验工作；负责本项目试验检测人员的业务培训及考核工作；配合质量监督部门质量鉴定抽检试验；参加工程的中间交工验收和交（竣）工验收。

第三章　试验检测人员及设备管理

第六条　试验检测仪器设备、试验检测人员以及试验室面积（包括标养室）应满足合同要求和工程检测试验需要，试验检测仪器设备须经法定计量标定部门标定。各级试验室首先应通过省公路工程质量监督站验收，进行工地试验室资质备案，且经监理工程师同意，方可开展试验检测工作。

第七条　试验室人员管理。

（一）标书承诺试验人员，一般不得更换，确需要更换时必须书面申请代建办批准。更换人员资质不得低于原有人员资质。

（二）省质量监督站对试验室验收时通过考试并备案的人员管理同上，人员变更后报省质监站重新备案。

（三）试验检测人员的资质、到位情况等由总监办试验室随时检查，并上报代建办。

第八条　各承包人工地试验室、技术负责人离开工地 2 天及以上需报总监办试验室批准。

第九条　试验仪器及检测设备的标定。

（一）各级试验室须经国家法定计量部门对试验检测仪器设备进行定期标定，拌和站、张拉设备等也必须经国家法定计量部门进行定期标定。

（二）由总监办试验室定期组织试验检测仪器的标定，同时不定期（至少每季度一次）对工地试验室仪器进行检查，组织工地试验室进行比对试验，并将落实结果上报代建办。

第十条　试验检测仪器设备管理。

（一）所有需要标定的试验检测仪器、设备认真填写设备使用记录。

（二）对发生故障的仪器设备应挂牌标识并及时修复、标定，在使用记录中应明确记录故障发生、修复时间，在此期间需进行的相关试验项目，应根据外委试验检测规定进行外委检测。

（三）在试验检测仪器、设备使用记录中必须认真填写使用时间、使用人、仪器设备运行状况及本批次使用次数等相关信息。

第四章　试验检测及频率

第十一条　验证试验。

验证试验是事前控制，主要对材料、商品构件或工程设施采购前的预先鉴定或进场后的验收试验。验证试验应按以下程序进行：

（一）在材料或商品构件订货前的审查按代建办《原材料准入管理办法》执行。

（二）材料或商品构件进场后，承包人应按规定批量和频率自检，自检合格后填写《材料进场报验单》报总监办监理工程师审核，总监办监理工程师根据自检报告及进场材料的数量按规定频率抽检。试验检测不合格的材料不准用于本项目，并限时要求清理出施工现场。

（三）在施工过程中对用于工程的材料或商品构件，各级试验室要随机抽样进行复核性试验，以保证材料或商品构件的质量。

第十二条 标准试验。

标准试验是对工程施工进行事前控制确定标准。标准试验包括各种标准击实试验、混凝土配合比、路面组成设计等。标准试验应按以下程序进行：

（一）工程开工前承包人先完成标准试验，填写《标准试验结果签认表》并附试验报告，与试验资料一起报总监办试验室审查。

（二）根据承包人的试验报告，总监办试验室对承包人所有的标准试验进行独立复核（对比）试验。由总监办试验室负责人进行审查、批复和备案。

第十三条 工艺试验。

（一）对路基、路面及其他需要通过预先试验的分项工程，必须进行工艺试验。

（二）承包人提出工艺试验的施工方案和实施细则报监理工程师审查批准。

（三）工艺试验的机械组合、人员配备、材料、施工程序、预埋观测以及操作方法等有两种以上方案，以便通过试验做出选择。

（四）监理工程师必须对承包人的工艺试验进行全过程的旁站监理，并应做出详细记录。

（五）试验结束后应提交试验报告，并经监理工程师审查批准。

第十四条 抽样试验。

抽样试验是事中控制，内容包括各种材料的物理性能、土方及其他填筑施工的密实度、混凝土、砂浆强度等的测定和试验。抽样试验应按以下程序进行：

（一）承包人按规定频率自检，监理人员对其抽检频率、取样方法及试验过程进行检查监督。承包人自检达到质量标准后，总监办试验室独立进行不少于20%的抽样试验，并将试验检测结果第一时间告知承包人。

（二）当现场监理人员对施工质量或材料有疑问时，总监办试验室应随时进行抽样试验，必要时可要求承包人增加抽检频率，以保证工程质量处于受控状态。

第十五条 中间验收试验检测。

中间验收是事后控制，是在分项、分部、单位工程完成后，对工程质量的全面试验检测和评定。中间验收试验应按以下要求进行：

（一）承包人对已完项目应进行全面的试验检测。在试验检测前，承包人应提出试验检测方案报总监办审批。承包人根据批复的试验检测方案进行试验检测、汇总、出具翔实的试验检测报告，报总监办监理工程师审查。

（二）总监办试验室对已完工项目应按规定的检测频率进行抽检，并汇总、出具检测报告、及时组织质量评定。

第十六条　试验检测评定。

（一）承包人应按现行技术规范、招标文件及现行《公路工程质量检验评定标准》等规定的检测频率自检，同时满足工程质量控制的需要和监理工程师的要求。

（二）总监办试验室对施工过程中使用的水泥、钢材、沥青、石灰、粉煤灰、碎石等原材料及各种混合料进行抽检，抽检频率不低于承包人自检频率的20%，其余材料不低于10%，对已完工程实体质量的抽检频率不低于承包人自检频率的20%。

第五章　旁站、取样见证

第十七条　试验检测旁站见证

总监办监理人员应完成现场抽检的一切工作，并进行试验检测旁站见证，以监督承包人试验室试验检测工作的运行情况，见证承包人试验室试验检测数据的真实性。总监办监理人员应对以下试验检测项目进行旁站见证：

1. 对浇筑水泥混凝土、摊铺沥青混凝土施工及预应力张拉、压浆项目进行100%旁站见证。

2. 水泥稳定性及28天龄期强度试验。

3. 钢筋焊接试验检测从取样到试验结束全过程。

4. 路面基层、面层及其他野外工程实体试验检测

5．对于控制承重模板拆除、预应力混凝土张拉的试件强度检验。

6．对于新工艺、新材料及科技创新等试验。

第十八条　取样见证

对重要的、关键的、有异议的试验项目执行取样见证制度。取样必须有监理、承包人试验检测人员在场，对所抽取的试样共同见证，并在“取样见证单”上签字认可。取样见证的内容包括：样品规格、型号、外观质量、厂家、取样部位、时间、地点、方法、封存等。取样见证应满足以下规定：

（一）取样方法和部位必须符合抽样原则。

（二）样品需由监理人员现场粘贴标签。

（三）样品一般由取样单位封存。

第十九条 试件取样后必须及时进行有效编号，保证编号在试验前的清晰度，并做好取样台账记录。

第二十条 水泥、沥青等材料应根据有关要求取样留存，以备核查。留存期根据总监办及相关要求执行。样品留存要建立独立的留存仓库，要求分门别类进行存放，对留存的样品进行标识并建立台账。

第六章 外委试验检测管理

第二十一条 各级试验室未经省质监站批准试验资格的试验项目，或因试验仪器不能满足试验及精度要求时，根据有关规定进行外委试验。

第二十二条 外委检测机构必须经总监办审查批准并报代建办备案。总监办批准的外委检测机构一般不少于三家。非总监办批准的外委社会检测机构所进行的试验为无效试验，所出具的试验报告为无效报告。

第二十三条 外委试验检测执行取样见证制度。

第二十四条 在样品外委期间任何单位和个人不得干预外委试验。

第二十五条 外委试验发生的费用由受检单位承担。

第七章 数据处理

第二十六条 异常数据处理。

（一）异常数据是指测量值低于或高于标准值较多的数据。在试验过程中发现异常数据，及时向主管领导汇报，查找原因。

（二）出现异常数据的样品，在原因查明之前，应存放在固定的地点并进行有效标识。

（三）试验监理工程师负责将试验数据、资料上报主管领导。

第二十七条 平行试验审批数据处理。

标准击实试验采用总监办试验室和承包人试验室的平均数据为批复数据，如两者数据之差超过规范规定值则视为无效试验。配合比及其他试验项目应执行监理工程师审核批复的数据。

第二十八条 监理工程师应独立完成的试验检测项目不得利用承包人的试验室或以旁站方式采集抽检数据。

第二十九条 数据溯源。

各级试验室必须建立试验检测台账明确反映取样日期、取样地点、试验人员、检测频率、检测部位、材料批量、使用部位等。

试验检测仪器使用台账应明确反映仪器操作人员、试验项目、试验日期、仪器设备维修、保养、运行情况等。

第八章　试验检测资料管理

第三十条　试验资料内容、格式应按省质监站及总监办要求填写。

第三十一条　资料整理要求分类归档，台账条目清晰。

第三十二条　原始记录必须单独装订成册，手工填写，不允许记录在草纸上再转录于原始记录或计算机中，无原始记录的试验报告视为无效报告。

第三十三条　报告审批必须认真严肃，签字不得代签、漏签，否则视为无效报告，试验检测资料整理必须具有准确性、统一性、时间性。

第三十四条　档案管理。

各级试验室设一名档案管理员负责试验检测资料归档管理工作。技术资料存档时要办理交接手续。试验检测人员借阅技术资料，应办理借阅手续，未经试验室主任同意不得随意复制试验检测报告或原始记录；档案管理人员应严格遵守技术保密制度，未经批准不得将技术资料借予与试验检测工作无关人员。

第九章　违约处罚

第三十五条　对出现以下情况之一者，将根据情节，给予通报批评、罚款直至清除责任人出场。

（一）不能自觉遵守试验检测人员职业道德，缺乏工作责任心，造成不良影响者；

（二）试验检测工作失误，造成试验检测工作事故或经济损失者；

（三）无资质或超越业务范围从事试验检测工作的；

（四）出具虚假试验检测数据或报告的；

（五）以试验检测人员个人名义承揽试验检测业务的；

（六）以虚假或不正当手段获得试验检测人员资格证书的；

（七）损毁、涂改、转借、出让资格证书者。

第七节　安全管理

安全管理办法可按示例 8-7-1 ~ 示例 8-7-6 进行编写。

【示例 8-7-1】

安全管理人员管理办法

第一章　总　则

第一条　为认真贯彻“安全第一、预防为主、综合治理”的安全管理方针，加强工程安全管理体系的建设，建立一支高素质、专业化的安全管理队伍，加大对项目安全生产的监控力度，促进施工现场安全管理水平的提高，特制定本办法。

第二条　本办法依据《中华人民共和国安全生产法》、《建设工程安全生产管理条例》、《建筑施工企业安全生产管理机构设置及专职安全生产管理人员配备办法》（建质〔2004〕213 号）、《中国建筑工程总公司施工安全生产监督管理条例》（中建企字〔2003〕38 号）制订。

第三条　本办法规定了安全生产监督管理员（以下简称安全监管员）的配备、上岗资格、岗位职责与权限、工作程序、考核与奖罚等内容。

第四条　本办法适用于工程专职安全监管员（包括安全监理工程师、项目安全负责人、项目一般专职安全监管员）的管理。

第二章　安全管理人员的基本要求

第五条　基本素质与能力要求：

（一）忠诚、敬业，责任心强。

（二）具备一定的工程项目施工管理知识。

（三）具备相应的安全生产管理知识和实践经验。

（四）良好的身体素质。

第六条　任职资格与条件：

（一）取得国家或行业主管部门承认的专职安全生产管理人员岗位证书。

（二）取得建筑施工企业专职安全生产管理人员安全生产考核合格证书。

（三）经所在单位考核具备安全生产管理人员基本素质和能力要求。

第七条　总监办每合同段至少配置 2 名安全监理工程师；施工单位按照工程总造价配置安全管理人员，每 5 000 万元的工程至少 1 人（工程总造价不足 5 000 万元的按 5 000 万元计），设 1 名安全负责人。

第三章　安全管理人员的管理

第八条　监理工程师负责建立总监办的安全管理办法，负责对所辖项目部的安全管理进行监管。

第九条　施工单位安全管理员代表其项目部安全管理机构，对项目部生产经营活动的安全管理实施监督、管理和服务。

第十条　施工过程中，必须有安全管理人员在场，并经安全监理工程师检查批准后方可进行。

第十一条　安全监理工程师如需请假，须提前1天向总监办、代建办提交申请，经批准后方可离开现场。但总监办每合同段必须确保有安全工程师在现场进行管理。

第十二条　施工单位安全人员如需请假，应提前1天向其项目部、安全监理工程师提交申请，经批准后方可离开现场。但施工现场必须确保有安全管理人员在现场进行管理。

第十三条　项目安全监管员必须严格要求自己，摆正位置、端正态度，严格履行岗位职责，遵守劳动纪律，遵守项目作息时间，积极配合项目经理部搞好施工生产及现场管理。

第十四条　施工单位安全管理员应保持与安全监理工程师的经常性联系和沟通。在项目存在安全隐患、遇到安全问题时可下达整改或处罚通知，遇到紧急险情时可责令停止施工，并立即将情况向总监办、代建办汇报。

第四章　附　则

第十五条　本方法由工程项目建设办公室负责解释。

第十六条　本办法自下发之日起执行。

【示例8-7-2】

安全技术交底管理办法

第一章　总　则

第一条　为使参与工程施工的技术人员和作业人员熟悉和了解所承担工程任务的特点、技术要求、施工工艺、工程难点及施工操作要点，做到心中有数，依据《中华人民共和国安全生产法》《中华人民共和国建筑法》《建设工程安全生产管理条例》《中华人民共和国消防法》等国家现行的有关工程建设的法律、法规、规范、强制性标准等，制定本办法。

第二条　安全技术交底是为了针对工程施工中存在的不安全因素进行预先分析，从而进行控制和消除工程施工过程中的隐患，从技术上和管理上采取措施，防止人身伤亡事故。

第三条　通过交底使施工人员明确安全技术措施要求，明确工程工艺、安全要求及所有安全规范规程等，现场应严格按施工组织设计、施工及验收规范、操作规程和安全规程的有关技术规定施工。

第四条 安全技术交底实行应分级管理进行。

第二章 安全技术交底要求

第五条 安全技术交底要全面准确、针对性强，符合有关安全技术操作规程的规定，不能流于形式，要交到基层施工班组。

第六条 安全技术交底要经交底人与接受交底人签字方能生效；交底字迹要清晰，必须本人签字，不得代签。

第七条 安全技术交底后，项目部的安全总监、安全工程师（安全员）、工班（队）长等相关安全管理人员，要对安全交底的落实情况进行检查，监督操作人员严格按照交底要求进行施工，禁止违章作业现象，并做好记录。

第八条 项目部的安全技术交底制度和相应的安全技术措施，逐级呈报监理单位审核同意后方可执行。

第三章 施工安全技术交底制度

第九条 施工单位除领会设计意图外，必须满足设计图纸和变更的要求，执行和满足施工规范、规程、工艺标准、质量评定标准、安全生产和建设单位的合理要求。

第十条 整个施工过程包括分部、分项工程的施工均须做技术交底，对一些特殊的关键部位、技术难度大、安全隐患大的隐蔽工程，更应认真做详细的施工技术交底。

第十一条 对易发生质量事故和工伤事故的工种和工程部位，在技术交底时，应着重强调各种事故的预防措施。

第十二条 技术交底必须以书面形式，交底内容字迹要清楚、完整，要有交底人、接受人签字。

第十三条 技术交底必须在工程施工前进行，作为整个工程和分部分项工程施工前准备工作的一部分。

第四章 安全技术交底的主要内容

第十四条 施工单位在工程开工前应编制详细可行的单位工程施工组织设计或施工方案。

第十五条 安全技术交底的内容应主要涵盖施工中能给作业人员带来潜在危险的因素和存在的问题，提出安全防范措施、应注意的安全注意事项及发生事故后应及时采取的避难和急救措施等。

第十六条　根据重点单位工程和特殊分部分项工程的设计图纸，分析工程特点和关键部位，指出施工中应注意的问题；保证施工质量和安全必须采取的技术措施。重点单位工程在交叉作业过程中如何协作配合，双方在技术上措施上如何协调一致。

第十七条　安全技术交底的内容还应包括：

（一）初次采用的新结构、新技术、新工艺、新材料及新的操作方法以及特殊材料使用过程中的注意事项。

（二）交代图纸审查中所提出的有关问题及解决方法。

（三）设计变更和技术核定中的关键问题。

（四）特殊天气、特殊条件下施工采取哪些技术措施。

第十八条　施工队安全技术交底的主要内容：

（一）施工依据的图纸、规范、技术标准等。

（二）施工组织设计或施工方案。

（三）重要的分部（项）工程的具体部位，大样图、标高和尺寸，预埋件、预留孔洞的位置及规格。

（四）各工程结构物之间，各工种之间，队与队之间在施工中交叉作业的部位和施工方法。

（五）流水和立体交叉作业施工阶段划分。

（六）重要部位，特殊条件下施工的操作方法及注意事项。

（七）保证安全的措施。

（八）单位工程测量定位，结构物主要轴线、尺寸和标高。

（九）现浇混凝土、承重构件支模方法、拆模时间等。

（十）预制、现浇构件配筋规格、品种、数量和制作、绑扎、安装等要求。

（十一）管线平面位置、规格、品种、数量及走向、坡度、埋设标高等。

（十二）单位工程施工平面布置图。

（十三）混凝土、砂浆配合比及试件、试块的取样、养护方法等。

（十四）焊接程序和工艺。

第十九条　安全技术交底须填写安全技术交底记录，详见本办法附表。

第五章　附　则

第二十条　本方法由工程建设办公室负责解释。

第二十一条　本办法自下发之日起执行。

附表

安全技术交底记录

工程名称		接受交底队伍			
交底项目		交 底 日 期			
内容：					
接 受 人		负责人		交 底 人	

共　　页，第　　页　　　　　　　　复 核 人：

【示例 8-7-3】

施工现场安全标志和安全防护设施设置规定

第一章　总　则

第一条　为加强工程安全生产管理，规范施工现场安全标志和安全防护设施的设置，防范生产安全事故发生，减少施工伤亡事故，切实保障施工人员人身安全，根据《建设工程安全生产管理条例》《公路水运工程安全生产监督管理办法》《公路工程施工安全技术规程》等有关法规、规章、标准，结合本项目实际，制定本规定。

第二条　本规定所称的公路建设工程施工现场安全标志（以下简称“安全标志”)是指在公路建设工程施工现场设置的由图形符号、安全色、几何形状(边框）或文字构成的用以表达特定安全信息的标志。

本规定所称的公路建设工程施工现场安全防护设施（以下简称“安全防护设施”)是指在公路建设工程施工现场预防施工时发生人员伤亡事故而设置的各类安全设施、设备、器具等。

第三条　公路建设工程施工现场安全标志和安全防护设施应当根据“安全可靠、技术可行、经济实用”的原则设置。

第二章　安全标志设置

第四条　安全标志类型分为禁止标志、警告标志、指令标志和提示标志。禁止标志是指禁止不安全行为的图形标志；警告标志是指提醒周围环境引起注意，避免可能发生危险的图形标志；指令标志是指必须做出某种动作或采取防范措施的图形标志；提示标志是指提供某种信息的图形标志。

第五条　安全标志的基本形式、颜色、图形、文字说明及制作材料应当符合现行国家标准《安全标志及其使用导则》(GB 2894)、《安全色》(GB 2893)和文件《安全标志及其使用导则》要求。临时性道路交通标志应当符合现行国家标准《公路临时性交通标志》(GB/T 28651）和《道路交通标志和标线》(GB 5768)要求。标志牌应当完整清晰，材质质地坚固耐久，有触电危险的作业场所应使用绝缘材料。

第六条　施工单位应当在施工阶段，结合作业条件、施工环境等因素在施工现场设置表示禁止、警告、指令和提示等信息的安全标志，安全标志的设置必须符合国家标准。

第七条　施工单位应当在施工现场出入口处、施工起重机械、临时用电设施、脚手架、出入通道口、梯道口、沿线交叉口、孔洞口、桥梁口、基坑边沿、临空临边、作业场站、爆破物及有害危险气体和液体存放处等事故易发生的危险部位设置足够、有效、明显的安全标志，其设置要求如下：

（一）施工现场出入口处。应根据需要设置“施工重地、闲人免进、当心落物、当心吊物、当心扎脚、注意安全、必须戴安全帽”等标志；结合标准化工地和“平安工地”要求在主出入口处设置安全生产“五牌一图”，即工程告示牌、安全文明施工告示牌、安全生产措施告示牌、危险源告示牌、消防保卫告示牌和施工现场总平面图示牌。

（二）施工起重机械等设备。在施工机具旁应设置“作业范围内禁止站人、当心触电、当心伤手、当心机械伤人”等标志和相应的安全操作规程告示牌；在木工机械处应设置“禁止戴手套”等标志；机械、电气设备维修时在相应的机械、电气开关处要设置“禁止启动、禁止合闸”等标志；龙门架、脚手架等处的醒目处应设置“禁止攀登、禁止停留、当心落物”等标志；配电房、电气设备开关处、发电机、变压器等附近应设置“禁止烟火、禁放易燃物、当心触电、注意锁门”等标志。

（三）出入通道口及梯道口。出入通道口应设置“安全通道”标志，设置“禁止停留、注意安全、当心落物、必须戴安全帽、仅供人通行”等标志，车行通道还应设置“限速、限宽、限高”等标志；梯道口应设置“注意安全、必须戴安全帽、仅限人攀登”等标志。

（四）沿线交叉口。应设置“非工作人员禁止入内、注意安全、当心行人车辆、前方施工注意安全”等标志，交叉施工、边通行边施工路段等作业区两端还应设置交通路标、交通警告、警示、诱导标志等临时性道路交通标志，必要时，施工作业区两端应当配备必要的交通指挥人员或设置交通信号灯。

（五）孔洞桥隧口。孔洞口应设置“禁止入内、注意安全、当心坑洞”等标志；桥梁隧道口应设置“非工作人员禁止入内、注意安全、必须戴安全帽”等标志。

（六）基坑边沿及临空临边。基坑边沿应设置“非工作人员禁止入内、当心坑洞、当心坍塌、当心坠落”等标志；临空临边应设置“禁止靠边、禁止抛物、注意安全、当心坠落、必须戴安全帽、必须系安全带”等标志，相应地面周边区域内应设置“注意安全、当心落物”等标志；基坑边沿及临空临边，必要时夜间要设置照明灯或示警灯。

（七）作业场站。结合实际应设置“非工作人员禁止入内、禁止烟火、注意安全、当心坑洞、当心触电、当心伤手、当心扎脚、必须戴安全帽、必须穿救生衣”等标志；振捣混凝土场所应设置“必须戴防护手套、必须穿防护鞋”等标志；雨天路滑处应设置“当心滑跌”标志。

（八）爆破物及有害危险气体和液体存放处。设置“非工作人员禁止入内、禁止烟火、禁止带火种、禁止易燃物、当心爆炸、安全通道”等标志。

第八条　安全标志应当设置在醒目处，高度与视线尽量一致，基础稳定牢固，不得擅自拆除或移动，多个安全标志同时设置时要求排序合理整齐。

第三章　安全防护设施设置

第九条　安全防护设施主要包括安全围栏（挡）、防护栏杆、防护盖板（网）、爬梯、安全网、安全带（绳）、安全帽、救生衣等，防护设施本身应符合安全性、有效性要求，其设置基本要求如下：

（一）安全围栏（挡）。围栏（挡）高度不小于 1.8 m，围栏（挡）立柱埋入深度不小于 50 cm，混凝土固定，相邻立柱间距不大于 2 m，立柱顶部离地面高度不小于 1.9 m，立柱设置上下两道横杆，上杆离地高度 1.8 m，下杆离地高度为 0.6 m，外侧用密目式安全网或隔离栅封闭，立柱、栏杆均采用钢管。封闭式施工现场的施工区、生活区围墙高度不小于 2.5 m，选用砌体、金属板材等硬质材料。

（二）防护栏杆。栏杆高度不小于 1.2 m，立柱埋置或固定牢固，相邻立柱间距不大于 2 m，立柱顶部离地面高度不小于 1.4 m，立柱须设置扫地杆及上中两道栏杆，上杆高度 1.2 m，中杆高度 0.6 m，栏杆用黑黄或红白相间的条纹标示，临空临边处设置挡脚板和安全网，挡脚板高度不应小于 18 cm，立柱、栏杆均采用钢管。

（三）防护盖板（网）。孔洞等处的防护盖板（网）应采用钢板等硬质材料制作，安装牢固。采用钢筋网盖时，网格应不大于 5 cm×5 cm，钢筋采用 HRB335 直径 14 mm 及以上规格。

（四）爬梯。应采用固定式爬梯，爬梯结构及其支撑结构应用金属制成，构造牢固可靠，能满足人行或材料运输需要，有特殊使用要求的应作专门的设计验算，梯身及两端必须固定牢固在支撑结构及工程实体上，梯道面宜使用钢质材料并设防滑条，爬梯坡度应符合使用及有关规范要求，踏板上下间距不超过 30 cm，梯宽一般不应小于 100 cm，梯子顶端的踏棍应与攀登的顶面齐平，并设置 1.2 m 高的扶手。独立制作的爬梯高度超过 6 m 或依托支架制作的爬梯高度超过 3 m 时，必须分别按每 6 m、每 3 m 设置梯间转向平台，平台宽度不低于梯宽；梯道和平台均应设置两道栏杆和挡脚板，栏杆高度不低于 1.2 m，挡脚板高度不小于 20 cm，栏杆用黑黄或红白相间的条纹标示，栏杆外侧加设密目式安全网。必要时爬梯顶面应加设护笼。

（五）安全网、安全带（绳）、安全帽等。其质量、使用和保管应分别符合现行国家标准《安全网》（GB 5725）、《安全带》（GB 6095）、《头部防护　安全帽》（GB 2811）等的规定。

第十条　施工单位应当根据施工过程安全生产需要，综合施工现场及周边施工作业环境、作业条件等因素，在施工现场易发生事故的危险部位设置有效的安全防护设施；对不安全因素多，在作业过程中既容易伤害作业人员，也容易伤害施工现场以外的人员的，应将施工现场与外界隔离，实施封闭式施工管理。

第十一条　安全防护设施设置要求部位合理，安装稳定牢靠，设施本身外观清晰，材质坚固耐用，结构尺寸完整，颜色布置合理有效。

第十二条　施工现场应当优先考虑采用定型化、标准化、工具化的安全防护设施，对于要求承重的大型安全防护设施应当根据施工荷载大小进行独立设计制作。

第十三条　安全防护设施安装设置应与所防护的对象合理配套，具有安全可靠的防护作用，作业环境视线不良时，应当增设必要的照明设施和警示警告标志。

第四章　安全标志和安全防护设施管理

第十四条　施工单位应当在项目开工前，根据施工安全需要，结合工程实际和具体工程内容编制施工现场安全标志和安全防护设施设置总体计划，绘制安全标志和安全防护设施平面布置图，真实完整列出安全标志和安全防护设施设置内容清单目录，经监理单位审查确认后，报代建办备案。在实施过程中应做好安全标志和安全防护设施具体设置情况的动态登记。

第十五条　施工单位应当根据不同施工阶段设置安全标志和安全防护设施，施工前应当派驻专职安全管理人员对安全标志和安全防护设施的设置进行自检，经监理单位验收合格后，方可投入使用。

第十六条　施工单位应当建立施工现场安全标志和安全防护设施管理制度，定期组织检查、维修和保养安全标志和安全防护设施，建立相应的维修和保养档案，并按有关规定及时报废更新。

第十七条　监理单位应当及时审查确认施工单位施工现场所需的安全标志和安全防护设施设置总体计划、平面布置图、清单目录及所需费用，及时报备代建办。

第十八条　监理单位应当加强施工现场安全标志和安全防护设施的设置检查，重点检查安全标志和安全防护设施设置的符合性、合理性、安全性和有效性，及时对施工现场安全标志和安全防护设施设置进行检查验收。

第十九条　代建办应当督促施工单位做好施工现场安全标志和安全防护设施设置总体计划、平面布置图和清单目录的编制和实施工作，督促监理单位加强对施工现场安全标志和安全防护设施设置的管理。

第二十条　代建办为施工现场安全作业环境提供条件，优先安排安全标志和安全防护设施所需的安全生产费用，确保安全生产费用及时到位。

第二十一条　监理单位、施工单位可根据本办法，结合具体工程实际和特点进一步细化具体的操作规定。

第二十二条　公路建设工程施工现场安全标志和安全防护设施的设置除执行本规定外，还应符合有关法律法规和现行强制性标准、规范的规定。

第二十三条　安全生产监督机构在检查时发现安全标志和安全防护设施制作、设置等问题严重、整改不力或多次整改仍然存在问题的，可按照有关规定对从业单位进行行政处罚，并将其列入安全监督检查重点名单，登录在安全生产信用管理系统中，并向有关部门通报。

第五章　附　则

第二十四条　本规定由工程代建办负责解释。

第二十五条　本规定自发布之日起施行。

【示例 8-7-4】

危险性较大分部分项工程安全专项施工方案管理办法

（试行）

第一章　总　则

第一条　为加强工程项目的安全技术管理，规范危险性较大的分部分项工程安全专项施工方案的编制、论证及审查工作，预防施工安全事故，保障人身和财产安全，根据国务院《建设工程安全生产管理条例》和交通运输部《公路水运工程安全生产监督管理办法》《山东省公路水运工程安全生产监督管理办法》等有关法律、法规、规章，结合本项目实际，制定本办法。

第二条　本项目主线和被交路的建设均适用本办法。

第三条　本办法所称的危险性较大分部分项工程是指公路建设项目在施工过程中存在的、可能导致作业人员群死群伤或造成重大不良社会影响的工程。

本办法所称的危险性较大分部分项工程安全专项施工方案（以下简称“专项方案”），是指在公路工程建设中，施工单位在编制施工组织设计的基础上，针对危险性较大的分部分项工程，以分部、分项工程为单元，依据有关工程建设标准、规范和规程，单独编制的安全技术措施文件。

第二章　安全专项施工方案管理

第四条　施工单位应当在危险性较大分部分项工程施工前编制专项方案；对于超过一定规模的危险性较大分部分项工程，施工单位应当组织专家对专项方案进行论证。

第五条　施工单位在提交开工报告前，应当向监理单位、代建办提供本合同段危险性较大分部分项工程的清单，代建办应当组织监理、施工等单位对本项目的危险性较大分部分项工程的清单进行审核确认，并据此进行管理。

第六条　专项方案应当由施工单位组织编制，主要应当包括以下内容：

（一）编制说明：编制依据、编制目的、适用范围等。

（二）工程概况：工程简介、水文地质条件、施工平面布置、施工准备情况等。

（三）施工工艺：主要施工技术方案、技术参数、工艺流程、施工方法、施工要求等。

（四）施工计划：施工进度计划、材料与设备计划、劳动力计划等。

（五）危险因素分析：危险源辨识、危险因素评估等。

（六）施工安全保障措施：组织保障、技术措施、监测监控措施、安全应急措施等。

（七）安全检查和验收：检查方法、内容、程序验收等。

（八）安全验算及相关图纸。

（九）其他需要说明的内容。

第七条　对于超过一定规模的专项方案，施工单位应当在分部分项工程开工前组织专家进行论证。对于未超过一定规模但监理单位或代建办认为有必要进行专家论证审查的专项方案，施工单位也应当按照本办法组织专家进行论证审查。

第八条　专项方案编制完成后首先应当由施工单位组织技术、安全、质量等相关部门的专业技术人员进行审核。对于不需要专家论证的专项方案，施工单位审核合格后，由施工单位技术负责人签字确认后报监理单位，由项目总监理工程师审批；对于需经专家论证的专项方案，在施工单位相关技术人员审核后，施工单位应当组织专家进行论证，并根据专家的书面论证审查意见对专项方案进行修改完善，完善后的专项方案由施工单位技术负责人签字确认后报监理单位，由项目总监理工程师审核签字，再报代建办审批。专项方案未经审批，不得组织实施。

第九条　专家论证会应当符合下列要求：

（一）专家论证会应当由施工单位组织召开。

（二）专家组应当由不少于 5 名具有相关专业资格及相关经验的专家组成。专家组成员应当事先征得代建办同意，本分部分项工程的参建各方人员不得以专家身份参加专家论证会。

（三）建设、监理、施工、设计等相关单位应当参加论证会，涉及铁路、海事、交警等相关部门的应邀请其参加论证会。

（四）需论证审查的专项方案应当在论证会召开 3 天前送达专家组成员及参加论证会相关单位部门。

参与专家论证会人员应包含：

（一）专家组成员。

（二）代建办负责人或技术负责人。

（三）监理单位项目总监理工程师及相关人员。

（四）施工单位分管安全的负责人、技术负责人、项目负责人、项目技术负责人、专项方案编制人员、项目专职安全生产管理人员。

（五）勘察、设计单位项目技术负责人及相关人员。

第十条　专家论证的主要内容：

（一）专项方案内容是否完整，安全控制措施是否可行。

（二）专项方案计算和验算依据是否符合有关标准规范。

（三）安全施工的基本条件是否具备，是否符合现场实际情况等。

第十一条　施工单位应当严格按照专项方案组织施工，不得擅自修改、调整专项方案。如在施工过程中确需作重大或实质性修改、调整专项方案的，修改调整后的专项方案应当按本办法第八条重新审批。对于已由专家论证审查的专项方案，施工单位应当重新组织专家进行论证。

第十二条　专项方案实施前，施工单位项目部技术负责人应当对相关施工技术、安全管理及施工作业人员进行安全技术交底；在施工过程中，应当指派专职安全生产管理人员进行现场监督，发现不按照专项方案施工的，应当要求其立即整改；发现有危及人身安全紧急情况的，应当立即停止作业并组织作业人员撤离危险区域。

施工单位技术负责人应当定期巡查专项方案实施情况。

第十三条 施工单位、监理单位应当组织有关人员对危险性较大分部分项工程进行验收，验收合格后，方可进入下一道工序。

第十四条 监理单位应当将危险性较大的分部分项工程列入监理规划和监理实施细则，应当针对工程特点、周边环境和施工工艺等，编制安全监理细则，制定安全监理工作流程、方法和措施。

第十五条 监理单位应当对专项方案实施情况进行现场监理。对不按专项方案实施的，应当责令整改，施工单位拒不整改的，应当及时向代建办报告。

第十六条 代建办应当督促施工单位做好专项方案编制、论证及实施工作，督促监理单位加强对专项方案实施情况的检查。

第十七条 代建办、监理单位、施工单位可根据本办法，结合具体工程实际和特点进一步细化具体的操作规定。

第三章 附 则

第十八条 本办法由工程代建办负责解释。

第十九条 本办法自发布之日起施行。

【示例 8-7-5】

安全管理费管理办法

第一章 总 则

第一条 为加强工程安全生产费用的使用管理，建立安全生产投入长效机制，改善施工作业条件，减少施工安全事故发生，切实保障施工人员人身安全，根据《建设工程安全生产管理条例》《公路水运工程安全生产监督管理办法》和财政部、国家安全生产监督管理总局联合制定的《企业安全生产费用提取和使用管理办法》等法规规定制定本办法。

第二条 安全生产费是指施工单位按照国家有关规定和建筑施工安全标准，购置施工安全防护用具，落实安全施工措施，改善安全施工条件，加强安全生产管理应急预案演练等所需的所有费用，以及因建设管理单位及监理工程师为保证工程安全生产要求施工单位采取的必要措施而产生的相关费用。

第三条 本项目安全生产费为各施工单位投标文件工程量清单第 100 章单列的安全生产费，使确保安全生产拟投入的最低费用标准。施工单位应根据工程实际情况，增加安全生产费的自身投入，保证工程施工安全。各施工单位须建立健全内部安全生产费管理制度和安全生产费用使用台账，明确安全费用使用、管理的程序、职责及权限。

第二章　安全生产费的使用

第四条　完善、改造和维护安全防护、监测、探测设施设备支出。

（一）通道口、预留洞口、楼梯口、未安装栏杆的平台临边、无外架防护的层面临边、升降口临边、基坑临边、上下斜道临边等防护、防滑设施的费用。

（二）防止物体、人员坠落设置的安全网、棚等费用。

（三）安全警示、警告标志、标牌等购买、制作、安装及维护的费用。

（四）其他安全防护、监测设施、设备的费用。

第五条　配备、维护、保养应急救援器材、设备支出和应急演练支出。

（一）各种消防设备及器材，救生衣、圈，急救药箱及器材费用。

（二）组织应急预案演练费用。

（三）其他专门为应急救援所需而准备的物资、专用设备、工具的费用。

第六条　开展重大危险源和事故隐患评估、监控和整改支出。

（一）对重大危险源、重大事故隐患进行辨识、评估、监控、监管费用。

（二）爆破物、放射性物品的储存、使用、防护费用。

（三）对有重大危险因素的分部、分项工程安全专项施工方案进行论证、咨询的费用。

第七条　安全生产检查与评价、咨询支出。

（一）日常安全生产检查、评估费用。

（二）聘请专家参与安全检查和评价、咨询费用。

第八条　配备和更新现场作业人员安全防护用品支出。包括安全帽、保险带、手套、雨鞋、口罩等现场作业人员安全防护用品费用。

第九条　安全生产宣传、教育、培训支出。

（一）“三类人员”和特种作业人员的安全教育培训、复训费用。

（二）内部组织的安全技术、知识培训教育费用。

（三）安全宣传栏等购买、制作、安装及维护的费用。

第十条　安全设施及特种设备检测检验支出。包括特种设备、压力容器、避雷设施以及须经相应安全验收方可使用的大型施工机械设备、支架等检测费用等。

第十一条　其他与安全直接相关的支出。

（一）召开安全生产专题会议等相关活动费用。

（二）举办安全生产为主题的知识竞赛、技能比赛活动费用。

（三）安全经验交流、现场观摩费用。

（四）购置、编印安全生产书籍、刊物、影像资料费用。

（五）配备给专职安全人员使用的相机、电脑等物品费用。

（六）安全生产奖励费用：发给专职安全员工资总额以外的安全目标考核奖励，安全生产工作先进个人、集体的奖励。

（七）建设管理单位和监理单位共同认定的其他安全生产费用。

第十二条 在本办法规定的使用范围内，施工单位必须将安全费用优先用于满足安全生产监督管理部门对安全生产提出的整改措施或达到安全生产标准所需支出。

第十三条 为从事高空、高压、易燃、易爆、剧毒等高危作业的人员办理的团体人身意外伤害保险或个人意外伤害保险所需费用，法律规定为职工提供的职业病防治、工伤保险、医疗保险所需费用，安全管理人员办公设备、安全管理人员工资以及津贴等福利费用，施工单位与建设单位联合投保的工程一切险及第三方责任险、施工单位单独投保的设备险所发生的保险费用，均不得在安全费用里支出。

第十四条 安全生产专项费用实行专户核算，施工单位应当按照规定范围安排使用，严禁挤占或挪用。

第十五条 监理单位应定期对工程项目施工现场安全费用使用情况进行检查评价，对评价结果不合格的，应立即整改。

第三章 安全生产费的支付

第十六条 安全生产费支付的前提条件是安全生产各项管理制度健全，防范工作贯彻落实到位，措施有效；不满足条件时，建设管理单位将暂不支付安全生产费，直至监理工程师满意并得到签字确认后，方可办理支付。

第十七条 安全生产费采用总额计量和凭证计量两种方法，以不超出合同约定为限，超出部分由施工单位自行承担。工程开工后，代建办将工程量清单中安全生产费的50%支付给施工单位。待有效合同价完成50%且施工单位提供已支付完安全生产费用的规范凭据后，剩余的安全设施专项费用原则上每季度计量一次，按当期工程总产值的1.5%为支付上限。监理工程师根据施工单位提供的凭据原件现场核实无误后方可办理计量工作，对审核不符合要求的，支出将在后期计量中扣除。安全生产费工作量确认单及附件应单独装订，并分类汇总各项支出情况及凭证号。

第十八条 施工单位在施工过程中未按安全技术操作规程配备和投入安全保护设施或未采取必要的安全防护措施或发生重大安全事故的，监理工程师有权在计量时暂扣相应费用，并督促施工单位增加安全投入。

第十九条　施工单位须与监理工程师共同研究，结合危险源清单，列出安全生产费计划工程量清单，作为安全生产费支出的基本依据。

第四章　安全生产费的监督管理

第二十条　代建办和监理工程师有权对工程安全费用的使用、管理情况进行日常监督管理。

第二十一条　安全生产费须单独记账，不得挪作他用，否则处以挪用金额2～10倍的罚款。

第二十二条　施工单位应对提供的安全生产费计量资料的真实性负责，对提供虚假原始单据的，代建办将已支付安全生产费用扣回，情况严重的，扣除5～20万元的违约金。

第二十三条　监理工程师应认真核对施工单位提供的用于安全生产支出的发票和实物，施工单位安全生产费计量资料不真实而监理工程师予以确认的，处以2 000～10 000元的罚款。

第二十四条　用于安全生产的物资设施，要建立入库、出库台账，做到账物相符，入库、出库、使用记录台账一一对应，保证安全生产物资、设施仅用于安全生产，确保工程安全施工。

第二十五条　安全生产费用的会计核算，应当符合国家有关会计制度的规定。

第五章　附　则

第二十六条　本方法由工程代建办负责解释。

第二十七条　本办法自下发之日起执行。

【示例 8-7-6】

安全事故报告制度

第一章　总　则

第一条　为规范工程生产安全事故的报告和调查处理，落实生产安全事故责任追究制度，防止和减少生产安全事故，根据《中华人民共和国安全生产法》《生产安全事故报告和调查处理条例》和有关法律、法规，制定本制度。

第二条　本制度所称安全事故（以下简称事故）是指：发生在工程施工现场范围内（包括永久占地、临时占地、取土场以及办公及生活驻地）与参建单位有关的施工安全（包括人身伤亡或经济损失）事故。

第三条 根据事故造成的人员伤亡或者直接经济损失分为以下等级：

（一）特别重大事故是指造成30人以上死亡，或者100人以上重伤，或者1亿元以上直接经济损失的事故；

（二）重大事故是指造成10人以上30人以下死亡，或者50人以上100人以下重伤，或者5 000万元以上1亿元以下直接经济损失的事故；

（三）较大事故是指造成3人以上10人以下死亡，或者10人以上50人以下重伤，或者1 000万元以上5 000万元以下直接经济损失的事故；

（四）一般事故是指造成3人以下死亡，或者10人以下重伤，或者1 000万元以下直接经济损失的事故。

本条所称的“以上”包括本数，所称的“以下”不包括本数。

第四条 事故报告应当及时、准确、完整、连续，任何单位和个人对事故不得迟报、漏报、谎报或者瞒报。

事故调查处理应当坚持实事求是、尊重科学的原则，及时、准确地查清事故经过、事故原因和事故损失，查明事故性质，认定事故责任，总结事故教训，提出整改措施，并对事故责任人依法追究。

第五条 任何单位和个人不得阻挠和干涉对事故的报告和依法调查处理。对事故报告和调查处理中的违法行为，任何单位和个人有权向安全生产监督管理部门、监察机关或者其他有关部门举报。

第二章　事故报告

第六条 事故发生后，事故现场有关人员应当立即向本单位负责人报告；单位负责人接到报告后,应于1小时内向事故发生地县级以上人民政府安全生产监督管理部门和负有安全生产监督管理职责的有关部门报告，并同时向代建办报告。

情况紧急时，事故现场有关人员可以直接向事故发生地县级以上人民政府安全生产监督管理部门和负有安全生产监督管理职责的有关部门报告。

第七条 安全生产监督管理部门和负有安全生产监督管理职责的有关部门逐级上报事故情况，每级上报的时间不得超过2小时。

第八条 事故报告应当包括下列内容：

（一）事故发生单位概况。包括事故单位名称（单位全称）、上级主管部门承担的合同段及主要情况。

（二）事故发生的时间、地点以及事故现场情况。

（三）事故的简要经过。

（四）事故已经造成或者可能造成的伤亡人数（死亡、重伤人数分开，包括下落不明的人数）和初步估计的直接经济损失。

（五）已经采取和准备采取的措施。

（六）其他应当报告的情况。

第九条　事故报告后出现新情况的，应当及时补报。

自事故发生之日起 30 日内，事故造成的伤亡人数发生变化的，应当及时补报。道路交通事故、火灾事故自发生之日起 7 日内，事故造成的伤亡人数发生变化的，应当及时补报。

第十条　事故发生单位负责人接到事故报告后，应当立即启动事故相应应急预案，或者采取有效措施，组织抢救，防止事故扩大，减少人员伤亡和财产损失。

第十一条　事故发生后，有关单位和人员应当妥善保护事故现场以及相关证据，任何单位和个人不得破坏事故现场、毁灭相关证据。

因抢救人员、防止事故扩大以及疏通交通等原因，需要移动事故现场物件的，应当做出标志，绘制现场简图，有条件时可拍照或录像，并做出书面记录，妥善保存现场重要痕迹、物证。

第三章　法律责任

第十二条　事故发生单位主要负责人有下列行为之一的，按照《生产安全事故报告和调查处理条例》第三十五条追究责任：

（一）不立即组织事故抢救的。

（二）迟报、瞒报、谎报或者漏报事故内容的。

（三）在事故调查处理期间擅离职守或者不积极配合的。

第十三条　事故发生单位及其有关人员有下列行为之一的，按照《生产安全事故报告和调查处理条例》第三十六条追究责任：

（一）谎报或者瞒报事故的。

（二）伪造或者故意破坏事故现场的。

（三）转移、隐匿资金、财产或者销毁有关证据、资料的。

（四）拒绝接受调查或者拒绝提供有关情况和资料的。

（五）在事故调查中作伪证或者指使他人作伪证的。

（六）事故发生后逃匿的。

第十四条　负有安全生产监督管理职责的有关部门有下列行为之一的，按照《生产安全事故报告和调查处理条例》第三十九条追究责任：

（一）不立即组织事故抢救的。

（二）迟报、漏报、谎报或者瞒报事故的。

（三）阻碍、干涉事故调查处理工作的。

（四）在事故调查中作伪证或者指使他人作伪证的。

第十五条 本制度规定的行政处罚，均由国家相关安全生产监督管理部门决定。

第四章 附 则

第十六条 各等级事故的报告，有关法律、行政法规或者国务院另有规定的，依照其规定。

第十七条 本方法由工程项目建设办公室负责解释。

第十八条 本办法自下发之日起生效

第八节 廉政管理

【示例 8-8-1】

廉政建设管理办法

第一章 总 则

第一条 为进一步加强工程廉政建设，规范参建人员行为，预防腐败问题发生，创建优质廉政工程，根据国家有关法律、法规和省、市交通公路部门有关廉政建设规定，结合工作实际，制定本办法。

第二条 全体参建人员应牢固树立正确的世界观、人生观、价值观，增强在是非面前的辨别能力、在诱惑面前的抵御能力和拒腐防变能力，提高廉政意识、勤政意识、建设优质工程意识，过好权力关、金钱关、美色关，筑牢反腐倡廉思想防线，保证参建队伍政治过硬、廉洁高效、作风优良。

第三条 本细则适用于工程全体参建人员。

第二章 领导机构及职责

第四条 代建办成立廉政建设领导小组，领导小组下设办公室，具体负责廉政建设事宜。总监办及项目部应根据代建办廉政建设领导小组的要求成立相应机构。

第五条 廉政建设领导小组具体负责工程建设过程中的廉政建设，组织实施廉政教育，明确各类人员在工程建设中的廉政要求、行为规范及相应责任。

第六条　代建办主任、总监理工程师和项目经理分别为廉政建设第一责任人。

各单位业务负责人实行“一岗双责”，既负有行政业务工作责任，同时肩负落实廉政建设的责任。

第七条　各级廉政建设领导小组成员要模范遵守国家、省各项廉政法规、制度，自觉接受各级组织、社会各界和参建人员的监督，严格管理、教育好自己的配偶、子女（及其配偶）和身边的工作人员，及时掌握本单位及下属单位的廉政建设情况。

第三章　学习教育

第八条　廉政学习教育由本单位廉政建设领导小组统一组织。

每半年制定一次学习教育计划，并建立廉政学习教育档案。

第九条　廉政学习教育要深入贯彻预防为主、教育为先的廉政工作机制，加强工程建设领域廉政建设，深入开展以宗旨教育、道德教育、警示教育和法规教育为主要内容的廉政学习教育活动。主要学习内容：

（一）法律、法规和廉政工作有关规定。

（二）中纪委、省纪委和省、市交通公路部门关于廉政建设的文件、领导讲话。

（三）典型案例剖析。

（四）工程建设领域廉政工作先进单位、先进个人的经验材料或事迹。

（五）其他廉政工作材料；

（六）分析本单位和个人廉政工作存在的问题，对照检查个人廉政行为。

第十条　各单位应加强廉政文化建设，不断丰富廉政宣传教育载体。经常进行示范教育、警示教育和岗位教育，发挥好教育报告会、勤政廉政谈话、主要领导讲廉政课、以案促廉警示教育、创建廉政网络宣传阵地的作用，打造具有本项目特色的廉政文化品牌。具体为：

（一）深入开展政治理论教育、法制纪律教育、道德素养教育、社会主义荣辱观教育、廉洁自律教育和马克思主义的世界观、人生观、价值观教育。

（二）定期邀请纪检人员针对当前工程犯罪特点进行廉政建设和犯罪预防讲解。

（三）积极探索新形势下工程廉政建设的新方法、新途径，增强宣传教育的针对性和有效性。

（四）定期组织开展“工程建设廉政个人”等评选活动。

（五）开展“规范廉政行为、增强自律意识”主题教育活动。积极倡导“以廉为荣、以贪为耻”的良好风尚。

（六）拓展廉政文化宣传阵地，扎实进行廉政文化“进工地”活动，积极开展以“工程优质、干部优秀”为主题的廉政文化宣传活动。

第十一条 廉政教育以集中学习和自学相结合，单位组织与部门组织相结合，政治理论学习和专业知识学习相结合，因人制宜，循序渐进，逐步提高。

代建办每半年组织不少于一次全线集中廉政建设宣传教育。各单位、各部门每月至少安排一次以上的学习，且每次的学习时间不得少于120分钟。各单位应结合本单位工程建设的实际情况，不定期地开展廉政建设知识讲座。

全体参建人员应积极自学廉政知识，按规定的学习内容做好学习笔记。

第四章 行为规范

第十二条 各单位应严格落实廉政建设责任制。廉政建设应列入各单位重要议事日程，每月研究一次反腐倡廉工作开展情况。廉政建设应与业务工作同部署、同落实、同检查、同考核、同验收。

第十三条 各单位应对决策是否符合科学发展观要求；建设程序是否依法依规；资金管理使用是否规范；工程施工是否安全合格；管理过程中是否存在滥用职权、玩忽职守、徇私舞弊、索贿受贿等违纪违法问题认真进行研究，保证各项决策符合廉政建设要求。

第十四条 各单位应注重加强制度建设,强化公路工程源头治腐工作力度。严格按照有关要求严肃查处各种诚信缺失的典型事件，重点整治施工、监理单位转包、违法分包、偷工减料、提供虚假资料、商业贿赂、忽视工程质量和安全生产、拖欠民工工资等行为。

各单位应建立包括本单位工作流程、政务公开、会议、部门协调等规章制度，将廉政建设融入具体的工程建设环节中。

第十五条 要严格执行财务管理制度，做到开支合法，程序合规，费用结算透明。严格按照合同规定结算支付工程价款、监理费用、征地拆迁费用。

各单位应拒绝受理无合同依据的结算支付，杜绝超概算、超预算、超合同价款支付。

资金运行必须专款专用，杜绝资金转移和挪用。

财会人员严禁利用工作之便向有关结算支付方提取好处费。

第十六条 工程参建人员应做到清正廉洁，遵纪守法，诚信公正，严格管理。不得利用职权徇私舞弊或弄虚作假、谋取私利；不得接受所管辖单位的宴请和娱乐活动；不得接收礼金、有价证券和贵重物品或报销个人支付的费用；不得利用职务便利向管辖单位介绍分包队伍，变向承揽工程或推销材料。

第十七条　加强接待中的廉政建设，严格按照规定的标准、规格接待，不得超标准接待，不得利用接待之机大吃大喝。

第五章　监督检查

第十八条　各单位廉政建设领导小组应做好廉政监督检查工作，内容主要有：

（一）贯彻落实上级关于加强廉政建设的有关制度、办法和要求情况，完成上级关于廉政建设和反腐工作任务的情况。

（二）单位主要负责人对廉政建设的重视情况，廉政工作领导小组成员落实责任制情况。

（三）《廉政合同》及各项配套制度、廉政工作规定的制定及落实情况；廉政工作目标、措施制定以及落实情况。

（四）专（兼）职监察人员的配备以及履职情况。

（五）工作人员执行政治纪律、组织纪律、群众纪律的情况。

（六）政务公开和设立举报箱、举报电话的情况，有关举报问题的查处情况。

（七）对参建人员经常性廉政教育情况；教育内容的针对性、教育形式与实际结合的情况；创新廉政工作情况。

（八）工程有无转包、分包问题；允许分包的工程是否依规办理审批手续。

（九）资金拨付、管理、使用是否符合规定，有无挤占、截留、挪用资金和拖欠农民工工资问题。

（十）有无指定材料设备供应商或推销设备材料的问题，应当招标采购的材料、设备是否招标。

（十一）设计变更手续是否完备，报批程序是否符合要求，特别是工程量增加和单价调整的变更事由是否充分合理。

（十二）计量支付资料是否齐全，有无不符合相关要求的问题。

（十三）落实廉政建设责任制的考核、情况报告、民主测评情况。

（十四）廉政学习教育情况及学习进度。

（十五）经常性宣传情况。廉政宣传栏、标语、条幅的设立情况。

（十六）其他违犯廉政规定的行为。

（十七）针对存在问题进行整改的情况。

第十九条　代建办根据实际情况或结合工作需要组成检查组，采用明察暗访、召开座谈会、个别谈话等方式方法，听取总监办、各项目部工作人员和沿线政府、群众的意见，了解廉政建设情况。

第二十条 代建办一般每季度组织一次全线廉政工作检查。各单位内部廉政检查一般每月进行一次，也可根据工作需要不定期进行检查。

各单位检查组检查完毕后，要本着实事求是的原则，客观、准确地反映有关问题，并写出专题报告报代建办。

第二十一条 各单位应及时汇报本单位开展廉政建设的情况，查找廉政建设的薄弱环节，总结经验，不断提高廉政建设的质量，做到廉政建设警钟长鸣。

第二十二条 为使廉政制度行之有效，确实落到实处，实行内部监督、上级对下级的监督和公开的社会监督相结合的监督方式。

内部监督，组织参建人员学习法律知识，以法律武器武装自己，提高工作人员知法、守法、依法办事的能力。设立廉政警示牌，做到警钟长鸣。通过反腐倡廉案例学习，教育参建人员树立正确、科学的人生观和价值观，增强使命感和责任感。

上级对下级的监督，邀请上级纪检、审计和质量监督部门对工程进行全过程、多方位的监督、检查，将反腐倡廉工作贯穿于工程建设全过程。同时积极主动向上级有关部门汇报廉政建设工作，不断完善廉政制度，遏制腐败现象的滋生。

社会监督，广泛听取各参建单位的意见，设立廉政举报电话和举报箱，接受群众监督和新闻监督。

第二十三条 代建办年终应对各单位廉政工作进行考核，全面总结年度廉政工作情况，并将考核结果作为年终评先评优的依据。

第六章 责任追究

第二十四条 各单位廉政建设领导小组、廉政建设各责任人未能履行工作职责，致使本单位发生廉政问题，情节轻微的，批评教育；情节较重但未造成损失的，通报批评；情节严重造成较大经济损失或造成恶劣社会影响的，给予行政处理；构成犯罪的，移交司法机关依法追究刑事责任。

建设管理人员向监理、施工单位推荐分包单位，或要求监理、施工单位购买合同规定外的材料和设备的，需退回全部非法所得，追究相关责任人的责任；构成犯罪的，移交司法机关依法追究刑事责任。

第二十五条 各单位责任人对直接管辖范围内发生的明令禁止的不正之风不制止、不查处，或者对上级领导机关交办的廉政责任范围内的事项拒不办理，或者对严重违法违纪问题隐情不报、压制不查的，建议原工作所在单位给予责任人和主管领导批评教育直至党纪、政纪处分；构成犯罪的，移交司法机关依法追究刑事责任。

第二十六条　参建人员违反规定的各项职责，营私舞弊、滥用职权、损害相关单位利益、影响工程质量和安全的，建议原工作所在单位分别给予警告、责令改正，或建议有关单位降低其资质等级、吊销其执业证书；有非法所得的，依法予以没收；造成损失的，追究其连带赔偿责任；构成犯罪的，移交司法机关依法追究刑事责任。

第七章　附　则

第二十七条　本办法由工程代建办负责解释。

第二十八条　本细则自公布之日起施行。

【示例 8-8-2】

督查工作管理办法

第一条　为了促进工程廉政建设的反腐败工作的深入开展，加强监督，确保工作人员自觉遵纪守法，转变作风，为工程项目建设服务，结合项目工作实际，特制定本办法。

第二条　认真落实《廉政合同》和《党风廉政建设责任书》及上级有关加强工程建设项目廉政建设和反腐败工作的规定和要求，实行“组织监督、群众监督、社会监督”三位一体的监督工作机制，相得益彰，互为促进，加强监督，推进廉政建设工作的开展。监督小组负责具体工作的实施，履行“监督、检查、考核”工作职责。

第三条　全体工作人员必须树立监督意识，增强接受监督、被别人监督和监督他人的思想理念，形成上下监督、相互监督，对个人负责、对他人负责，对组织负责，组织对个人负责，共同遵守国家的法律法规、规章制度和上级有关廉政建设的制度规定，不违规、不违纪、不违法，廉洁自律、清正为民的良好氛围。领导干部带头执行监督办法，提高认识，以身作则，严格规范。

第四条　设置举报箱、公布举报电话，并在驻地门前设置标牌公示单位名称和所承建的工程项目，接受群众和社会监督。定期开启举报箱（2 人开启），做好开箱记录，接电话人做好举报电话记录。重视群众举报工作，对举报信、投诉信进行登记，举报、投诉及举报电话中所反映的问题，经研究后认真进行调查处理，做好信件保密工作，注意保护举报人。

第五条　在日常相互监督中，坚持谈话制度，对发现苗头性问题，可相互谈话，相互提醒，及时制止或由领导进行诫勉谈话，以戒今后。发现较为严重的违规违纪问题，应主动及时向组织反映，防止问题扩大或产生不良后果。

第六条 坚持不定期征求群众意见和定期员工征求意见的制度，加强自我完善。征求意见可采取到群众中走访，发放和回收征求意见表，聘请义务监督联络员并定期召开征求意见座谈会和与施工队建立联席会议制度征求意见等多种形式相结合的方法进行。在征求意见中，对群众和工作人员提出的意见或建议，认真归纳整理，采取积极措施，进行整改或按照有关规定进行调查处理。

第七条 坚持个人考核互评制度，发挥监督效果，保证互评质量，开展批评与自我批评，注重教育，巩固成绩，改进差距，纠正错误，严肃认真，增进团结，促进廉洁自律和今后工作的开展。

第八条 坚持公示制度，对涉及工作人员切身利益或公共利益的问题，不定期予以公示，增强工作透明度，接受群众监督，使其公平、公正，符合政策、规定。

第九条 坚持对工作人员履行“廉政合同”，遵守有关廉政建设的法律法规，规章制度的情况进行有效监督，发现问题并经查实的，依照有关规定和管理权限进行处理和追究责任，履行监督职责。

第十条 在实施监督工作中，要实事求是，重证据、重调查研究，反映或处理问题严禁弄虚作假，捕风捉影，打击报复或不负责任的问题发生。

第十一条 自觉接受上级组织的监督，听取有关意见，注意改进工作。对上级组织要结果的群众举报信件，及时查处，上报结果。

第十二条 廉政建设领导小组加强对监督工作的正确引导，抓好监督办法的落实，对群众举报、投诉和反映的问题，及时进行研究，认真予以解决或查处，不推诿、不拖拉、坚持原则、严肃纪律，注意工作方法，提高办事效率。

第十三条 本办法由工程代建办负责解释。

第十四条 本办法自工程项目开工之日起实施。

【示例 8-8-3】

廉政交底管理办法

第一条 为加强济南某国道改建工程廉政风险的防控能力，进一步提高一线管理人员的职业道德素质和廉洁从业水平，为企业筑牢廉洁防火墙。根据国家有关法律、法规和省、市交通公路部门有关廉政建设规定，结合工作实际，制定本办法。

第二条 廉政交底是指各工程项目质量监督人员在组织开展质量监督、安全监管交底工作时，同步开展廉政交底，以廉政承诺服务书的形式，宣布质监人员廉政工作纪律，公开工作流程，公布廉政监督方式，规范工作行为。

第三条　代建办成立廉政建设领导小组，领导小组下设办公室，具体负责廉政建设事宜。总监办及项目部应根据代建办廉政建设领导小组的要求成立相应机构。

第四条　在项目开工前，由廉政建设领导小组联系纪检监察部门，对参建各部门、各单位进行廉政交底工作。

第五条　落实会签制度，代建办与参建各监理、施工单位负责人签订廉政协议，各参建部门、单位也应逐级签订廉政协议。

第六条　督促各参建单位严格落实《纪检监察工作会议记录簿》《党风廉政建设责任书登记簿》《廉洁共建协议书登记簿》《廉洁从业承诺书登记簿》《反腐倡廉教育记录簿》《效能监察建议书登记簿》《信访举报处理登记簿和纪检监察人员》《党风廉情监督员花名册》。

第七条　督促指导各参建单位设立纪检组，由职工选举 3～5 名代表组成、每个施工队设立一名廉情监督员、项目部每季度至少开展一次集中廉洁从业教育活动、项目领导与所属重点管理人员定期进行一年不少于两次的廉洁谈话、项目部每年自行立项的效能监察不少于两次。

第八条　通过开展廉政交底，应达到以下目的：一是拓展接受服务管理对象和社会监督的广度和深度，为质监工作程序化、标准化、规范化奠定廉政保障；二是增强与服务对象廉政共建的互动性，带动建设、施工、监理单位和第三方检测方自觉规范廉政行为。

第九条　本办法由工程代建办负责解释。

第十条　本细则自公布之日起施行。

第九节　环保管理

一、环境保护管理

（一）环境影响因素识别

应对工程施工全过程可能产生的环境因素进行识别，识别出重要环境因素，进行环境影响评价，制定环境目标、指标及管理方案，实行目标管理及施工过程运行控制，并要求承包商制定环境目标、指标管理方案和环境管理控制方法与手段。

根据 ISO 14001 环境体系文件要求建立健全环境保护责任制，并落实各职能部门的岗位职责，同时，要求承包商建立健全环境保护责任制，责任落实到人，做到环境保护工作层层、面面有人负责，人人爱护环境、保护环境。

要求承包商成立施工现场保洁队，配备足够的人员及清扫、洒水设备，每天及时清扫施工现场内及工地大门外卫生责任区，并洒水降尘。

（二）环境管理措施

1. 定期组织召开施工现场环境保护管理工作例会，总结前一阶段施工现场环境管理情况，布置下一阶段施工现场的环境保护管理工作。

2. 建立并执行施工现场环境保护管理检查制度，由代建单位定期组织监理单位及施工单位环境保护管理负责人参加的联合检查，对施工现场的环境监测、目标、指标管理方案执行情况进行检查，对重要环境因素如施工废水、扬尘、噪声、生活废水、施工垃圾的排放及道路硬化等环境保护措施进行全面检查，对检查中发现的问题，开出“隐患问题通知单”，各施工单位及责任部门收到“隐患问题通知单”后，采取定人、定时间、定措施予以整改，监理单位跟踪落实整改情况，确保环境保护全面达标。

3. 开展全员“绿色工程”环境保护教育工作，代建单位监督各承包单位、施工单位、定期对职工进行环境保护法规知识的培训教育考核，做到从我做起，爱护环境、保护环境，在施工中严格按照环保标准作业，对不符合环保要求的材料、排放不达标的设备一律不用。

（三）环境管理要点

1. 防止对大气污染。

① 拆除工程施工前应先洒水、后拆除，拆除过程中也应适量洒水防止扬尘污染，施工垃圾应及时清运，运输车辆必须是封闭式车厢，车辆出场前，车槽边存土必须清理干净，经车辆清洗冲刷台，车轮清洗干净后方可出现场，严防车辆带泥沙出现场。

② 施工现场主要道路必须硬化处理，办公区、生活区应适当绿化、美化，防止道路扬尘。

③ 水泥、石灰等细颗粒材料必须做好存放，运输时要防止遗洒、飞扬，装卸时应轻码、轻放，减少扬尘。土方施工阶段遇四级以上大风停止土方扬尘施工。

④ 施工现场的冬施锅炉必须使用清洁燃料。

2. 防止对水污染。

① 施工现场应统一设置排水沟、混凝土输送泵及运输车辆，清洗处应设置

沉淀池，废水不得直接排入市政管网，经二次沉淀后循环使用或用于洒水降尘。

② 现场存放油料必须对库房进行防渗漏处理，储存和使用都应采取措施，防止油料泄漏，污染土壤水体，施工中使用的脱模剂等物品使用中也应采取防泄漏措施。

③ 施工现场设置的食堂，用餐人数在 100 人以上的，应设置隔池，加强管理，专人负责清掏，防止污染。

3. 防止施工噪声污染。

① 施工现场的强噪声设备必须搭设封闭式机棚，并尽可能设置在远离居民区及办公区一侧，以减少噪声污染。

② 夜间施工应按规定办理夜间施工许可证，并采取措施，最大限度地减少施工噪声，可采用隔音布，低噪声振捣器等方法。

③ 对人为噪声应有管理制度和降噪措施，并严格管理。承担夜间材料运输的车辆，进入施工现场严禁鸣笛、装卸材料应做到轻拿轻放，塔式起重机应使用对讲机指挥，最大限度减少噪声扰民。

④ 施工现场应进行噪声值监测，噪声值不得超过昼间 70 分贝，夜间 55 分贝。

⑤ 代建单位与委托方、监理、承包商、分包方、街道办事处共同协调施工扰民工作，最大限度地减少施工扰民。

⑥ 生活垃圾与施工垃圾分别存放，并及时清运。

4. 防止废弃物污染。

① 采用科学的施工方案、方法及可行的措施，减少现场施工垃圾及拆除垃圾。

② 施工现场设立专门的废弃物临时贮存场地，生活垃圾与施工垃圾分开，废弃物应分类存放，对有可能造成二次垃圾的废弃物必须单独贮存、设置安全防范措施且有醒目标识。

③ 每天定时清理收集垃圾。

④ 减少用埋填的方法处理垃圾的数量。

⑤ 废弃物的运输确保不遗散、不混放，送到政府批准的单位或场所进行处理、消纳，对可回收的废弃物做到再回收利用。

⑥ 有害废料要清楚标识并采取适当的措施，隔离存放。

二、文明施工管理

在项目建设过程中，贯彻“人文工程”的理念，充分尊重人的价值，在进行设计、生产、组织施工等过程中，充分发挥机械设备的使用，代替重体力劳动和危险作业，积极创造舒适方便的工作、生活环境，最大限度地保护作业人员的健康和积极性，向技术设备要生产效率，营造人人心情舒畅、健康向上的工作、生活环境。

（一）文明施工管理制度

推行文明施工责任制、文明施工方案会签制，在实施过程中，进行定期、不定期的检查、评比活动，表扬先进、处罚落后，提出整改措施。

（二）文明施工管理措施

1. 现场统一管理，专人负责，创造整洁、有序、安全的作业环境。为避免生活区与施工区的相互影响，要求实现施工区与生活区完全分开。

2. 现场内主要道路路面全部硬化，平整坚实，做到黄土不露天，路面统一设置排水系统，做到晴天不扬尘、雨天不积水。施工现场加工区设备、设施完善，临电、环保、降噪措施到位。钢筋、木材、水泥、砌块、模板等材料堆放整齐，大型设施、机械布置符合平面图规定，消防通道畅通，消防器材布置合理，并设专人指挥施工现场内的交通，人员、车辆分流，交通随施工生产的进程而变化，确保安全第一。

3. 生活区建立舒适、卫生、整洁的生活环境。贯彻“人文工程”的理念，充分尊重人的需要，提高生活设施标准，使所有的施工人员能够工作好、能够休息好。

4. 进行持续的安全、治安、消防、卫生防疫、环境保护、交通安全等教育宣传活动。

5. 实行文明施工责任区制度，从制度上落实文明施工工作。根据合同内容、施工范围、施工区域等划分文明施工责任区，做到责任落实到位、落实到班组、落实到每一个作业人员。

【示例 8-9-1】

工地环境保护管理办法

第一章　总　则

第一条　为加强工程施工环境保护管理，切实履行公路行业社会责任，落实科学发展观和实现可持续发展要求，根据《中华人民共和国环境保护法》等法律、法规，结合工程实际，制定本办法。

第二条　本办法所称环境，是指影响人类生存和发展的各种自然的和经过人工改造的自然因素的总称，包括大气、水、土地、矿藏、自然遗迹、人文遗迹、自然保护区、风景名胜区、城市和乡村等。

第三条　建设代建办公室负责工地环境保护管理的组织领导，总监办负责工地环境保护工作的监督检查，各施工单位负责工地环境保护工作的落实。

第四条　各施工单位遵照法律、法规的要求，依据现行国家标准《环境管理体系要求及使用指南》(GB/T 24001)，按照“保护环境，绿色施工”的环保工作方针，建立和完善工程环境保护管理制度，采取切实有效的措施，防止产生废气、废水、废渣、粉尘、放射性物质，以及噪声、振动、电磁波等对环境的污染和水土流失。

第二章　环保管理

第五条　各施工单位要结合工作实际，开展有计划、有层次的宣传培训活动。使员工了解相关法律、法规的要求，熟悉施工企业常规的污染防治及处理规定和水土保持要求。

第六条　开展环保情况调查。施工单位在组织施工调查时，应了解工程环保状况，写出调查报告，纳入施工调查报告。

第七条　施工单位应依据法律、法规和当地政府要求，识别适用于项目环境因素管理的法律、法规及相关要求，编制《项目环境管理的主要法律法规和标准目录》。

第八条　制定环境目标、指标和管理方案。总监办组织施工单位对环境因素进行识别和评价，编制《重要环境因素、环境影响和管理现状清单》，判定重要环境因素，制定《重要环境因素管理方案》，并报代建办备案。

第九条　抓好环保工作技术交底及落实。各施工单位应根据行业、地方及业主要求编写总体技术交底书，下发各作业队。总体环保交底书应包括企业环保方针、项目环境目标、指标，以及总体环保措施和要求等。对影响重大的环境因素，应编制专项环保技术交底书。

第十条　施工单位在施工中，严格按照要求开展工作。对易产生环境污染、水土流失的工序和部位加强控制。根据需要配足环保监测和测量设备，实施监测及做好记录，发现异常及时上报。

第十一条　施工单位负责人按时参加业主等相关各方有关环保的会议，根据需要签订有关环保协议和公布监督电话。对各方的要求，要及时落实并保持记录。

第十二条 施工单位要认真履行监督检查的责任，开展定期和不定期的督察，对违反环保规定的问题要求整改，并按照奖罚规定处罚。

环保管理人员要经常检查环保方案的执行情况并形成检查记录，对发现的问题要督促整改。要定期对现场开展环保检查，重点环节要旁站监控。

第十三条 施工单位要根据实际情况，分析可能发生的紧急情况，如：火灾、爆炸等，编制《重大环境事件应急预案》，预备必要的应急物资，需要时按照程序组织抢险救灾。

对因发生事故或其他突发性事件，造成或者可能造成污染事故的，须立即采取措施处理，及时通报可能受到污染危害的单位和居民，在向上级报告的同时向当地环保部门报告。

第十四条 总监办应在施工前，详细编制工地环境保护奖罚办法，上报建设代建办批准后实施。

第三章　事故调查及责任追究

第十五条 环境事故是指由于责任过失导致环境（空气、水、噪声、电磁辐射等）受到污染，国家重点保护的野生动植物、自然保护区受到破坏，水土流失，人体健康受到危害，社会经济与人民财产受到损失，造成不良社会影响等突发性事件。

第十六条 事故报告。

环保事故发生后，要立即上报，并采取有效措施，防止事故扩大。国家、地方政府、代建办有要求的应按时上报。3 日（特殊情况当日）内提出书面报告逐级上报。报告内容包括：

（一）事故发生的时间、地点。

（二）事故发生的简要经过，损失情况。

（三）发生原因的初步分析。

（四）采取的应急措施及事故控制情况。

（五）处理方案及工作计划。

第十七条 事故调查。

（一）事故发生后，责任单位除按上述规定提交书面报告外，还应在 10 日内提交书面事故调查及责任追究初步意见。主要内容包括原因分析、责任认定和对责任单位和个人的处罚意见等。

（二）接到报告后，总监办组成事故调查组（由总监办以及责任单位负责人、环保负责人参加），迅速开展事故调查工作。根据国家、行业的法律、法规、规范以及合同，研究业主、设计、监理、施工资料和责任单位提交的事故调查报告等，综合分析，进行现场调查，核定事实，确定事故性质。

（三）调查完毕后，提交“事故调查情况及处理意见报告”。报告应写明事故发生的经过、人员伤亡、直接经济损失情况、事故原因分析、明确事故责任人员、对有关责任单位和个人追究处理的意见和防止类似事故再发生应采取的改进措施意见等内容。

（四）环保事故调查组有权向事故相关单位和个人了解事故有关情况，索取有关资料，任何单位和个人不得拒绝和隐瞒。

（五）环保事故调查组在对事故定性和定责过程中，应和责任单位和个人沟通，原则上应书面签认。对其有异议的，由调查组再次确认，必要时可聘请专家鉴定。

（六）调查组根据调查的情况提出环保事故责任追究处理建议，报分管环保的项目领导审查，领导班子会议审定。

（七）通过必要的企业职工奖罚条例规定的程序后，通报事故处理决定并将调查资料存档。

（八）调查组成员实行回避制。与被调查项目有直接利害关系的人员不得参与调查组。配合调查的项目工作人员不得参与调查组内部讨论会。

第十八条　责任确认。

对事故责任的认定按照导致事故发生的因果关系和工作职责确认，共划分为以下四级责任。

（一）直接责任：因责任过失，如违章操作、弄虚作假的班组长、现场技术、环保、材料设备人员和直接作业人员，以及存在违章指挥、技术决策错误等问题的各级领导和管理人员，直接导致环保事故的发生，应承担直接责任。

（二）重要责任：因为上述责任过失对事故发生起到重要推动作用的责任人，应承担重要责任。

（三）重要管理和领导责任：因领导不力、监督管理不善等原因，对事故的发生起到重要推动作用的各级领导和管理人员，应承担重要管理和领导责任。

（四）管理和领导责任：因领导不力、监督管理不善等对事故发生起到一定作用的各级领导和管理人员，应承担领导和管理责任。

第十九条　环保事故发生后，责任人或单位有意瞒报、延报、谎报、拒绝接受调查或拒绝提供有关情况、资料，以及提供伪证、打击报复调查人员的，以及同一施工单位连续发生环保事故的，应从严给予责任人行政处分并加重经济处罚。

第二十条 对因环保事故导致人员伤亡的，按照安全事故相关规定调查和处理。

第四章 附 则

第二十一条 本办法由工程代建办负责解释。

第二十二条 本办法自发布之日起生效，总监办及各施工单位要按照本办法的要求，制定实施细则。

【示例 8-9-2】

现场文明施工管理办法

第一章 总 则

第一条 为加强工程施工现场基础管理，规范现场施工行为，创建文明和谐的施工环境，保证施工生产的协调、有序、整洁、高效，有效降低有害的环境影响，树立公路行业文明形象。结合国家有关法律、法规、标准和有关管理办法，并借鉴吸收其他工程先进经验，特制定本办法。

第二条 建设代建办公室负责工地文明施工的组织领导，工程部负责日常管理工作，总监办负责工地文明施工的组织管理、监督检查，施工单位负责落实。

第二章 现场管理

第三条 施工前应由工程技术人员、安全管理人员编制文明施工专项方案，由施工单位总工审核后，报总监办审查批准，报代建办备案。

第四条 文明施工专项方案应包括施工平面布置、大门、围挡墙、临时设施、场容场貌、卫生管理、环境保护、文明行为等主要内容。

第五条 施工现场施工区、办公区、生活区应分开布置，并有明显划分隔离。施工区域的划分和场地确定应符合施工流程要求，尽量减少专业工种和各工程之间的干扰。应满足劳动保护、安全和防火及环境保护要求。

第六条 施工现场必须沿工地四周连续设置围挡。大门和围挡材料要求坚固、稳定、整洁、美观。围挡的标语内容要根据国家、行业的要求，结合社会需求和工程所在地点进行编写。

第七条 施工现场必须实行封闭管理，制定门卫制度，严格执行外来人员进、出场登记制度，门卫值班室应设在大门一侧，与大门的距离不得超过 5 m。工作时间严禁管理人员和劳务人员私自外出。不得在门口逗留、闲谈。

第八条 施工现场场地应进行硬化，作业区、生活区主干道地面必须用一定厚度的混凝土硬化，场内其他道路地面可用其他方法硬化处理。

施工现场道路畅通、平坦、整洁，无散落物。设置完善的排水系统，排水畅通，不积水。严禁泥浆、污水、废水外流或堵塞下水道和排水渠、道。

第九条 新建临建设施必须使用符合规定要求的装配式彩钢活动房屋，活动房屋不得超过两层，并满足安全、卫生、保温、通风（窗扇不能是固定式的）、采光等要求，温暖季节应安装纱门、纱窗。

第十条 临建设施应包括门卫值班室、会议室、项目经理办公室、项目主任工程师办公室、施工员办公室、预算员办公室、材料员办公室、材料库房、宿舍、厨房、食堂、卫生间、洗衣房、淋浴室、饮水室（处）、吸烟室（处）、文化活动室。

第十一条 办公室与宿舍地面应硬化，墙面应进行简单装修，室内外地坪差不得小于 150 mm。利用施工现场原有建筑作为临时设施的，房屋外表要统一涂刷公司标准色。

第十二条 施工现场应设固定的水冲式男、女厕所，厕所天棚、墙面刷白，便槽贴面砖，地面用水泥砂浆或地砖。高层建筑应每隔二层设临时便溺设施。

第十三条 临建设施内用电应达到“三级配电两级保护”，未使用安全电压的灯具距地垂直高度应不低于 2.4 m。

第十四条 施工现场大门处要设置“六图两牌”，即工程概况牌、不扰民措施牌、消防保卫牌、文明施工牌、安全生产牌、企务公开牌和施工现场平面布置图、工程立体效果图。

第十五条 施工现场应设置宣传栏、读报栏、黑板报，宣传内容应及时更换。

第十六条 建筑材料、构件、料具设备必须按施工现场平面布置图堆放，布置合理。建筑材料应分门别类堆放，悬挂统一标牌，标明名称、品种、规格、数量等。施工机械应统一悬挂安全操作规程牌。易产生扬尘的建筑材料，如水泥、砂、生石灰等应装袋存放或进行覆盖。

第十七条 必须建立清扫制度，落实到人，做到工完料尽、机械净、场地清，施工现场大门处应设置车辆冲刷设施保持出场车辆清洁。

第十八条 建筑垃圾应集中、分类堆放，及时清运，临时存放现场的也应集中堆放整齐、悬挂标牌，大风天应进行覆盖。生活垃圾应采用封闭式容器，日产日清。不用的施工机具和设备应及时出场。在市区施工，垃圾清运应委托有资格的运输单位，不得乱卸乱倒。

第十九条 办公室内、外清洁、整齐、窗明、地净。在墙壁统一位置贴挂岗位职责和施工图表，不得贴挂与施工无关的图画。会议室内应贴挂企业标志背景板、建工集团之歌、项目组织机构图、职工职业道德规范等。

第二十条 宿舍应建立室长卫生管理制度，且和宿舍人员名单一起上墙。宿舍内应设置封闭式餐具柜和储物箱，各种生活用品摆放整齐，定期清洗衣服被褥，定期消毒，生活垃圾按指定地点集中，及时清理。宿舍周围环境应保持整洁，设置封闭式垃圾箱。

第二十一条 食堂应设置在远离厕所、垃圾站、有毒有害场所等污染源的地方。制作间灶台及其周边应贴瓷砖，高度不得低于 1.5 m，地面应做硬化和防滑处理。食堂应设置独立的制作间、储藏间，门扇下方应设不低于 0.6 m 的防鼠板。生熟食品分案作业，配备必要的排风和冷藏设备，夏季有防蝇措施。

第二十二条 食堂必须取得卫生许可证，炊事人员持健康证上岗，工作须穿戴工作服帽，并保持个人卫生。食堂外应设置密闭式泔水桶，并及时清运。

第二十三条 厕所应设专人管理，及时冲刷清理、喷洒药物消毒，无蚊蝇滋生。现场严禁随地大小便。

第二十四条 施工现场应遵守国家有关环境保护的法律法规，有效地控制粉尘、噪声、固体废弃物、泥浆、强光等对环境污染和危害。

（一）施工现场不得熔融沥青等有毒有害物质和各类废弃物。

（二）食堂应使用油、气、电等清洁热源，禁用散煤等污染性燃料。食堂应设置隔油池并应及时清理。

（三）建筑物内垃圾的清运，必须采用相应容器或管道运输，严禁凌空抛卸。

（四）施工污水经沉淀后方可排入市政污水管网或河流。

第二十五条 现场施工人员必须佩戴胸卡，管理人员统一服装，统一佩戴蓝色安全帽，安全帽正面有公司统一标志，作业人员统一佩戴黄色安全帽。外出时要着装整洁、得体。

第二十六条 不得酒后上班和上班时间喝酒，不得高声喧哗，聊天闲侃。上班时间不得干私活，看与本职工作无关的闲书和杂志。

第二十七条 采取有效措施，避免施工扰民，妥善处理与周边居民的关系。不得聚众赌博。

第二十八条 参建单位应在业余时间有效开展各种健康的集体娱乐活动和组织学习、培训教育活动。

第三章　附　则

第二十九条 本方法由工程代建办负责解释。

第三十条 本办法自下发之日起生效。

【示例8-9-3】

扬尘污染防治指导意见

第一章　总　则

第一条　为加强工程施工现场管理，防治施工扬尘污染，保护和改善环境空气质量，有效保障人民群众的切身利益，根据有关法律、法规、规章，结合本市实际，制定本办法。

第二条　办法所称扬尘污染，是指在工程施工、建筑物拆除、道路保洁、物料运输与堆存、采石取土、养护绿化等活动产生的松散颗粒物质对大气环境和人体健康造成的不良影响。

第三条　建设代建办公室负责工地扬尘污染防治管理的组织领导，总监办负责工地扬尘污染防治工作的监督检查，各施工单位负责扬尘污染防治工作的落实。

第二章　扬尘污染防治

第四条　施工单位遵照山东省、济南市相关要求，制定扬尘污染防治实施方案，报总监办批准后实施。并报代建办备案。相关责任单位应当明确专人负责扬尘污染防治的具体管理工作，并在施工现场公示。

第五条　建设单位在招标文件中应当要求投标人在投标文件技术标的主要施工措施中，制定有效防止施工现场扬尘污染防治措施，该措施列入技术标评标评审内容。中标人与建设单位签订的合同应当包括招标文件中的施工现场扬尘污染防治要求。建设工程施工现场扬尘污染防治费用应当列入工程预算，专款专用。

第六条　建设单位应建立施工现场扬尘污染防治方案报监制度。办理安全监督登记手续时，应当按照规定报送施工现场扬尘污染防治方案。

第七条　在工程开工前，应当对施工用地设置符合规定要求的围挡，逐步淘汰砖砌围挡。

第八条　施工单位应当建立扬尘污染防治的教育和技术交底制度。将环境保护知识纳入工人上岗前的教育内容，对所有进场人员进行环保教育，作业前对工人进行扬尘污染防治的技术交底。

第九条　施工现场的主要出入口、主要施工道路、外脚手架底和主要材料的堆放地应当按照规定做硬化处理。

施工现场的主要出入口应当设置车辆清洗设施或设备。洗车平台四周应当设置防溢座或废水收集坑、沉淀池，防止洗车废水溢出工地。工地的排水系统，应当定时清理，做到排水畅通，杜绝随意排放。

第十条 施工现场的建筑材料、构件应当按平面布置图分类、分规格存放。散体物料应当采取挡墙、覆盖等措施。易产生粉尘的水泥等材料应当在库房或密闭容器内存放。

第十一条 施工现场的施工垃圾和生活垃圾，应当设置密闭式垃圾站集中分类存放，及时清运。

第十二条 裸置6个月以上的土方，应当采取临时绿化措施。裸置6个月以下的土方，应当采取覆盖、压实、洒水等压尘措施。

第十三条 施工现场应当按照规定使用预拌混凝土、预拌砂浆。因项目规模、条件限制等特殊情形确需现场搅拌的，应当按照规定向相关部门备案，并在现场配备降尘防尘装置。

第十四条 施工时应当配备洒水车辆，合理分步实施，控制土方开挖和存留时间。灰土闷灰时应当集中堆放，采取洒水降尘，及时覆盖。路基土方填筑时，应当采用稳定土拌和机，不得使用无防尘遮罩的粉碎设备，并及时碾压。

第十五条 运输建筑垃圾（工程渣土）、砂、石等散体物料时，应当采用具有密闭车厢的运输车辆。车辆驶离工地前，应当在洗车平台冲洗轮胎及车身，其表面不得附着污泥。建筑垃圾（工程渣土）应当按照规定运输至核准的储运消纳场所。

第十六条 结构物拆除工程应当设置封闭围挡，采取喷淋压尘措施或其他压尘措施后方可施工。其建筑垃圾（工程渣土）应在建筑物、构筑物拆除后7日内清运完毕。拆除工程完毕后15日内不能开工的建筑用地，土地储备管理机构、土地使用权所属单位应当采取覆盖、地面硬化、绿化等措施控制扬尘。

第十七条 风力在5级以上的，施工现场应当根据实际对工地采取洒水等防尘措施，结构物拆除工程等产生扬尘污染的施工作业应当停止。

第十八条 监理单位应当加强对施工单位扬尘污染防治执行情况的检查，督促施工单位落实扬尘防治措施。施工现场发生扬尘污染的，应当要求施工单位整改，情况严重的，应当要求施工单位暂时停止施工，并及时报告建设单位。施工单位拒不整改或者不停止施工的，监理单位应当及时向建设行政主管部门或者其他相关部门报告。

第十九条 施工单位应严格按照本指导意见规定实施，违反济南市相关规定或者《中华人民共和国大气污染防治法》等法律、法规规定的，施工单位不得评为文明单位。相关责任单位和人员的不良行为记入信用档案。

第二十条　代建办设立举报电话，接受举报和投诉；受理扬尘污染的举报和投诉后，应当及时通知监理单位赴现场检查，并将处理结果告知举报人或者投诉人。

第三章　附　则

第二十一条　本办法由工程代建办负责解释。

第二十二条　本办法自发布之日起生效，总监办及各施工单位要按照本办法的要求，制定实施细则。

【示例 8-9-4】

扬尘治理与渣土整治实施细则

第一章　总　则

第一条　为认真贯彻落实济南市关于大气污染防治工作安排部署，减少扬尘污染，改善大气环境质量，保障人民群众身体健康，结合工程实际，制定本实施细则。

第二章　主要目标

第二条　控制施工现场扬尘污染。

工程施工区域应设置规范、连续、密闭的围挡，围挡高度不得低于 1.8 m；裸露地面应当铺设细石（砂）或其他功能相当的材料，或采取覆盖防尘布（网）等措施；开挖、运输和填筑土方等施工作业时，应当辅以洒水降尘等措施；遇到四级以上大风天气，应当停止土方施工作业，并在作业处覆盖防尘布（网）；施工过程中使用易产生扬尘的建筑材料，应当采取密闭储存、设置围挡、砌筑围墙、覆盖等防尘措施；施工现场通行道路应当硬化处理，并及时清扫保洁和洒水降尘；运输物料、渣土、泥浆、垃圾等车辆应当密闭，防止出现扬尘、撒漏现象；采取合理措施确保出入工地的运输车辆干净、整洁；工地出口处铺装道路上可见粘带泥土不得超过 10 m，并应当及时清扫冲洗；施工中产生的建筑垃圾应当及时清运，清运时应采取遮挡、洒水等降尘措施，未能及时清运的，应采取覆盖、密闭存放等防尘措施；施工现场严禁焚烧各类废弃物；钻孔灌注桩施工时，加强泥浆循环池管理，确保泥浆不外溢。

第三条　控制料场、拌合（预制）场扬尘污染

场内道路、材料存放区、拌合区和作业区地面应按照有关标准硬化处理，并及时清扫保洁和洒水降尘；场内排水设施完善、通畅，无积水、无浮尘；场

内存放材料应采取围挡、覆盖等降尘措施；拌和机应当安装加湿或喷淋装置，避免粉尘污染；拌和站所用燃料应符合相关环保要求，防止有害气体排放超标；场内出入口应当设置车辆冲洗台，确保出入车辆干净、整洁。

第四条 控制办公、生活场所环境污染。

一是努力减少烟尘排放，食堂不燃用散煤，抵制露天烧烤。二是妥善处理生活垃圾及废弃物品，实行绿色消费。三是每天清扫办公、生活场所，保持环境卫生。

第三章 组织机构

第五条 为切实加强对扬尘治理与渣土整治工作的组织领导，成立工程扬尘治理和渣土整治工作领导小组，全面负责工程实施期间的扬尘治理与渣土整治工作的组织领导。

第四章 工作措施

第六条 强化思想认识。

加强大气污染防治、改善大气环境质量，是市委、市政府落实科学发展观的重要决策，是实现经济社会可持续发展的必然要求。各参建单位要充分认识该项工作的重要性和紧迫性，切实增强责任感和使命感，把思想统一到市委、市政府决策部署上来，迅速行动，扎实工作，全力推进工程大气污染综合防治，有效改善大气环境质量。

第七条 加强组织领导。

各施工、监理单位要按照本方案要求成立以项目负责人为组长的扬尘治理领导小组，编制扬尘治理施工专项方案和监理细则，将扬尘治理工作落实到每一道工序、每一个施工环节、每一个人员，确保扬尘治理工作取得实效。

第八条 落实目标责任。

各施工单位是扬尘治理与渣土整治的责任单位；参建施工、监理单位主要负责人（项目经理或总监）是本单位扬尘治理与渣土整治的第一责任人。各参建单位要层层分解目标，将责任落实到人，及时签订《扬尘治理与渣土整治目标责任书》，报建设办公室备案。

第九条 加大宣传教育力度。

一是各施工、监理单位要召开专题会议，贯彻落实市政府专题会议精神，全面传达扬尘治理与渣土整治的重要性、紧迫性，开展环保知识讲座，普及扬尘治理防治知识，动员全体人员自觉学习环保知识，做到全体参建人员齐心协力共同抓好本项工作；二是在施工现场进出口、生活办公场所等位置设置扬尘治理标牌，标明环保要求、责任单位、监督举报电话等信息，接受社会监督；三是引导全体参建人员自觉践行社会公众扬尘治理规范，自觉监督、纠正、举报环境违法行为。

第十条　建立检查考核机制。

代建办将扬尘治理与渣土整治作为一项重要工作来抓，将扬尘治理工作纳入旬月检查考核范围，加大检查考核力度，将考核结果作为旬月检查的强制性条件。即：扬尘治理与渣土整治工作不达标或受到群众举报。经落实属实的，该单位本旬（月）考核评定为不合格。

第五章　附　则

第十一条　本方法由工程项目建设办公室负责解释。

第十二条　本办法自下发之日起生效。

【示例 8-9-5】

扬尘污染防治 7172 工作制度

第一章　总　则

第一条　“71”：代建办每周（7 天）召开 1 次调度会，调度安全环保施工管理情况，及时传达上级有关要求，安排部署下周工作；监理单位每周（7 天）至少召开 1 次现场会，点评施工管理的薄弱环节，提出整改措施和要求；施工单位每周（7 天）至少对项目驻地、拌和站、预制厂、施工便道、安全设施等进行 1 次彻底清理，确保场站管理规范，施工便道整洁，安全设施齐全、醒目、有效。

第二条　“17”：施工单位每天对施工便道进行不少于 7 次洒水，抑制扬尘现象发生。

第三条　“1”：施工单位每 5 000 万投资至少配备 1 名安全环保专职管理人员；路基、路面施工单位至少配备 1 套专用抑尘设备（雾炮车）；各参建单位至少安排 1 名专（兼）职档案管理人员，及时收集、整理、归档有关资料。

第四条　“2”：代建办每周不少于 2 次的全线巡查，发现问题及时通知施工、监理单位立即整改落实；安全环保监理工程师每天不少于 2 次的巡监，发现问题及时督促施工单位整改；施工单位至少配备 2 套大型吸尘设备，严禁采用消防鼓风机吹扫道路；施工单位每天不少于 2 次对施工现场进行巡查，巡查车安装行车记录仪，巡查结束将巡查记录整理归档。

第二章 附 则

第五条 本方法由工程项目建设办公室负责解释。

第六条 本办法自下发之日起生效。

【示例 8-9-6】

大气污染防治 24 小时巡查监督工作方案

第一章 总 则

第一条 为深入贯彻上级指示精神，进一步加大大气污染治理力度，督促抓好各项治理措施的落实，决定在济南某国道改建工程中对大气污染治理工作进行 24 小时不间断巡查监督，特制定本方案。

第二条 编制专项方案。各单位根据《大气污染防治 24 小时巡查监督考核办法》的要求，结合本项目建设特点，编制大气污染防治专项施工方案，报经总监办审批后认真组织实施，确保各项措施落到实处，取得实效。

第三条 加强组织教育培训。各施工、监理单位要组织召开大气污染防治专项方案交底会议，向参与项目建设所有施工、监理人员，讲解大气污染的防治措施，认识到大气污染防治对环境建设的重要意义，让每一位员工知道，在自己的岗位上怎样防治大气污染。结合工地施工特点，开展多形式宣传活动，营造齐心合力防治大气污染的浓厚氛围。

第四条 巡查监督机制。建立 24 小时不间断巡查监督机制，由总监办牵头成立大气污染防治 24 小时巡查监督工作组，实行 24 小时不间断巡视。对发现的问题现场下发整改通知单，及时督促整改，并做好记录，填写存在问题，处理方式，整改结果等。

第五条 巡查监督内容。巡查监督范围为各施工现场、拌和站、项目部、施工便道保洁、渣土材料运输、裸露地面等。

第六条 完善问责制度。代建办对大气污染防治进行不定期抽查，对在抽查中发现的大气污染防治问题纳入月度考核。对巡查监督中发现的不符合大气污染治理要求的行为由总监办督促整改；对发现的重大大气污染行为，代建办约谈施工单位公司领导；必要时，施工单位法人代表现场督办。

第二章 附 则

第七条 本方法由工程项目建设办公室负责解释。

第八条 本办法自下发之日起生效。

【示例 8-9-7】

废水处理指导意见

第一章　总　则

第一条　为加强工程施工现场基础管理，规范现场施工行为，创建文明和谐的施工环境，有效降低施工废水对环境影响，保证施工生产的协调、有序、整洁、高效，树立公路行业文明形象。结合国家有关法律、法规、标准和有关管理办法，并借鉴吸收其他工程先进经验，特制定本办法。

第二条　设代建办公室负责施工废水处理的组织领导，工程部负责日常管理工作，总监办负责工地文明施工的组织管理、工地文明施工的监督检查，施工单位负责落实。

第二章　废水排放控制

第三条　在施工单位进场后，应根据工作内容与施工图设计编制详细的施工组织设计，根据现场实际情况与周边排水系统、排水设施的布置，详细阐述施工现场废水排放方案。报总监办审批后实施，并向代建办报备。

第四条　施工单位应根据施工组织设计的要求在施工准备阶段，与有关方面协商沟通，弄清城市污水排放入口或排放去向（河道）。根据施工组织设计和场地实际情况，在施工便道两侧、构筑物周边、生活设施周边及施工污水集中产生的地方，铺设连续、贯通的废水排放管网或开挖构筑排水沟。

第五条　在排水设施出水端口必须设置沉淀池，排水端口必须与市政污水管道连接，严禁与雨水管道相接。

第六条　钻孔灌注桩施工：

（一）必须实行硬地坪施工，场地采用混凝土浇捣，保持平整、牢固。

（二）设置泥浆沟槽和泥浆池，做到循环贯通。泥浆池的总设计容量必须大于当天多机同时出浆的总浆量；沟槽的宽度不小于 20 cm，其深度不浅于 25 cm；沟槽和池的底部须用混凝土浇捣，沟的两侧壁和池的四周壁应用砌块砌筑并用砂浆抹光；池壁上沿口必须高于场地平面 25 cm 以上，并做好安全围护。泥浆池内应分隔为沉淀池、循环池、废浆池。

（三）废浆必须用封闭式运输工具定期外运（废浆外运期以确保泥浆不满溢为前提）。

第七条　现场混凝土、砂浆搅拌：

（一）在拌和机和砂浆机前两侧应设置 20 cm 左右高的砌块砌筑围边，并在其前 2 m 左右处设泥浆沟槽，沟形成高低口（内低外高），并经过侧边泥浆池，通向场地的排水沟。

（二）泥浆池内应分隔为二级沉淀池，设置应符合相关标准要求，上口一般作盖防护。

（三）按《上海市建设工程实行预拌（商品）混凝土浇捣的规定》和《关于本市建设工程使用预拌（商品）砂浆的通知》要求，选用商品混凝土和商品砂浆。

第八条 废水排放口或排放去向前节，应放置三处沉淀池，通过三处沉淀的废水达标后方可组织排放。

第九条 每周落实专人及时对排水沟、泥浆池、沉淀池、化粪池进行清理，并做好记录，清理的淤泥、残渣应按建筑垃圾处置。

第十条 将清洗机械后的污水引入隔油缸。严格对废弃、残余油漆、化学溶剂的管理，严禁向排水设施倾倒。

第十一条 检查监测：

（一）各施工单位必须联系环境专业监测机构，对施工现场的污水排放指标（pH、悬浮物、COD_{Cr}、动植物酶、氨氮）进行测试。一般每项目一次，跨年度项目每年度一次。

（二）各施工单位必须落实专人定期（一般每周一次）或根据实际状况，对施工现场的污水排放进行 pH 的测试，并对污水排放措施的落实情况进行检查。

（三）总监办应对各施工单位每季进行一次 pH 的抽测，监督项目的污水排放措施的落实情况。

第三章 附 则

第十二条 本方法由工程代建办负责解释。

第十三条 本办法自下发之日起生效。

第十节 环境协调管理

【示例 8-10-1】

工程协调管理办法

第一章 总 则

第一条 为进一步加强工程的协调管理工作，及时处理好工程与地方、各参建单位之间的关系，创造和谐稳定施工环境，确保工程的顺利实施，结合上级有关规定，制定本办法。

第二条　工程协调工作应坚持及时、高效、和谐、稳定的原则，单位或个人之间关系不顺畅产生影响工程进展的问题后，协调人员应快速介入，化解、降低影响，严禁出现事态扩大的情况。

第三条　代建办工程协调部负责联络、协调地方及工程参建各单位，处理有关征地拆迁、许可批复、交叉施工等方面的问题，各参建单位应组建工程协调机构，并指定专人负责，处理由于本单位（部门）造成的影响工程进展的各种问题。

第二章　工程协调管理

第四条　节假日及大型活动日期间，各成员坚守岗位，认真履行相关请销假制度，畅通手机等通信工具，随叫随到。坚持24小时值班、跟班到位，特殊情况下，工程协调部每星期至少召开一次分析会，认真排查协调工作中的重点问题并及时掌握可能发生的动态，形成预防预案。

第五条　各参建单位对本单位需要进行协调的问题进行梳理，因本单位原因造成的纠纷应主动自行协调。涉及征地拆迁、许可批件、交叉施工等问题的，及时向代建办协调部反映，共同完成协调工作。

第六条　工程协调部门应及时处理影响施工的各种纠纷，协调好地方关系，预防和制止影响社会稳定和工程进展的各种事件发生，为工程施工创造良好的外部环境。

第七条　工程协调部门有义务督促地上、地下管线迁移和地面建筑物、构筑物的拆迁，为项目顺利实施提供条件。

第八条　工程协调部门应协助施工、监理单位办理临时占地、跨路涉河等与施工有关的许可或批件。

第九条　工程施工过程中，工程建设相关各方会同工程协调部门，拟定施工期间地面交通通行方案，落实相关措施，工程协调部门及时协调交警部门，加强交通管理，保障道路通畅。

第十条　工程协调部门协调参建各单位之间的关系。在坚持“高架优先”的原则下，协调地面工程施工与桥梁工程交叉施工影响。

第三章　附　则

第十一条　本办法由工程代建办负责解释。

第十二条　本办法自下发之日起执行。

第十一节 日常管理

【示例 8-11-1】

周例会管理办法

第一条 为保障项目管理工作的正常开展，提高工作效率，及时解决项目管理过程中的问题，制定本办法。

第二条 代建办周例会一般每周四下午召开，每周一次，地点在建设办会议室。

第三条 会议由代建办副主任组织并主持，市局分管领导、县指挥部有关人员、建设办公室有关人员、设计代表、总监理工程师、项目经理、总工、其他需要邀请参加的人员等。

第四条 会议议程。

（一）各施工单位汇报上周工作安排事项的落实情况，安全、进度、质量、文明施工等情况，制约工程进展的问题，及下周工作计划安排。

（二）监理单位汇报上周监理服务情况，通报监理过程中发现的涉及安全、进度、质量、文明施工等主要问题，对下周监理工作安排，对下一步建设、施工和监理工作提出相应的建议。

（三）设计单位汇报设计、技术问题处理情况及施工注意事项和对下一步工程建设的建议等。

（四）县指挥部人员介绍环境协调问题解决情况、施工注意事项，提出下一步工程建设建议。

（五）建设办公室通报项目进展情况，对有关问题的处理意见和要求，安排部署下一步工作。

（六）有关领导总结讲话。

第五条 实行清单管理，各单位汇报材料必须附上周工作完成情况清单，下周工作计划清单、环境协调清单、技术服务清单及问题清单。各汇报单位要准备好书面汇报材料（10 份），并将要求解决的问题提前发送至建设办公室邮箱。

第六条 会后由建设办公室编制《工程周调度会议纪要》，及时发送有关单位。

第七条 会议通知一般由企业微信号发出，参加会议的人员应按要求到会，如有特殊情况不能出席或提前离开，须按程序履行请假手续。

第八条　各单位会后认真落实会议研究确定的各项工作任务，及时协调处理项目推进中出现的问题，加强联系沟通，及时反馈有关情况，确保本项目顺利推进。

第九条　与会人员请自觉遵守会议纪律，进入会场自觉关闭手机或将手机调制静音状态，会议期间严禁随意接打电话。

附　则

第十条　本办法由工程代建办负责解释。

第十一条　本办法自发布之日起施行。

【示例 8-11-2】

主任办公会管理办法

第一条　为保障项目管理工作的正常开展，提高工作效率，及时解决项目管理过程中的问题，制定本办法。

第二条　主任办公会由代建办主任或主任委派副主任召集并主持。一般每月召开一次，并可根据工作实际需要临时召开。地点在建设办会议室。

第三条　参加会议的人员为代建办负责人、各部（办）负责人、代建办主要人员。会议召集人可根据会议内容，决定其他与会或列席人员。

第四条　综合部负责收集和制订会议内容及议题。会议内容一般包括代建办贯彻落实上级有关部门的工作部署、总结上一时期工作情况、研究部署近期有关工作、确定重大事项等。

第五条　综合部负责会议书面记录，并根据要求起草会议纪要，经会议主持人签批后，发往各有关单位，综合部留存一份。

第六条　会议召开半小时前，综合部负责将会议室及相关资料、设备准备完毕。

第七条　各参加单位应事先准备汇报材料，一般汇报不超过 15 分钟。

第八条　参加会议的人员应按时到会，认真听取并记录。如有特殊情况不能出席或提前离开，须报代建办主任同意。

第六条　要保持会场安静，不得喧哗，禁止吸烟，手机调至静音状态。

附　则

第七条　本办法由工程代建办负责解释。

第八条　本办法自发布之日起施行。

【示例 8-11-3】

季度调度会议办法

第一条 为保障项目管理工作的正常开展，提高工作效率，节俭办会，建立正规有序的会议秩序，制定本办法。

第二条 工程季度调度会议一般每季度召开一次,会期半天,地点在代建办。

第三条 会议由代建办组织、承办，并通知各参会单位。

第四条 参加人员为：代建办主要人员；设计单位代表；总监、副总监；各承包人项目经理和总工；其他需要邀请参加的人员等。

第五条 会议议程。

（一）各施工单位汇报内容。

1. 上季度工程建设情况。

① 进度计划完成情况(要与计划相对照,滞后时要汇报滞后原因及下一步解决的办法等);

② 工程质量控制、安全生产、文明施工等情况；

③ 人员、设备、材料进场情况；

④ 存在的制约工程开展的有关问题(包括设计、社会环境等方面)及建议。

2. 下季度工程建设安排情况。

① 工程进度计划安排（要与计划相对照，特别需要说明滞后工序的进度安排）;

② 工程质量控制及安全、文明施工保证措施；

③ 需要解决协调的问题（如果有）。

（二）总监办汇报内容。

1. 上季度项目工程质量、进度、安全、履约等方面的总体情况和存在的问题。

2. 下季度项目建设工作安排。

3. 需要解决的问题（如果有）。

（三）设计单位汇报内容。

1. 截至目前已提出的设计问题和处理情况。

2. 需要研究解决的设计问题。

3. 按照设计图纸要求，在下一步工作中要注意的问题。

（四）各部门汇报上季度工作情况，对下一步工作提出要求和建议。

（五）代建办明确会议研究的有关事项，对近期工作做出具体要求和安排，对各单位落实情况予以检查、督促。

（六）其他要求

1. 各汇报单位要准备好书面汇报材料（15 份），并将要求解决的问题提前发送至代建办邮箱。

2. 会后由代建办技术组编制《工程季度调度会会议纪要》，及时发送设计、施工、监理单位，抄报市重点工程建设办公室等单位。

第六条　参加会议的人员应按时到会，认真听取并记录。如有特殊情况不能出席或提前离开，须报会议组织单位同意。

第七条　要保持会场安静，不得喧哗，禁止吸烟，手机调至静音状态。

第八条　能重复使用的设备、材料，由综合部统一保管，周转使用。

附　则

第九条　本办法由工程代建办负责解释。

第十条　本办法自发布之日起施行。

【示例 8-11-4】

年调度会议办法

第一条　为保障项目管理工作的正常开展，提高工作效率，节俭办会，建立正规有序的会议秩序，制定本制度。

第二条　工程年调度会议一般每年底召开，会期半天，地点在代建办。

第三条　会议由代建办组织、承办，并通知各参会单位。

第四条　参加人员为：代建办主要人员；设计单位代表；总监、驻地；各承包人项目经理和总工；其他需要邀请参加的人员等。

第五条　会议议程。

（一）各施工单位汇报内容。

1. 上一年工程建设情况。

① 进度计划完成情况（要与计划相对照，滞后时要汇报滞后原因及下一步解决的办法等）；

② 工程质量控制、安全生产、文明施工等情况；

③ 人员、设备、材料进场情况；

④ 存在的制约工程开展的有关问题（包括设计、社会环境等方面）及建议。

2. 下一年工程建设安排情况。

① 工程进度计划安排；

② 工程质量控制及安全、文明施工保证措施；

③ 需要解决协调的问题（如果有）。

（二）总监办汇报内容。

1. 上一年项目工程质量、进度、安全、履约等方面的总体情况和存在的问题。

2. 下一年项目建设工作安排。

3. 需要解决的问题（如果有）。

（三）设计单位汇报内容。

1. 截至目前已提出的设计问题和处理情况。

2. 需要研究解决的设计问题。

3. 按照设计图纸要求，在下一步工作中要注意的问题。

（四）各部门汇报上一年工作情况，对下一年工作提出要求和建议。

（五）代建办明确会议研究的有关事项，对近期工作做出具体要求和安排，对各单位落实情况予以检查、督促。

（六）其他要求。

1. 各汇报单位要准备好书面汇报材料（15 份），并将要求解决的问题提前发送至代建办邮箱。

2. 会后由代建办编制《工程年调度会会议纪要》，及时发送设计、施工、监理单位，抄报局重点工程建设办公室等单位。

第六条 参加会议的人员应按时到会，认真听取并记录。如有特殊情况不能出席或提前离开，须报会议组织单位同意。

第七条 要保持会场安静，不得喧哗，禁止吸烟，手机调至静音状态。

第八条 能重复使用的设备、材料，由综合部统一保管，周转使用。

附 则

第九条 本办法由工程代建办负责解释。

第十条 本办法自发布之日起施行。

【示例 8-11-5】

安全调度会议办法

第一条 为加强工程建设安全管理，落实安全生产责任制，提高项目安全管理水平，及时解决工程建设中的安全问题，结合本项目实际情况，制定本办法。

第二条 安全调度会议一般每月召开一次，会期半天，地点在代建办。

第三条 会议由代建办组织并承办，并通知各参会单位。

第四条 参加人员为：代建办主要人员；总监理工程师、驻地监理工程师；各承包人项目经理和总工；其他需要邀请参加的人员等。

第五条 会议议程。

（一）各施工单位汇报内容。

1. 上月施工安全工作情况。

① 学习落实上级有关安全生产方针、政策、规定、指示等情况；

② 施工现场落实、执行安全技术措施等情况；

③ 对本单位存在的安全事故和安全隐患，进行分析，讨论制定处理措施和防范措施，确保施工顺利进行；

④ 存在的制约工程开展的有关安全问题（包括设计、社会环境等方面）及建议。

2. 下月施工安全工作情况。

① 施工安全设施投入计划安排（要与施工进度计划相适应）；

② 工程施工安全保证措施；

③ 需要解决协调的安全问题（如果有）。

（二）总监办汇报内容。

1. 上月项目施工安全方面的总体情况和存在的问题。

2. 下月项目建设安全工作安排。

3. 需要解决的问题（如果有）。

（三）各部门汇报上月项目安全工作情况，对下一步安全工作提出要求和建议。

（四）代建办明确会议研究的有关事项，对近期安全工作做出具体要求和安排，由代建办对各单位落实情况予以检查、督促。

（五）其他要求。

1. 各汇报单位要准备好书面汇报材料（15 份），并将要求解决的问题提前发送至代建办邮箱。

2. 会后由代建办技术部编制《安全调度会会议纪要》，及时发送施工、监理单位，抄报市重点工程建设办公室等单位。

第六条 参加会议的人员应按时到会，认真听取并记录。如有特殊情况不能出席或提前离开，须报会议组织单位同意。

第七条 要保持会场安静，不得喧哗，禁止吸烟，手机调至静音状态。

第八条 能重复使用的设备、材料，由综合部统一保管，周转使用。

第九条 本办法自公布之日起实施。

【示例 8-11-6】

廉政调度会议办法

第一条 为加强工程廉政建设，杜绝违法乱纪行为，努力打造阳光工程、廉洁工程，结合本项目实际情况，制定本办法。

第二条 廉政调度会议一般每季度召开一次，会期半天，地点在代建办。

第三条 会议由代建办组织并承办，并通知各参会单位。

第四条 参加人员为：代建办主要人员；设计单位代表；总监、驻地；各承包人项目经理和总工；其他需要邀请参加的人员等。

第五条 会议议程。

（一）各施工单位汇报内容。

1. 学习落实上级有关廉政工作要求、指示、文件等情况。

2. 本单位廉政工作开展、执行情况。

3. 下一阶段廉政工作计划安排。

4. 存在的问题及建议。

（二）监理单位汇报内容。

1. 项目廉政工作开展的总体情况和存在的问题。

2. 下一阶段项目廉政建设工作安排。

3. 需要解决的问题（如果有）。

（三）各部门汇报项目廉政工作情况，对下一步廉政工作提出要求和建议。

（四）代建办明确会议研究的有关事项，对近期廉政工作做出具体要求和安排，对各单位落实情况予以检查、督促。

（五）其他要求。

1. 各汇报单位要准备好书面汇报材料（15 份），并将要求解决的问题提前发送至代建办邮箱。

2. 会后由代建办综合部编制《廉政调度会会议纪要》，及时发送设计、施工、监理单位，抄报市重点工程建设办公室等单位。

第六条 参加会议的人员应按时到会，认真听取并记录。如有特殊情况不能出席或提前离开，须报会议组织单位同意。

第七条 要保持会场安静，不得喧哗，禁止吸烟，手机调至静音状态。

第八条 能重复使用的设备、材料，由综合部统一保管，周转使用。

第九条 本办法自公布之日起实施。

第十二节　重大活动管理

【示例 8-12-1】

济南某国道改建工程
重大活动期间安全信息报送
安全问题巡查单

单位名称：　　　　　　　　　　　　　　　　　时间：　　年　　月　　日

序号	问题名称	发现地点	整改（防范）措施	安全问题等级	整改责任人	整改期限	是否完成整改（完成时间）
1							
2							
3							

填表说明：

问题等级分为：一般，重大，特别重大。

整改（防范）措施：能立即整改的填写整改措施，不能立即整改的填写防范措施。

是否完成整改：完成整改后填写“是”，并注明完成时间，尚未完成整改的，此栏暂时空缺，待整改完毕后填写“是”，并注明完成时间；如若没有问题，填写“无”。

单位负责人（签字）：

第十三节　工程档案管理

【示例 8-13-1】

竣工资料预立卷办法

第一章　总　则

第一条　为加强工程内业资料管理，确保工程竣工资料完整、准确、系统和规范，保证工程项目档案质量，根据交通运输部《关于印发〈公路工程竣工文件材料立卷归档管理办法〉的通知》和《关于印发公路工程竣交工验收办法实施细则的通知》等相关规定，结合本项目实际，制定本办法。

第二条 预立卷归档范围为工程建设项目立项审批至竣工验收过程中直接形成并办理完毕、具有查考和保存价值的各种载体的文件材料，其归档范围按本项目《竣工资料编制管理办法》执行。

第三条 本办法适用于工程项目所有参建单位。

第二章 工作职责

第四条 文件材料的预立卷工作应根据统一领导、分级负责的原则，各单位应予以高度重视，在上级档案部门的指导下，保证预立卷工作的正常开展。

第五条 工程项目预立卷归档工作实行单位负责人负责制。各单位负责人应督促做好自身形成的项目文件材料的收集、整理和归档工作。

第六条 项目文件材料预立卷归档工作应纳入日常合同管理工作中，与工程建设同步管理，做到边建设、边整理，保证资料的真实、准确、规范、完整、统一。

第七条 各参建单位应配备适应本项目文件材料预立卷工作需要的人员，并保证稳定性，一经代建办批准认可的专职人员，未经允许不得更换。

第八条 各单位均应明确内部各部门各岗位文件材料管理人员的职责和要求，按规定做好文件材料的整理归档和移交工作。

第三章 收集组卷标准与要求

第九条 工程项目文件材料的收集，按照“谁形成谁负责”的原则，由文件材料的形成单位或部门具体负责。收集范围及归档单位按本项目《竣工资料编制管理办法》执行。

第十条 各单位应建立健全工程建设项目文件材料收集归档制度，按工程建设的不同阶段和各个标段单位、分部、分项工程施工程序文件材料的自然形成过程，分门别类，及时收集。

第十一条 收集归档的文件材料应为原材，能够全面、准确地反映工程建设的实际过程。其中勘测资料、施工记录、监理现场检测记录等应是原始记录，填写内容规范，相关签署手续完备。

第十二条 卷内文件材料应书写工整，字迹、线条清晰耐久，修改规范；所用纸张应优良耐磨损，格式统一规范；禁止使用圆珠笔、铅笔和红墨水、纯蓝墨水等书写、签批；热敏传真件需复印保存，复印件应清晰。

第十三条　卷内文件材料一般文字材料在前，图表在后，按照形成时间顺序排列。卷内不应有重复文件和重页文件。要做到及时登记，及时填写卷内目录，避免文件材料的丢失。

第十四条　数码照片在刻录光盘保存的同时，还应冲印纸质照片连同说明一并归档，避免文件材料的丢失。

第十五条　组卷要遵循工程文件材料的自然形成规律和项目档案的成套性、连续性、系统性的原则，保持案卷内文件材料的系统联系，科学分类，以便于查找利用。

第十六条　正确编写案卷档号及案卷目录。

第四章　附　则

第十七条　本办法工程代建办负责解释。

第十八条　本办法自发布之日起施行。

【示例 8-13-2】

竣工资料编制管理办法

（试行）

第一章　总　则

第一条　为规范公路工程竣工文件材料的立卷归档工作。保证工程档案质量，根据交通运输部《关于印发公路建设项目文件材料立卷归档管理办法的通知》（交办发〔2010〕382 号）、交通运输部《关于印发公路工程竣交工验收办法实施细则的通知》（交公路发〔2010〕65 号），制定本细则。

第二条　本细则所称公路工程竣工文件材料是指一般改建工程自建设项目立项开始直至竣工验收过程中所形成的具有保存、查考利用价值的各种形式和载体的历史记录。

第三条　公路工程建设项目档案资料工作，应坚持集中统一管理的原则，实行统一领导、统一制度，确保档案资料完整、准确、系统和安全。

第四条　公路管理机构，应根据统一领导、分级管理的原则，依法对在建项目公路工程竣工文件材料立卷归档工作进行监督、检查、指导。

第二章　组织与职责

第五条　公路工程建设单位、勘察设计单位、施工单位、监理单位应将公路工程竣工文件材料立卷归档工作纳入公路工程建设项目的管理工作中，建立公路工程文件材料管理领导人责任制，配备专人负责公路工程文件材料的立卷归档工作，并在各自的职责范围内，搞好文件材料的形成、积累、整理、归档和保管工作。

第六条 公路工程建设项目的档案资料工作要与项目建设同步进行，即项目立项时，应提出文件材料的立卷归档要求；对公路工程建设项目进行部署、检查时，要同时部署、检查档案资料的工作情况；工程竣工验收时，同时验收竣工档案资料。

第七条 公路工程建设单位在建设项目发包给承包方时，应当在有关合同中明确公路工程竣工文件材料的形成、整理和组卷要求。

（一）交工验收前，项目各参建单位，在其职责范围内，做好项目档案资料的立卷归档工作。

（二）交工验收时，验收小组着重抽查项目档案归档情况，在评价档案资料完整、准确、系统情况后，对存在问题，提出改进意见，限期整改。

（三）竣工验收时，建设单位（业主）根据交工验收时提出的改进意见，重点检查设计、施工、监理等单位的档案整理工作。对验收合格的档案资料（原件与复制件各一套）交建设单位（业主）档案部门保管。建设单位（业主）与形成档案资料的单位，应对档案资料分别进行逐一清点，并填写《科学技术档案归档接收签证单》。

（四）竣工验收后，建设单位（业主）应在三个月内向养护或使用单位办理移交手续。

第三章　文件材料的收集

第八条 文件材料具体收集范围按照交通运输部《关于印发公路工程竣交工验收办法实施细则的通知》（交工路发〔2010〕65号）中附件2《公路工程项目文件归档范围》的规定执行。

第九条 竣工文件材料由建设单位（业主）组织勘察设计、施工、监理等单位，根据交通运输部《关于印发公路建设项目文件材料立卷归档管理办法的通知》（交办发〔2010〕382号）中附件1《公路建设项目文件材料收集归档单位》所确定的归档单位分工，分别收集整理。

第十条 收集归档的文件材料应为原件。其中，项目立项审批等文件，原件保存在项目主管单位的，建设单位可将复印件归档保存；供货商提供的原材料及产品质量保证文件为复印件的，须在复印件上加盖销售单位印章并注明原件存放处后归档保存；热敏纸传真件，需复印保存。复印件应清晰。

第十一条　公路工程文件材料必须按文件材料形成的先后顺序或公路工程建设项目完成进展情况，及时收集、整理。

第四章　公路工程竣工文件材料的整理

第十二条　公路工程竣工文件材料归档前，由文件材料形成单位分别进行整理组卷。组卷应遵循公路工程文件材料的自然形成规律和成套性的原则，进行系统化整理组卷，分类科学，便于查找利用。

（一）公路工程征地拆迁文件、招标文件、投标文件及评标文件、承包合同、合同谈判和工程交、竣工验收阶段形成的竣工验收文件、工程决算及审计报告等有关文件材料，应按阶段、性质、内容分类整理组卷。

（二）公路工程设计文件材料包括地质勘察资料、初步设计、方案设计、技术设计、总体规划设计、工程概预算、施工图设计等由设计单位按项目、阶段、单位和分部、分项工程、专业分别整理组卷。

（三）公路工程施工阶段形成的施工文件材料由施工单位负责组卷。其中开工报告，施工组织设计、施工计划、施工日志、中间验收及与业主或监理的来往文件等管理性文件，按阶段、合同段、问题组卷。各项施工原始记录、监理工作记录等按路线进行方向，结合单位工程（含分部、分项）及不同专业，分别整理组卷。

（四）公路工程监理工作形成的监理文件材料包括监理通知、开（停、复）工令、备忘录、有关会议纪要、施工质量检验分析、合同管理文件、计划进度管理文件、工程质量控制文件、工程技术管理文件、工程计量与支付文件，与业主及参建单位的来往文件等，由监理单位按阶段、问题分类整理组卷。

第十三条　档号的编制。

（一）档号：由档案分类号和案卷顺序号组成。

（二）档号由建设单位（业主）的档案部门统一编制。

第十四条　卷内文件材料的排列。

（一）管理性文件按问题、时间或重要程度排列。

（二）项目技术文件材料按管理、依据、施工记录、检测实验、评定、证明顺序排列。

（三）设备文件材料，按依据性、设备开箱验收、随机图样、设备安装调试和设备运行维修等材料排列。

（四）竣工图按里程、专业、图号排列。

（五）卷内文件材料一般文字材料在前，图样在后。

第十五条 案卷的编目。

案卷由案卷封面和卷脊、内封面、卷内目录、卷内文件材料及备考表（封底）组成。

（一）案卷封面（见本办法附件 1）。

1. 案卷封面采用案卷外封面的形式。外封面印制在卷盒的正表面。

2. 案卷题名。

① 案卷题名应包括公路工程建设项目的名称、起讫里程、单位工程（含分部、分项）名称及文件名称，如属桥梁、隧道等工程项目，还应同时标明结构、部位的名称。案卷题名应能准确反映出案卷的基本内容。

项目技术文件材料案卷题名的表示形式：

国道××公路××段××桩号××工程××结构××部位××名称。

示例：国道××公路××段××桩号路基工程土石方填筑检测表。

管理性文件案卷题名的表示形式：

国道××高速公路××段+责任者+问题+名称

示例：国道××公路××段总监办关于加强安全生产管理工作的通知、函。

② 管理性文件案卷题名的名称排列顺序：

令、决定、会议纪要、通报、报告、意见、请示、批复、通知、函

③ 案卷题名在拟写时，尽可能与批复的项目建议书、形成的文件材料的名称相吻合。如果不同，则协商建设单位（业主）确定建设项目的名称。

3. 编制单位：是指案卷形成单位。

4. 编制日期：是指案卷形成日期。

5. 保管期限：由文件材料形成单位根据项目的实际情况、项目文件材料的特性及利用价值，分别确定案卷的保管期限。保管期限分为永久、30 年、10 年三种。

6. 密级：暂不填写。

7. 档号：填写档案分类号和案卷顺序号。

8. 档案馆号：暂不填写。

9. “案卷题名、编制单位、编制日期、保管期限、档号”，可用 3 号宋体字打印在与卷盒颜色相近的牛皮纸上，贴在对应位置。

（二）案卷脊背项目的编制（见本办法附件 2）。

1. 案卷脊背项目有档号、案卷题名。

2. 档号内容用 3 号宋体字分两行横排居中打印。第一行填写档案分类号，第二行填写“××-××”，“××”表示案卷顺序号。

3. 脊背“案卷题名”内容，用 3 号宋体字自右至左居中竖写，首行空两个字。桩号打印要求字头向右，躺着打。

4. 脊背内容统一打印在与卷盒颜色相近的牛皮纸上，再贴在脊背对应位置。贴纸要求比脊背宽度窄 2 mm。

（三）内封面（见本办法附件 1）。

1. 内封面形式、内容与案卷封面相同，即由案卷题名、编制单位、编制日期、保管期限、密级及档号组成。不同之处在于编制日期指案卷内文件形成的最早和最晚的时间。

2. 内封面用 3 号宋体字打印在与卷盒颜色相近的牛皮纸上，排列在卷内目录之前。

（四）卷内目录的编制（见本办法附件 3）。

1.件号：填写每份独立成件材料排列的顺序号，用阿拉伯数字从 1 起依次标注。

2. 文件编号：发文机关文书部门的发文号或图样的图号。若文件材料上有则填上，没有则空着。

3. 责任者：填写文件材料的直接形成部门或主要责任者，可采取通用的标准简称。

4. 文件题名：

① 原文上有标题的，可以照录下来；

② 原文上的标题太简单不能说明文件材料内容的或者没有标题，应重新拟写一个符合文件材料内容的标题，外加“[　]”号；

③ 每件文件材料的标题，在拟写时首行要空 2 格。

5. 日期：是指文件材料的形成日期。填写时间时可省略“年、月、日”字样，例如 2013 年 1 月 1 日填写 20130101。

6. 页次：应填写每份文件材料首页上标注的页号，最后一份文件标注起至页号。

① 卷内文件材料均以有书写内容的页面编写页号。

② 页号的位置：单面书写的文件材料，在正面右下角编写页号；双面书写的文件材料，正面在右下角，背面在左下角编写页号。已装订成册的文件材料，如自成一卷的，不需要重新编写页号，如与其他文件材料组成一卷的，该册文件材料排列在其他文件材料之后，并将其作为一份文件编写册号，不需重写编写页号。

③ 内封面、卷内文件目录、备考表不编页号。

④ 页号用铅笔编写。

⑤ 归档文件属符合档案保管要求已装订成册的文件材料，在卷内文件目录页次栏中填写册数，并在备注栏中注明累计总页数。

7. 备注：填写需注明的情况。

8. 卷内目录排列在卷内文件材料首页之前。

（五）卷内备考表的编制（见本办法附件 4）。

1.卷内备考表要标明案卷内文件材料的件数、页数，以及在组卷和案卷使用过程中需要说明的问题。页数要求填写卷内每件文件页数相加之总和。

2. 立卷人：由档案整理组卷人签名。

3. 审核人：由组卷单位负责人审查签名。

4. 立卷时间：填写完成立卷的日期。

5. 审核时间：审核案卷完成的日期。

6. 备考表排列在卷内文件材料尾页之后。

第十六条 归档文件材料的制作和书写材料要求。

（一）书写工整，字迹、线条清楚，格式统一；纸张优良，便于长期保管，规格基本统一，小于 A4 纸规格的出厂证明、材质合格证等应粘贴在 A4 纸上；纸张规格大于 A4 型号的，要求按 297 mm×210 mm 折叠成手风琴式。

（二）禁止使用圆珠笔、铅笔、纯蓝墨水等不易长久保存的书写工具书写。

（三）凡由易褪色书写材料制成的文件材料（复写纸、色带打印件、传真件）应复印后，原件在前，复印件在后，作为一份文件一并保存。

第十七条 公路工程竣工图归档应符合下列要求。

（一）竣工图应能全面、准确地反映竣工路线、路基、路面、桥梁、隧道、涵洞、路基防护、互通式立交工程、安全设施等的全部施工实际造型和特征。

（二）施工图没有变动的，由竣工图编制单位在施工图上加盖竣工图章作为竣工图；凡有一般性图纸变更及符合杠改或划改要求的变更的，可在原图上修改，并加盖竣工图章作为竣工图。

（三）凡结构、工艺、平面布置等重大变更及图面变更面积超过 10％的，应重新绘制竣工图；重新绘制的竣工图的图签如能全面反映施工和监理单位签署情况的，可不另加盖竣工图章。重绘竣工图纸在原施工图前加“竣”字。

（四）重复使用的标准图、通用图，可不编入竣工图中，但必须在图纸目录中列出图号，指明该图所在位置并在备考表中注明。

（五）竣工图均按 A3 号纸（420 mm×297 mm）大小装订，对某些大的或结构复杂的结构物图纸，应先绘制 A1 号图纸，然后再缩小到 A3 图纸上。

（六）竣工图、表的编号办法，参照原设计图纸，按实际竣工图纸的数量重新编图号和页码。

（七）竣工图所用图例和图幅，应与原设计图一致。

（八）竣工图应逐张加盖竣工图章，竣工图章的内容包括：编制单位名称、××工程竣工图、编制人、技术负责人、编制日期监理单位名称和监理负责人。图章规格尺寸为：80 mm×60 mm。竣工图章用红色印泥盖在竣工图右下方、竣工图标之上空白处。

（九）竣工图表中的字体。总目录、总说明采用 3 号仿宋体；A3 图附注中的说明文字采用 4 号仿宋体，标题栏用 3 号仿宋体。各种字体均采用激光打印机打印。

（十）竣工图章式样（见图 8.1）：

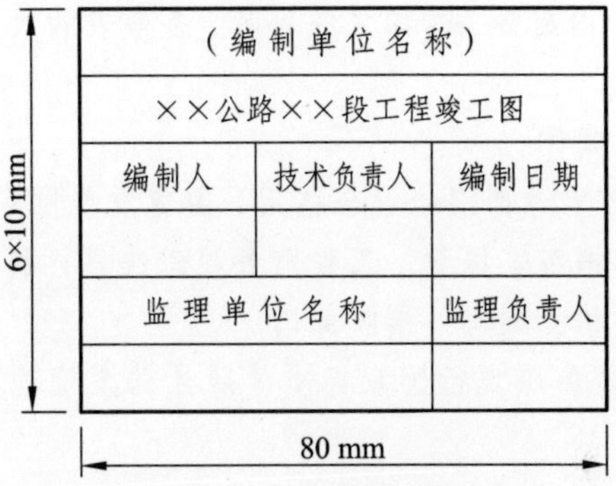

图 8.1　竣工图章式样

注：图章采用 4 号仿宋字体刻制。

第十八条　案卷装订的要求。

（一）案卷采用以卷为单位装订的形式，按照内封面、卷内目录、文件材料、备考表的前后顺序排列在卷盒内。

（二）卷内文件除蓝图及成册文件材料外，按照三孔一线方式进行装订。装订前，去除塑胶、塑封、塑膜等易老化腐蚀纸张的装订材料及金属物，用白色档案专用线装订，孔距 80 mm，装订线距左纸边 15 mm。

（三）装订时，靠装订边和下边取齐，表头要求在上或在左，左侧装订。

（四）装订线压住文件内容的必须粘贴补宽。

（五）不装订的图纸及成册文件材料，每份需加盖档号章。

（六）档号章式样：

1. 档号章格式与尺寸。

档号章宽度为 60 mm，分为 4 mm×15 mm；高度为 20 mm，分为 2 mm×10 mm，如图 8.2 所示。

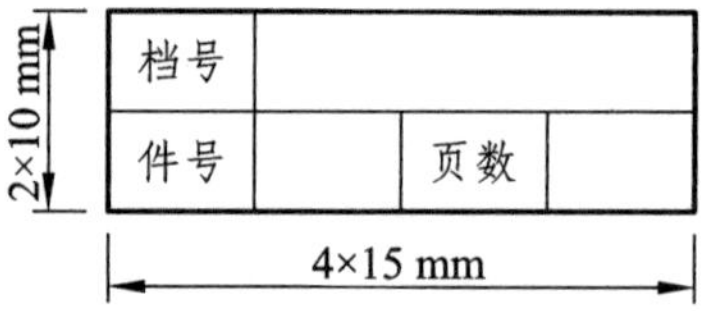

图 8.2　档号章格式

2. 档号章的位置：在文件首页的右上角空白处。

3. 资料整理单位填写件流水号和每件的页数。

第十九条　卷盒、卷内表格的制作。

（一）卷盒的外表尺寸：305 mm×220 mm；厚度尺寸：40 mm、60 mm。

（二）卷内表格：内封面、卷内文件目录、备考表的尺寸统一定为：297 mm×210 mm（A4 纸）。

第二十条　其他载体。

（一）会计档案经审计部门验收合格后，由建设单位（业主）财务部门移交到建设单位（业主）档案室保管。工程财务竣工决算，将随工程档案资料一并整理归档，并按要求移交到有关接收部门。

（二）照片档案〔参照现行国家标准《照片档案管理规范》（GB/T 11821）执行〕。

1. 照片档案的归档套数与资料归档套数相同。

2. 数码照片刻录在不可擦写光盘上保存，同时冲印出 5 寸纸质照片整理归档。

3. 照片的案卷页号，正面编写在右上角，背面编写在左上角。

4. 照片题名：应以照片的自然张为单元编写。照片题名在尽量保证基本要素内容完整的前提下，将文字说明改写成照片题名。照片题名不应超过 50 字。

5. 照片号：案卷内照片的顺序号。以每张照片为编写单位，每卷从 1 开始编写顺序号。

6. 参见号：填写与本张照片有联系的其他档案的档号。

7. 摄影者：拍摄照片者的姓名。

8. 拍摄时间：拍摄照片的时间。

9. 文字说明：文字说明的内容要具备四要素，即事由、地点、人物、背景。要求文字简洁，语言通顺，一般不超过 50 字。

10. 总说明：一组（若干张）联系密切的照片的说明。

11. 案卷号：由建设单位（业主）档案管理部门提供。

12. 照片档案保管期限，可根据文件材料中相关的内容确定。

（三）音像档案〔参照国家档案局现行行业标准《磁性载体档案管理与保护规范》（DA/T 15）执行〕。

1. 音像档案的归档套数与资料归档套数相同。

2. 音像档案要收集齐全，做到文字材料与音像材料相符。

3. 归档的音像档案，要经过系统整理，每盘音像要完整确切地标明：责任者、录制（摄制）时间、地点、内容（题名）、顺序号、保管期限、摄制人等项目。保管期限，可根据文件材料中相关的内容确定。

4. 音像档案，要按形成时间顺序排列，分别编写流水号。

（四）照片、音像档案的归档范围。

1. 国家领导人及部领导人视察公路工程项目的录音、录像带及照片。

2. 省、市及行业主管部门的领导视察、检查公路工程项目时的录音、录像带及照片。

3. 反映公路工程建设项目的重大活动，如招投标仪式，开工典礼、通车典礼等形成的录音、录像带及照片。

4. 记录公路工程建设项目重大事故、自然灾害及异常现象的录音、录像带及照片。

5. 路基、路面、桥梁等工程施工过程及关键的隐蔽工程施工时的录像带及照片。

第五章　公路工程档案资料的移交

第二十一条　公路工程档案资料的移交。

（一）移交时间：公路工程建设单位承办机构和公路工程的承包单位在项目竣工验收时，应根据本细则要求向建设单位（业主）移交经系统整理过的全部档案资料。

（二）建设单位（业主）应根据本细则要求，在公路工程建设项目竣工验收后三个月内，向养护或使用单位办理档案材料移交手续。

（三）项目各单位在档案资料移交时，均要提供原件、复印件各一套及电子版（PDF 格式），同时编写“移交目录”（见本办法附件 5）并附电子版（Word 格式）。对移交的档案资料，交接双方经清点核查后，相互办理交接签字手续。

第二十二条　收尾工程和后评价形成的文件，按本细则有关规定整理归档。

第六章　附　则

第二十三条　本办法由济南市公路管理局负责解释。

第二十四条　本办法自公布之日起施行。

附件 1

三号加粗宋体

档　　号

档案馆号

此页牛皮纸打印

三号加粗宋体

案卷题名 ______________________

____

____

编制单位 ______________________

编制日期 ______________________

保管期限 ______________________

密　　级 ______________________

附件 2

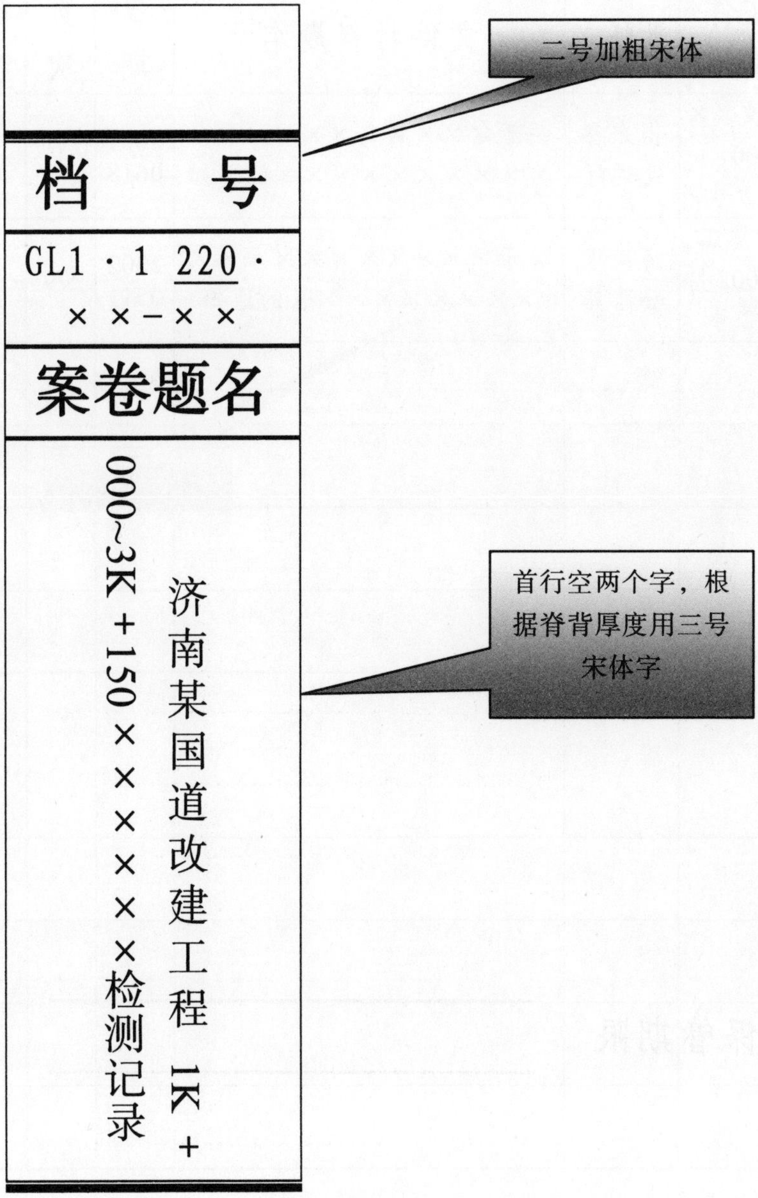

档　号
GL1 · 1 220 ·
× ×－× ×
案卷题名
济南某国道改建工程 1K +
000~3K +150××××××检测记录
二号加粗宋体
首行空两个字，根据脊背厚度用三号宋体字

附件 3

GL5·1·****·*--**

件号	文件编号	责任者	文件材料题名	日期	页次	备注
1	鲁交××〔2001〕12号	山东省交通厅	关于×××××××××××××××××××××的通知	20010618	1	
2	济路工〔2002〕12号	济南市公路局	关于××××××××××××××××××××的通知	20020511	5/9	
3						
4						
5						
6						
7						
8						
9						
10						
11						
12						

四号仿宋

附件 4

卷内备考表

说 明：

件 数____________总 页 数

此页牛皮纸打印

三号仿宋

立 卷 人____________立 卷 时 间

审 核 人____________审 核 时 间

附件 5

×××××××××××××工程

二号加粗宋体

案 卷 目 录

二号加粗宋体

三号加粗仿宋体

单位：

序号	档号	题名	日期	页数	期限	备注

内容用四号仿宋体

【示例 8-13-3】

竣工资料验收管理办法

第一条 为加强济南某国道改建工程项目档案管理，规范项目竣工资料验收管理工作，提高项目管理水平，根据交通运输部《关于印发公路建设项目文件材料立卷归档管理办法的通知》(交办发〔2010〕382 号)、交通运输部《关于印发公路工程竣交工验收办法实施细则的通知》(交公路发〔2010〕65 号)等有关规定，结合本项目实际，制定本办法。

第二条 竣工资料是指从建设项目的提出、立项、审批、勘察设计、施工、监理、竣工验收全过程中形成的，具有保存、考查利用价值的各种形式和载体的历史纪录。

第三条 竣工资料验收工作由山东省交通厅公路局组织并成立验收组，省局、市局档案部门、代建办、设计、监理、施工等单位参加。验收组成员由 5~7 人组成。

第四条 项目交、竣工验收前，必须对该项目的档案资料进行交工前的预验收和竣工前的专项验收，由建设单位向省厅公路局档案管理部门提出验收申请。

第五条 竣工资料预验收条件：

(一)参建各方已按有关文件要求，除质量缺陷期资料、验收及与各专项验收有关的资料、竣工决算与审计外，其余所有竣工文件已编制完成。

1. 完成了规定的项目各类文件材料的收集、归档工作。

2. 编制了项目的全套竣工图。

3. 完成了文件材料的组卷、分类、编号等工作，案卷质量符合有关档案管理办法的基本要求。

4. 编制了项目档案工作情况说明及案卷目录。

(二)监理、施工单位在完成编制工作后先进行自检，然后向代建办递交竣工资料自检报告和竣工资料目录，代建办根据相关要求对各参建单位的竣工资料进行检查，合格后代建办向省厅公路局提出验收申请。

第六条 竣工资料预验收完毕，由建设、施工、监理等单位根据验收小组出具的验收意见进行整改，整改合格后将竣工文件档案移交代建办统一管理。

第七条 竣工资料专项验收条件：

(一)参建各方已按有关文件要求，完成除竣工验收资料外的所有竣工文件的编制工作；全部文件并按交工前预验收的要求完成了整改。

(二)竣工资料编制完成后，代建办对整套竣工文件资料进行自查，合格后代建办向省厅公路局提出专项验收申请。

第八条　竣工资料验收会议由省厅公路局有关人员主持,主要程序和内容:

(一)主持人宣布验收组名单，推选验收组组长。

(二)听取代建办档案工作总体情况汇报。

(三)抽查项目竣工资料,按照国家和行业标准对竣工资料进行检查验收。

(四)形成竣工资料验收意见。

第九条　竣工资料验收的主要内容:

(一)竣工资料齐全、完整。

(二)竣工资料的内容真实，准确反映工程建设活动和工程实际状况。

(三)竣工资料立卷、归档符合国家和行业法规的要求。

(四)竣工图绘制方法、图示及规格符合专业技术要求，盖有竣工图章。

(五)文件形成、来源符合实际，签章手续完备。

(六)文件材质、书写、绘图、用墨等符合要求。

第十条　各参建单位应根据竣工资料验收意见对验收不合格的项目进行限期整改，建设单位对整改工作进行督促、检查。

第十一条　建设单位在项目竣工验收后，按照相关要求向济南市公路管理局档案室移交符合规定的竣工资料。

第十二条　本办法自发布之日起实施。

第十四节　交工验收活动组织与配合

【示例 8-14-1】

济南某国道改建工程
交工验收质量检测大纲

为保证济南某国道改建工程交工验收质量检测顺利实施，特制定本大纲(计划)。

一、检测依据

(一)《公路工程竣(交)工验收办法》(交通部 2004 年第 3 号令)。

(二)《公路工程竣(交)工验收办法实施细则》(交公路发〔2010〕65 号)。

(三)《公路工程质量检验评定标准》(JTG F80/1)。

(四)有关标准、规范及设计图纸。

(五)项目招标文件。

二、检测单位及时间安排

检测单位为×××

检测时间拟定于2017年____月____日开始，计划检测时间1天。

三、合同段划分

全线共划分××个施工合同段、××个监理合同段、××个代建合同段，施工单位分别为×××、×××、×××。

四、实体检测

（一）检测频率。

1．路基工程边坡每公里抽检1处。

2．排水工程断面尺寸每公里3处，铺砌厚度每公里1处。

3．全线互通立交、大桥、中桥、小桥全部检测、涵洞抽检20%、支挡工程全部抽检。

4．路面工程弯沉、平整度检测以每半幅每千米为评定单元；其他抽查项目每千米1处，具体检测位置由我站在检测前根据工程实际情况具体指定。

5．桥梁下部墩台抽查不少于该桥墩台总数的20%且不少于5个，少于5个时全部检测；除全部检测等情况外，抽查墩台应尽量互不相邻。

桥梁上部工程抽查不少于总孔数的20%且不少于5个，少于5个时全部检测；除全部检测等情况外，抽查孔位应互不相邻。

6．交通安全设施中标志抽查不少于总数的20%且每种形式抽查不少于1个；标线、护栏每公里每种类型抽查1处。

（二）检测项目。

单位工程	分部工程	抽查项目	检查方式及频率
路基工程	路基土石方	边坡	每处两侧各检测两个坡面
	排水工程	断面尺寸	每处检测两个断面，左右幅交替检测
		铺砌厚度	每处开挖检测1个断面，左右幅交替检测
	小桥	混凝土强度	每座用回弹仪或超声波检测上、下部结构各10个测区
		主要结构尺寸	每座抽20个
	涵洞	混凝土强度	每道用回弹仪或超声波检测10个测区
		结构尺寸	每道检测10个
	支挡工程	混凝土强度	每处用回弹仪或超声波检测10个测区
		断面尺寸	每处开挖检测1个断面

续表

单位工程	分部工程	抽查项目	检查方式及频率
桥梁工程	下部	墩台混凝土强度	每墩台用回弹仪或超声波检测2个测区，且测区总数不少于10个
		主要结构尺寸	每个墩台检测2点
		钢筋保护层厚度	每墩台检测4处
		墩台垂直度	每个墩台检测两个方向
	上部	混凝土强度	抽查主要承重构件，每孔用回弹仪或超声波检测10个测区
		主要结构尺寸	每座桥检测20点
		钢筋保护层厚度	每孔检测4处
桥梁工程	桥面系	伸缩缝与桥面高差	逐条缝检测
		桥面铺装平整度	每联>100 m时用连续式平整度仪分车道检测；不足100 m时每联用三米直尺检测3处，每处3尺，最大间隙h允许偏差3 mm
		横坡	每100 m检测3个断面
		桥面抗滑	每200 m检测3处
路面工程	路面面层	沥青路面压实度	每处检测1点
		沥青路面弯沉	每评定单元检测40点，逐车道检测
		沥青路面车辙	每处每车道各检测1个断面，允许偏差≤10 mm
		沥青路面渗水系数	每处1点
		平整度	每车道连续检测
		抗滑	每处检测摩擦系数、构造深度
		厚度	每处1点
		横坡	每处2个断面
交通安全设施	标线	反光标线逆反射系数	每处检测5点
		标线厚度	每处检测5点
	标志	立柱竖直度	每柱检测两个方向
		标志板净空	每块检测最不利点
		标志板厚度	每块检测2点
		标志面反光膜等级及逆射光系数	每块检测2点

续表

单位工程	分部工程	抽查项目	检查方式及频率
交通安全设施	波形梁护栏	波形梁板基底金属厚度	每处检测10点
		波形梁钢护栏立柱壁厚	每处检测10点
		波形梁钢护栏立柱埋入深度	每处检测1根
		波形梁钢护栏横梁中心高度	每处检测10点
	混凝土护栏	强度	用回弹仪或超声波每处检测2个测区，且测区总数不少于10个
		断面尺寸	每处检测5点

五、外观检查

单位工程	分部工程	检查内容及扣分标准	备注
路基工程	路基土石方	1. 路基边坡坡面平顺、稳定，曲线圆滑，不得亏坡，不符合要求时，单向累计长度每50 m扣1～2分。 2. 路基沉陷、开裂，每处扣2～5分	按每千米累计扣分的平均值扣分
	排水工程	1. 排水沟内侧及沟底应平顺，无阻水现象，外侧无脱空，不符合要求时，每处扣1～2分。 2. 砌体坚实、勾缝牢固，不符合要求时，每5 m扣1分	按每千米累计扣分的平均值扣分
	小桥	1. 混凝土表面粗糙，模板接缝处不平顺，有漏浆现象，扣1～3分。 2. 梁板及接缝渗、漏水，每处扣1分。 3. 混凝土表面蜂窝麻面面积不得超过该部位面积的0.5%，不符合要求时，每超过0.5%扣3分。 4. 桥梁的内外轮廓线条应顺滑清晰，栏杆、护栏应牢固、直顺、美观，不符合要求时扣1～3分。 5. 桥头路面平顺，无跳车现象，不符合要求时扣2～4分。 6. 桥下施工弃料应清理干净，不符合要求时扣1～3分	按每座累计扣分的平均值扣分
	涵洞	1. 涵洞进出口不顺适，洞身不直顺，帽石、八字墙、一字墙不平直，存在翘曲现象，洞内有杂物、淤泥、阻水现象时，每种病害扣1～3分。 2. 台身、涵底铺砌、拱圈、盖板有裂缝时，每道裂缝扣1～3分。 3. 涵洞处路面平顺，无跳车现象，不符合要求时扣2～4分	按每道累计扣分的平均值扣分

续表

单位工程	分部工程	检查内容及扣分标准	备注
路面工程	支挡工程	1. 砌体表面平整，砌缝完好、无开裂现象，勾缝平顺、无脱落现象，不符合要求时扣 1～3 分。 2. 沉降缝垂直、整齐，上下贯通，不符合要求时，扣 1～3 分。 3. 泄水孔坡度向外，无阻塞现象，不符合要求时，扣 1～3 分。 4. 混凝土表面的蜂窝麻面不得超过该部位面积的 0.5%，不符合要求时，每超过 0.5%扣 3 分。 5. 墙身裂缝，局部破损，每处扣 3 分	按每处累计扣分值的平均值扣分
	面层	1. 面层有修补现象，每处扣 1～3 分； 2. 表面应平整密实，不应有泛油、松散、裂缝和明显离析等现象，对于高速公路和一级公路，有上述缺陷的面积（凡属单条的裂缝，则按其实际长度乘以 0.2 m 宽度，折算成面积）之和不得超过受检面积的 0.03%，其他公路不得超过 0.05%。不符合要求时每超过 0.03%或 0.05%扣 2 分；半刚性基层的反射裂缝可不计作施工缺陷，但应及时进行灌缝处理。 3. 搭接处应紧密、平顺，烫缝不应枯焦。不符合要求时，累计每 10 m 长扣 1 分。 4. 面层与路缘石及其他构筑物应密贴接顺，不得有积水或漏水现象，不符合要求时，每处扣 1～2 分	按每千米累计扣分的平均值扣分
桥梁工程（不含小桥）	下部工程、上部工程及桥面系	基本要求： 1. 混凝土表面平滑，模板接缝处平顺，无漏浆现象，不符合要求时扣 1～3 分。 2. 混凝土表面蜂窝麻面面积不得超过该部位面积的 0.5%，不符合要求时，每超过 0.5%扣 3 分。 3. 混凝土表面出现非受力裂缝，扣 1～3 分；结构出现受力裂缝宽度超过设计规定或设计未规定时，超过 0.15 mm，每条扣 2～3 分，项目法人应对其是否影响结构承载力组织分析论证。 4. 混凝土结构有空洞或钢筋外露，每处扣 2～5 分，并应进行处理。 5. 施工临时预埋件、设施及建筑垃圾、杂物等未清除处理时扣 1～2 分。 下部结构要求： 1. 支座位置应准确，不得有偏歪、不均匀受力、脱空及非正常变形现象，不符合要求时每个扣 1 分。 2. 锥、护坡按路基工程的支挡工程标准检查扣分，若沉陷，每处扣 1～3 分，并进行处理。 上部结构要求： 1. 预制构件安装应平整，不符合要求时每处扣 1 分。 2. 悬臂浇筑的各梁段之间应接缝平顺，色泽一致，无明显错台，不符合要求时每处扣 2～5 分。 3. 梁板及接缝渗、漏水，每处扣 1 分	基本要求同时适用于下部结构、上部结构和桥面系

续表

单位工程	分部工程	检查内容及扣分标准	备注
桥梁工程（不含小桥）	下部工程、上部工程及桥面系	桥面系要求： 1. 桥梁的内外轮廓线应顺滑清晰，不符合要求时，扣 1～3 分。 2. 栏杆、护栏应牢固、直顺、美观，不符合要求时，扣 1～2 分。 3. 桥面铺装沥青混凝土表面应平整密实，不应有泛油、松散、裂缝、明显离析等现象，有上述缺陷的面积（凡属单条的裂缝，则按其实际长度乘以 0.2 m 宽度，折算成面积）之和不得超过受检面积的 0.03%，不符合要求时每超过 0.03%扣 1 分。 4. 伸缩缝无阻塞、变形、开裂现象，不符合要求时减 1～3 分；桥头有跳车现象，每处扣 2～4 分。 5. 泄水管安装不阻水，桥面无低凹，排水良好，不符合要求时扣 3～5 分	基本要求同时适用于下部结构、上部结构和桥面系
交通安全设施	标志	1. 金属构件镀锌面不得有划痕、擦伤等损伤，不符合要求时，每一构件扣 2 分。 2. 标志板面不得有划痕、较大气泡和颜色不均匀等表面缺陷，不符合要求时，每块板扣 2 分	标志按每块累计扣分的平均值扣分
	标线	1. 标线施工污染路面应及时清理，每处污染面积不超过 10 cm^2，不符合要求时，每处减 1 分。 2. 标线线形应流畅，与道路线形相协调，曲线圆滑，不允许出现折线，不符合要求时，每处扣 2 分。 3. 反光标线玻璃珠应撒布均匀，附着牢固，反光均匀，不符合要求时，每处扣 2 分。 4. 标线表面不应出现网状裂缝、断裂裂缝、起泡现象，不符合要求时，每处扣 1 分	按每千米累计扣分的平均值扣分
	防护栏	1. 波形梁线形顺适，色泽一致，不符合要求时，每处扣 1～2 分。 2. 立柱顶部应无明显塌边、变形、开裂等现象，不符合要求时，每处扣 2 分。 3. 混凝土护栏预制块不得有断裂现象，不符合要求时每处扣 1 分；掉边、掉角长度每处不得超过 2 cm，否则每块混凝土构件扣 1 分；混凝土表面蜂窝、麻面、裂缝、脱皮等缺陷面积不超过该构件面积的 0.5%，不符合要求时，每超过 0.5%扣 2 分	按每千米累计扣分的平均值扣分

六、有关要求

（一）检测单位要按照大纲规定完成检测，并遵守检测协议的有关要求，按要求提交检测报告。

（二）检测单位将桥梁上、下部检测数据汇总至交工验收检测报告，形成完整报告。沥青路面弯沉、平整度以每半幅每千米为评定单元，对每评定单元的代表值进行计算，统计合格率。

（三）检测单位在进行实测的同时应对路基边坡、排水工程、小桥、涵洞、支挡工程、路面面层、桥梁上部、下部、桥面系、标志、标线、护栏等分部工程存在的外观缺陷按照本大纲外观鉴定要求进行检查，对检查中发现的外观缺陷应拍照取证并填写相应分部工程的外观检查表，对应外观扣分标准注明缺陷所在桩号、左右幅、缺陷类别、面积、长度、数量及程度等情况，附在检测报告中。

（四）检测单位在检测过程中发现较大质量隐患或结构安全问题时，应在2日内书面报告有关单位。

（五）检测报告出具按下列要求：

1. 每个合同段的路基土石方、排水工程、小桥、涵洞、支挡工程、路面工程的路面面层、交通安全设施的标志、标线、防护栏等分别作为一个分部工程；桥梁工程中，每座桥的上部、下部、桥面系分别作为一个分部工程。检测报告应以分部工程为统计单元进行检测结果统计。

2. 路面工程按合同段进行汇总，对路基弯沉、压实度、路面弯沉、平整度、厚度、压实度采用附表出具每点检测结果。

3. 桥梁工程检测数据按每座桥进行汇总，对发现的外观缺陷，注明墩台号或桩号、缺陷内容。

4. 检测数据汇总表、外观检查表按照交通运输部办公厅《公路工程竣工质量鉴定工作规定（试行）》要求进行汇总填写，附在报告中。

【示例 8-14-2】

济南某国道改建工程
交工验收质量检测工作计划

为保证济南某国道改建工程交工验收质量检测顺利实施，根据《交工验收质量检测大纲》要求，制定本工作计划。

一、检测依据

1.《公路工程竣（交）工验收办法》。

2.《公路工程竣（交）工验收办法实施细则》。

3.《公路工程质量检验评定标准》（JTG F80/1）。

4. 有关的技术规范、设计图纸等。

二、检测内容及频率

检测内容及频率按《交工验收质量检测大纲》的要求进行。

三、检测时间

本次检测计划于___月___日进行，___日上午9点检测人员到起点集合，召开检测预备会；开始外业检测和外观鉴定，具体计划安排（初步计划，可能根据进度调整，请各个施工单位和监理处做好配合人员安排）。

四、配合人员安排

提供本次检测所涉及的检测项目的设计资料，技术人员应熟悉各自配合组的设计资料，由业主、总监处牵头，各个合同段的监理应分组配合。分组及配合要求如下：提供本次检测所涉及的检测项目的设计资料：（1）大中桥的总长、中心桩号、起讫桩号、每联长度的详细数据；（2）路面设计弯沉；（3）各合同段沥青混合料标准密度；（4）各个合同段技术负责人联系电话。

建设单位必须最好必要的交通管制措施，保障检测过程中的安全

具体分组如下：

1. 桥梁工程组：梁体、混凝土护栏、伸缩缝、下部结构（墩柱）、小桥、涵洞、支挡工程；配给4人（2名技术人员2名工人）配合车辆2辆。

2. 交通工程组：标志、标线、护栏；配给4人（2名技术人员2名工人）配合车辆2辆。

3. 摩擦系数组：熟悉桩号的技术人员 1 人，联系好车辆加水两次，每次10吨。

4. 路面测量：配给3人（1名技术人员2名工人）配合车辆1辆，准备好测量设备。

5. 平整度、构造深度、车辙组：熟悉桩号的技术人员一人。

6. 路面厚度、压实度、渗水工程组：配给6人（2名技术人员4名工人）配合车辆2辆、路面取芯机1台（带发电机）。

7. 路基、排水组：配给4人（2名技术人员2名工人）配合车辆1辆。

8. 路面弯沉组：安排熟悉桩号的技术人员1人。

五、检测人员与分工

交工验收质量检测人员分工和联系方式

检 测 安 排	人 员	电 话
检测负责人		
1. 桥梁工程组：混凝土护栏、伸缩缝、桥梁上部、桥梁下部，小桥、涵洞、支挡工程		
2. 交通工程组（标志、标线、护栏）		
3. 路面摩擦系数		
4. 平整度、构造深度、车辙		
5. 路面取芯 、压实度、渗水		
6. 路面测量		
7. 路基、防护排水组		
8. 路面弯沉		
司机		
共计		

【示例 8-14-3】

济南某国道改建工程
交工验收报告

一	工程名称	济南某国道改建工程
二	工程地点及主要控制点	本项目起自夏口大桥桥头南（K425+910）处，经济阳县太平镇、辛集、孙耿镇，下穿青银高速，经天桥区大桥镇，终于 G104 线、G308 线、G220 线交叉口。 路线主要控制点：夏口大桥、药王桥、济阳县太平、杨王店桥、孙耿、青银高速靳家立交、南车中桥、G308 线、G220 线交叉口
三	建设依据	1. 山东省发展和改革委员会《关于济南某国道改建项目工程可行性研究报告的批复》(鲁发改能交〔2015〕317 号); 2. 山东省交通运输厅、山东省发展和改革委员会《关于济南某国道改建工程初步设计的批复》(鲁交建管〔2015〕31 号); 3. 山东省交通运输厅公路局《关于济南某国道改建工程施工图设计及预算的批复》(鲁路基〔2015〕26 号); 4. 山东省交通运输厅、山东省财政厅《关于下达 2015 年普通国省道安全生命防护工程项目投资计划（第一批）的通知》(鲁交规划〔2015〕49 号); 5. 山东省交通运输厅、山东省财政厅《关于下达 2015 年国省道养护工程投资调整计划的通知》(鲁交规划〔2015〕90 号); 6. 山东省交通运输厅《关于转发 2016 年中央车购税（港建费）资金补助各项计划的通知》(鲁交规划函〔2016〕17 号); 7. 山东省交通运输厅、山东省财政厅《关于下达 2017 年普通国省道养护工程项目投资计划（第一批）的通知》(鲁交规划〔2016〕174 号); 8. 中华人民共和国交通运输部《关于下达 2017 年交通运输固定资产投资计划（第一批）的通知》(交规划函〔2016〕861 号)
四	技术标准与主要指标	全线采用一级公路标准，设计速度 80 km/h。其中：靳家互通立交以北为双向四车道，路基宽度 24.5 m；靳家互通立交以南为双向六车道，路基宽度 32 m。路面类型为沥青混凝土路面。路面标准轴载为 BZ-100。桥涵设计荷载采用公路-Ⅰ级标准。路基、桥涵设计洪水频率为 1/100；地震动峰值加速度系数为 0.05 g，其余技术指标按现行行业标准《公路工程技术标准》(JTG B01) 执行

续表

五	建设规模及性质	路线全长 29.69 km，全线设大桥 1 座，中桥 1 座，小桥 6 座，涵洞 48 道，改造利用互通立交 1 处，迁建养护工区 1 处
六	开工日期	2015 年 9 月 2 日
	完工日期	2017 年 11 月 15 日
七	批准概算	67 569 万元
八	工程建设主要内容	主要工程内容为路基、路面、防护、排水、桥梁、涵洞、路线交叉、交通工程及沿线设施等
九	实际征用土地数（亩）	全线新增征地 599.0785 亩（其中：济阳县境内 391.1085 亩，天桥区境内 207.97 亩）
十	建设项目工程质量交工验收结论	本项目认真贯彻实施了项目法人责任制度、招标投标制度、项目代建制度、工程监理制度和合同管理制度，实行了四级质量保证体系，实行了技术交底、试验（首件）工程认可、施工方案专家咨询审查等制度，对重要原材料实行集中采购，积极开展“工程质量管理年活动”，质量控制得力；按要求组织了安全检查，组织开展了安全隐患排查，制定了《安全生产责任制实施办法》《汛期安全管理指导手册》，安全措施到位；严格执行“四个一律、六个百分百”标准，施工现场设立了环保公示牌，制定了《大气污染防治 24 小时巡查监督工作方案》《工程施工大气治理 7172 工作制度》《施工便道保洁管理实施细则》，扬尘控制科学；建立了廉政制度，定期组织廉政学习，施工期间未发生廉政问题。内业资料规范、齐全，取得《档案预验收证书》。 建设过程中，严格执行设计变更程序，资金使用监管到位，工程投资未超项目概算。采取了周调度会议、日进度报告等制度和旬月检查考核等措施，及时解决影响施工的问题，确保施工有序推进
十	建设项目工程质量交工验收结论	设计单位能够切实做好设计跟踪服务，严格设计交底，认真核查设计意图落实情况。 监理单位完善各项监理制度，严格执行监理程序，加强质量、安全、投资控制、环保等方面动态管控，较好完成了施工监理任务。 施工单位完善了各项质量管理措施和质量保证体系，严格执行技术规范，制定落实各类应急预案，加强施工扬尘控制，加大投入，加强管理，能够严格履行合同要求，较好地完成了施工建设任务。 本工程交工验收质量评定得分 99.6 分，质量评定合格。 经交工验收，达到交工验收条件，同意交工

续表

十一	存在问题及处理措施	1. 通车前按设计及当地政府要求对非设计中央分隔带开口实施封闭。 2. 对路面上尚未拆迁的电力线杆，在通车前迁移或完善安全防护措施。 3. 通车前，完善路口标志和非机动车及行人指示标志等设施。 4. 其他未完工程及缺陷修复完成后，按程序移交养护管理单位。 5. 在正式开放交通前本工程由施工单位照管，并做好安全、保洁等工作；自开放交通之日起分别移交济阳县公路管理局和市郊公路管理处养护和管理。 6. 建议济阳县、天桥区人民政府按事权划分责任尽快完成信号灯和监控等设施
十二	附件	1. 公路工程交工验收合同段工程质量评分一览表 2. 公路工程交工验收证书 3. 公路工程交工验收委员会名单 4. 未完及缺陷工程修复一览表

第十五节　缺陷责任期巡检管理

【示例 8-15-1】

缺陷责任期巡检记录表

工程项目：　　　　　　　记录编号：

施工单位：　　　　　　　监理单位：

检查内容	发现问题	上报日期	备注
路面工程			
路面工程			
桥梁工程			
交安设施			

注：1. 责任期内路面工程病害处理需向监理工程师报专项处理方案，批准后实施；
2. 发现问题应记录详细包含缺陷形式及具体位置；
3. 记录编号填写形式“合同号-年份-本年度第几次检查”如：SG-1-2017-2

检查人：　　　　　　　　　　检查日期：

第十六节 项目代建标准化管理

【示例 8-16-1】

驻地建设达标验收办法

第一条 为进一步规范工程项目建设，落实交通运输部公路建设“五化”理念和山东省交通运输厅“四化”管理要求，提高工程建设管理水平，保证工程施工质量，根据法律、法规及有关文件要求，制定本办法。

第二条 驻地建设达标验收工作由建设单位组织施工、监理单位以施工、监理合同段为单位逐标段进行。建设单位负责驻地建设达标验收工作的指导、监督及等级评定的确认。

第三条 驻地建设达标验收依据《项目驻地标准化建设指南》及有关标准、规范，采用检查评分表的形式对施工、监理单位的驻地建设进行考核评价。验收标准按照《项目驻地标准化建设指南》中规定执行。

第四条 驻地建设达标标准采用百分制，结果分为示范（90 分及以上）、合格（70～90 分）、不合格（70 分以下）三个等级。

第五条 驻地建设达标验收一般在工程正式开工前进行，验收程序如下：

（一）自检：项目经理部组成 3 人以上的自检小组，按照验收标准评分表的要求，进行自查自评。自检达到示范级后，方可由项目经理部以书面形式将自检结果报监理单位初审。

（二）初审：监理单位组成 3 人以上的审查小组对施工单位上报的自检进行初审，初审达到示范级后，以书面形式报代建办验收。

（三）验收：代建办成立验收小组，组织施工、监理单位进行验收，确定考评得分及等级，并及时发布考评结果，按规定进行表彰、奖励或处罚。

第六条 监理单位驻地建设达标验收先由监理单位按照验收标准评分表的要求，进行自查自评。自检达到示范级后，以书面形式报代建办验收。

第七条 驻地建设达标验收内容涵盖机构设置与人员配备、办公及生活场所配置、上墙图标及制度建设、安全管理措施等四部分。

第八条 驻地建设达标验收情况纳入山东省交通运输厅诚信考核体系，与招投标及资质管理挂钩，按照山东省公路水运工程建设市场信用管理办法进行奖惩。同时：

（一）对于被评为示范的，授予“预制厂示范”证书，根据相关规定予以表彰奖励。

（二）对于被评为不合格的，建设单位约谈施工单位法人代表，责令施工单位在二日内提出书面整改措施，并经监理单位审查同意后五日内完成整改，建设单位复查合格后方可开工。

第九条　施工、监理单位驻地建设必须达到合格及以上等级后，方可正式开工。

第十条　本办法自印发之日起实施。

【示例 8-16-2】

标准化工地创建管理办法

第一章　总　则

第一条　为深入推进工程标准化工地建设，进一步提升公路工程管理水平和建设队伍素质。各单位应提高认识，端正态度，加强过程管理，实现施工工地的标准化管理。结合本工程特点，特制定本办法。

第二条　施工工地是各种建设要素的集合，是实施标准化管理的载体。工地管理标准化就是工地管理工作内容具体化、定量化、系统化，把现场布置、检查内容和检查方法等转化为工作标准，实现现场“规范化”、布局“科学化”、培训“经常化”、生活“秩序化”。

第三条　标准化工地建设方针：“以人为本，和谐统一，规范管理，服务生产”。

第四条　标准化工地建设目标：按照工程质量、安全、文明的管理原则，努力打造精品工程、安全工程。做到通过管理制度标准化，建立结构清晰、职责分明、内容稳定的现场管理制度；通过人员配备标准化，建立健全项目管理的目标体系、责任体系、分级控制系统，实现岗位设置满足现场管理要求，人员素质满足作业岗位要求；通过现场管理标准化，实现规章管理制度化，人员配备规范化，施工过程程序化，生活设施、施工设施、安全生产防护各项设施统一化，文明施工可控化，确保施工人员职业健康安全；通过过程控制标准化，进一步明确评价评估体系和基本要求，细分安全、质量、文明施工等检查控制要点，深化过程检查的内容和频率，确保过程有序可控，实现工程建设的目标。

第二章　组织机构

第五条　组织机构及职责。

本项目成立标准化工地创建领导小组，负责标准化工地创建工作的组织领导工作，领导小组人员如下：

组　长：代建办主任。

副组长：代建办副主任。

组　员：代建办工程部、总监办及各施工单位负责人。

领导小组下设办公室，设在代建办工程部，办公室主任代建办工程部负责人。办公室负标准化工地创建的日常管理工作。

第六条　总监办应根据“标准化工地创建”的规定，编制“创建”实施方案的要求，施工单位编制“创建”的具体实施方案，经逐级上报批准后实施。

第三章　标准化工地的实施

第六条　管理制度标准化是要求施工单位在施工现场建立健全各项生产规章制度，落实定期学习、检查、分析制度，确保各项制度建设严密、完整、有序。

第七条　各施工单位须建立健全各项安全管理制度办法，如临时用电、机械、消防、人员管理等制度及应急预案，经总监办批准后严格执行，杜绝施工现场各类责任事故的发生。

第八条　各参建单位应加强驻地建设，严格按照标准化工地的要求，规范驻地标示标牌、办公区规划、人员、卫生管理等。

第九条　施工单位工地试验室建设应按照标准化的要求，做好场地建设、试验器材准备、人员管理等。

第四章　附　则

第十条　本办法由工程代建办负责解释。

第十一条　本办法自工程项目开工之日起实施。

【示例 8-16-3】

标准化工艺创建管理办法

第一章　总　则

第一条　施工工艺标准是提高劳动生产率和质量安全管理水平的重要保障，是公路施工标准化管理的重要环节。为加强工程施工工艺标准化建设，特制定本办法。

第二条　本办法所称“施工工艺”是广义施工工艺的一部分，包括工艺标准、施工要点、质量标准、安全环保要求等要素，由代建办会同监理、施工单位，结合工程特点和建设管理实践，按照精细化管理的要求，在首件试验工程基础上对代表性施工工艺的总结、优选。

施工工艺是本工程各施工合同段统一工艺、技术要求、管理要求和工作要求的标准。

第三条　施工工艺标准制定应按照“先导试点”原则，以不同合同段首件试验工程为基础，对各项工艺、技术和质量指标进行综合评价，确定最佳工艺。标准编制应正确有效、统一适用、完整协调、便于操作，内容应符合国家现行规范、规程要求。

第四条　首件试验工程实施及其施工工艺标准制定范围包括：主体工程各分部工程或分项工程，公路工程质量通病防治措施、穿城区高架桥施工工艺等。

第五条　建设代建办公室负责标准化工艺的组织领导，工程部负责统一管理，总监办负责实施标准化工艺的组织工作，各施工单位负责标准化工艺的落实。

第二章　实施计划与管理

第六条　各施工单位进场后至项目开工前，结合工程特点和工期计划，提出本合同段首件试验工程实施计划，报总监办。

第七条　总监办根据各合同段首件试验工程实施计划，结合施工单位技术能力及工程内容特点，提出项目首件试验工程分工安排计划并报现代建办。首件试验工程应安排多个施工单位同步实施，一般情况不少于具有同类工程施工单位总数的三分之一，且不少于2个。

第八条　代建办工程部审查项目首件试验工程分工安排计划，结合标准编制周期，审定施工工艺标准制定计划。

第九条　首件试验工程的实施严格按照《首件工程认可实施标准》的规定进行。

第三章　标准化工艺的制定

第十条　经批准的最优首件工程施工单位单独或会同有关单位负责起草该分项工程施工工艺标准，自任务下达之日起五日内形成送审稿报总监办。

第十一条　总监办组织施工工艺标准送审稿审查，自送审稿收到之日起五日内提出报批稿报代建办工程部。

第十二条　工程部组织专家研究审定报批稿，经项目技术负责人签发后在项目范围内试行。

第四章　标准化工艺实施与监督

第十三条　首件试验工程初审报告和实体质量获书面批复和认定后至标准

化工艺试行前，该施工单位可按照批准的施工工艺开展实施。标准化工艺试行后，各施工单位均应按照试行标准组织施工。总监办负责组织试行标准化工艺的宣贯工作。

第十四条 总监办应督促施工单位在正式施工前，逐级对施工工艺、技术指标及质量控制措施进行详细技术交底，确保全体人员对各道工序有关要求详熟于心。并督促施工单位在施工现场醒目位置设立标志牌，明确施工技术负责人、施工队长、自检负责人、建立责任人等信息。

第十五条 代建办加强对施工工艺标准工作管理，强化日常考核，将施工工艺标准化工作列为对施工、监理单位考核的重要内容。

第十六条 施工单位应严格按照施工工艺标准进行施工，确保产品质量保持优良。对不按照标准施工造成质量、安全问题的，按照有关规定严肃处理。

第五章　附　则

第十七条 本办法由工程代建办负责解释。

第十八条 本细则自公布之日起施行。

附录 1

公路建设项目代建工作办法（部令 2015 年第 3 号）

第一章　总　则

第一条　为提高公路建设项目专业化管理水平，推进现代工程管理，根据《中华人民共和国公路法》等有关法律、行政法规，制定本办法。

第二条　公路建设项目的代建活动，适用本办法。

本办法所称代建，是指受公路建设项目的项目法人（以下简称“项目法人”）委托，由专业化的项目管理单位（以下简称“代建单位”）承担项目建设管理及相关工作的建设管理模式。

第三条　交通运输部负责指导全国公路代建工作并对公路代建市场进行监督管理。

省级交通运输主管部门负责本行政区域内公路代建工作和代建市场的监督管理。

第四条　项目法人具备交通运输主管部门规定的能力要求的，可以自行进行项目建设管理。项目法人不具备规定的相应项目建设管理能力的，应当按照本办法规定，委托符合要求的代建单位进行项目建设管理。

代建单位依合同承担项目质量、安全、投资及工期等管理责任。

第五条　公路建设项目代建可以从施工阶段开始，也可以从初步设计或者施工图设计阶段开始。

第六条　公路建设项目代建应当遵循择优选择，责权一致，界面清晰，目标管理的原则。

第七条　各级交通运输主管部门应当依法加强代建市场管理，将代建单位和代建工作人员纳入公路建设市场信用体系，促进代建市场健康发展。

第二章　代建单位选择及代建合同

第八条　高速公路、一级公路及独立桥梁、隧道建设项目的项目法人，需要委托代建时，应当选择满足以下要求的项目管理单位为代建单位：

（一）具有法人资格，有满足公路工程项目建设需要的组织机构和质量、安全、环境保护等方面的管理制度。

（二）承担过 5 个以上高速公路、一级公路或者独立桥梁、隧道工程的建设项目管理相关工作，具有良好的履约评价和市场信誉。

（三）拥有专业齐全、结构合理的专业技术人才队伍，工程技术系列中级以上职称人员不少于 50 人，其中具有高级职称人员不少于 15 人。

高速公路、一级公路及独立桥梁、隧道以外的其他公路建设项目，其代建单位的选择，可由省级交通运输主管部门根据本地区的实际进行规范。

项目法人选择代建单位时，应当从符合要求的代建单位中，优先选择业绩和信用良好、管理能力强的代建单位。

省级交通运输主管部门可以根据本地公路建设的具体需要，细化代建单位的要求。鼓励符合代建条件的公路建设管理单位及公路工程监理企业、勘察设计企业进入代建市场，开展代建工作。

第九条 代建单位派驻工程现场的建设管理机构、专职管理人员应当满足项目建设管理工作需要。代建项目现场负责人、技术负责人、工程管理部门负责人应当在代建单位工作 3 年以上，且具有 10 年以上的公路建设行业从业经验、高级以上专业技术职称，以及至少 2 个同类项目建设管理经历。

代建单位派驻现场的管理人员和技术人员不得在其他公路建设项目中兼职。

第十条 代建单位应当依法通过招标等方式选择。采用招标方式的，应当使用交通运输部统一制定的标准招标文件。

代建单位在递交投标文件时，应当按照要求列明本单位在资格、能力、业绩、信誉等方面的情况以及拟任现场管理人员、技术人员及备选人员的情况。

评标可以采用固定标价评分法、技术评分合理标价法、综合评标法以及法律、法规允许的其他评标方法，并应当重点评价代建单位的建设管理能力。

第十一条 项目法人应当与所选择的代建单位签订代建合同。

代建合同应当包括以下内容：

（一）代建工作内容；

（二）项目法人和代建单位的职责、权利与义务；

（三）对其他参建单位的管理方式；

（四）代建工作目标；

（五）代建工作条件；

（六）代建组织机构；

（七）代建单位服务标准；

（八）代建服务费及支付方式；

（九）履约担保要求及方式、利益分享办法；

（十）绩效考核办法及奖励办法、违约责任、合同争议的解决方式等。

第十二条 代建服务费应当根据代建工作内容、代建单位投入、项目特点及风险分担等因素合理约定。

第十三条 代建项目实行目标管理。代建单位依据代建合同及其他参建单位签订的合同中约定的管理目标，细化、分解工程质量、安全、进度、投资、环保等目标责任，开展建设管理工作，制定代建工作的各项制度，确保目标实现。

第十四条 项目法人依据代建合同对代建单位的管理和目标控制进行考核和奖惩，督促代建单位严格履行合同。代建服务费宜按照工程进度和目标考核情况分期支付。

第十五条 由于征地拆迁或者资金到位不及时等非代建单位原因造成工期延误等管理目标无法实现的，项目法人和代建单位应当依据合同约定，合理调整代建工作目标。

第三章 代建工作

第十六条 项目法人依据代建合同对项目实施过程进行监督。

项目法人的主要职责包括：

（一）依法承担公路建设项目的工程质量和安全等管理责任。

（二）严格执行国家基本建设程序和有关规定，依法组织办理相关审批手续，督促相关参建单位落实相关要求。

（三）审定代建单位工作方案、项目管理目标和主要工作计划，定期组织检查与考核。

（四）可以授权代建单位依法选定勘察设计、施工、材料设备供应等单位，代表项目法人与上述单位签订合同，明确项目法人、代建单位与上述单位的权利义务。项目法人直接与勘察设计、施工、材料设备供应等单位签订合同的，应当在合同中明确代建单位对上述单位的管理职责。

（五）配合地方人民政府和有关部门完成征地拆迁工作。

（六）筹措建设资金，及时支付工程建设各项费用。

（七）检查项目质量、安全管理及强制性标准执行等情况，审核代建单位报送的一般、较大及重大设计变更方案，依法办理相关变更手续，督促代建单位依据概算严格控制工程投资。

（八）组织项目交工验收、竣工决算并做好竣工验收准备工作。

（九）其他法定职责。

第十七条 订立、变更、终止代建合同，项目法人应当向省级交通运输主管部门备案。

项目法人发现代建单位在建设管理中存在过失或者偏差行为，可能造成重大损失或者严重影响代建工作目标实现的，应当对代建单位法人代表进行约谈，必要时可以依据代建合同的约定终止代建合同。

第十八条 项目法人不得有以下行为：

（一）干预代建单位正常的建设管理行为；

（二）无故拖欠工程款和代建服务费；

（三）违反合同约定要求代建单位和施工单位指定分包或者指定材料、设备供应商；

（四）擅自调整工期、质量、投资等代建工作目标；

（五）国家规定和合同约定的其他禁止性行为。

第十九条 代建单位依据合同开展代建工作。主要职责包括：

（一）严格执行国家基本建设程序和有关规定，协助项目法人办理相关审批手续并落实相关要求，配合国家有关部门依法组织检查、考核等，负责落实整改；

（二）协助项目法人或者受项目法人委托，组织编制招标文件，完成勘察设计、施工、监理、材料设备供应等招标工作；

（三）对勘察设计、施工、监理、材料设备供应、技术咨询等单位进行合同管理，根据合同约定，细化、分解项目管理目标，落实目标责任；

（四）依据相关法规和合同，履行工程质量、安全、进度、计量、资金支付、环境保护等相关责任，审核、签发项目建设管理有关文件；

（五）依据合同协助完成征地拆迁工作；

（六）拟定项目进度计划、资金使用计划、工程质量和安全保障措施等，并报经项目法人同意；

（七）审定一般设计变更并报送项目法人，协助项目法人办理较大及重大设计变更报批手续；

（八）组织中间验收，协助项目法人组织交工验收；

（九）承担项目档案及有关技术资料的收集、整理、归档等工作，组织有关单位编制竣工文件；

（十）负责质量缺陷责任期内的缺陷维修工作管理，配合项目法人准备竣工验收相关工作；

（十一）代建合同约定的其他职责。

第二十条 代建单位不得有以下行为：

（一）以围标、串标等非法行为谋取中标；

（二）将代建工作业务转包或者分包；

（三）在所代建的项目中同时承担勘察设计、施工、供应材料设备，或者与以上单位有隶属关系及其他直接利益关系；

（四）擅自调整建设内容、建设规模、建设标准及代建工作目标；

（五）与勘察设计、施工、材料设备供应单位等串通，谋取不正当利益或者降低工程质量和标准，损害项目法人的利益；

（六）国家规定和合同约定的其他禁止性行为。

第二十一条 代建单位应当依法接受交通运输主管部门及其他有关部门的监督、检查和审计部门的审计。

第二十二条 代建单位具有监理能力的，其代建项目的工程监理可以由代建单位负责，承担监理相应责任。代建单位相关人员应当依法具备监理资格要求和相应工作经验。代建单位不具备监理能力的，应当依法招标选择监理单位。

第二十三条 勘察设计、施工、监理、材料设备供应等单位应当按照相关法规和合同约定，接受代建单位管理，依法承担相应职责和工程质量终身责任。

第二十四条 各级交通运输主管部门及所属监督机构应当依法加强公路代建项目的监督管理，重点对国家法律、法规、政策落实情况，基本建设程序及强制性标准执行情况，代建合同履约情况等进行监督检查，发现问题及时通知项目法人和代建单位进行整改。

第二十五条 交通运输部建立公路建设项目代建单位信用评估制度，在全国统一的公路建设市场信用信息平台上及时发布代建单位的信用信息。对违法违规、扰乱代建市场秩序或者违反本办法第二十条规定的代建单位，列入黑名单。

省级交通运输主管部门应当及时收集并记录代建单位的信用情况，建立代建单位信用等级评估机制。

第二十六条 项目法人和代建单位违反本办法及相关法规，由交通运输主管部门或者其他相关部门依法给予相应处罚。

第四章 附 则

第二十七条 本办法下发之日起施行。

附录 2

济南市政府投资项目代建制管理办法

（济政发〔2017〕2 号）

第一章　总　则

第一条　为进一步深化投资体制改革，提高政府投资项目管理水平和投资效益，根据国家、省有关规定，结合我市实际，制定本办法。

第二条　本办法所称政府投资项目，是指经市政府批准、符合经济社会发展规划、城市总体规划、土地利用总体规划、生态环保规划等相关规划，使用市本级财政一般预算资金、政府性基金、财政专户管理资金和法律法规规定的其他财政性资金，以及使用银行政策性贷款资金等实施的固定资产投资建设项目。

第三条　本办法所称代建制，是指依法通过招标等方式，选择专业化项目建设管理单位（以下简称代建单位）负责市政府投资项目建设实施和组织管理工作，竣工验收后移交给项目使用单位（以下简称使用单位）的制度。

第四条　本市行政区域内总投资 1000 万元（含）以上且政府投资占总投资 50%（含）以上的市政府投资项目，可按照本办法规定实行代建制。

第五条　下列市政府投资项目适用代建制：

（一）机关、人民团体业务用房及培训教育用房项目；

（二）教育、科技、文化、卫生、体育、民政、劳动保障等社会事业项目；

（三）刑事拘留所、行政拘留所、戒毒所、监狱、消防设施、法院审判用房、检察院技术侦察用房等政法设施项目；

（四）生态建设、环境保护等项目；

（五）城市基础设施、市政公用工程等项目；

（六）其他非经营性政府投资项目。

交通、水利等市政府投资项目，分别参照《公路建设项目代建工作办法》（交通运输部令 2015 年第 3 号）和《水利部关于印发水利工程建设项目代建制管理指导意见的通知》（水建管〔2015〕91 号）等规定执行；机关办公楼项目按照有关规定执行；涉及国家安全、保密的项目，按照国家相关规定执行。

第六条 市政府投资项目代建方式包括分阶段代建和全过程代建，可根据项目实际情况确定具体代建方式。

（一）分阶段代建。分为前期工作代建和建设实施代建两种。

前期工作代建是指由中标的代建单位根据批准的项目建议书或政府投资计划、中长期规划，开展建设项目可行性研究、勘察和初步设计等实施和管理工作。

建设实施代建是指由中标的代建单位根据批准的初步设计，开展工程项目施工图编制、施工、监理、采购、竣工验收等实施和管理工作。

（二）全过程代建，是指由中标的代建单位负责项目前期和建设实施全过程工作的实施和管理。

第七条 市发改部门为市政府投资项目代建制管理工作的组织实施机构，市重大代建办公室具体负责牵头协调、组织实施和综合监管工作。

市财政部门负责代建项目资金管理；市审计部门负责对代建项目进行审计监督；市监察部门负责对代建工作相关部门的行政行为实施监察，依法依纪查处违纪违规行为。

行业主管及相关职能部门按照各自职责，做好代建项目监督管理工作。

第八条 项目代建单位由组织实施机构依法通过招标等方式确定。有下列特殊情形之一的，使用单位（非市政府部门的，应先征得市政府主管部门同意）向组织实施机构提出申请，报市政府同意后，可直接确定代建单位：

（一）涉及国家安全或者有特殊保密要求的；

（二）涉及抢险救灾的；

（三）对技术、工程质量等有特殊要求的。

代建单位一经确定，不得擅自变更，不得转包。

第九条 市政府投资项目代建实行合同管理。代建单位确定后，组织实施机构、使用单位、代建单位三方应当签订代建合同，并在合同中明确约定各方权利、义务及违约责任等内容。

第二章 职责分工

第十条 组织实施机构应当履行下列职责：

（一）在批准项目建议书、可行性研究报告或下达投资计划时确定实行代建的市政府投资项目；

（二）按照本办法规定确定代建单位；

（三）组织签订代建合同，并根据需要签订补充合同；

（四）监督代建单位的代建活动；

（五）代建项目通过竣工验收后，及时解除代建单位的银行履约保函约束；

（六）建立代建工程档案；

（七）协调代建中的有关事项；

（八）市政府确定的其他职责。

第十一条 招标时，组织实施机构应当对拟参加政府投资项目代建单位投标的单位资质、信誉、业绩、经济实力、专业技术人员构成、技术装备等情况进行资格审查。未经资格审查的单位，不得参加市政府投资项目代建单位投标活动。

具有下列情形之一的，不得参与市政府投资项目代建相关活动：依法被责令停业的；近 3 年内承接的项目中发生较大以上责任事故的；近 3 年内有其他严重违法、违约等不良记录的。

第十二条 代建单位应当依法对项目勘察、设计、施工、监理和重要设备材料采购进行招标。代建单位及其有直接利害关系单位不得在其代建的项目中承担相关工作。

代建单位具备相应资质和条件的，可承担代建项目的可行性研究报告编制、招标代理等工作。

第十三条 代建单位应当严格履行代建合同，对代建项目的工期、资金使用、质量安全等负全面责任，并对工程质量负终身责任。

第十四条 前期工作代建阶段代建单位应当完成下列任务：

（一）依据批准的项目建议书或政府投资计划、中长期规划，组织编制项目可行性研究报告；

（二）依法组织工程勘察、设计等招标活动；

（三）组织开展项目初步设计概算的编制和报批工作，项目总概算超过已批准可行性研究报告中总投资额 10%，或初步设计建设规模（指总建筑面积）超过已批准可行性研究报告中建设规模 5%的，代建单位应当重新调整可行性研究报告并按规定程序报批；

（四）协助使用单位办理用地、拆迁等审批手续；

（五）接受使用单位委托，办理立项、规划、环保、消防、林业、地震、人防、园林及市政公用设施借用等报批手续；

（六）按合同约定，向使用单位移交项目前期工作的有关手续和资料；

（七）项目建设的其他前期工作。

第十五条 建设实施代建阶段代建单位应当完成下列任务：

（一）按照批准的项目初步设计组织施工图限额设计；

（二）组织施工、监理以及主要材料和设备采购等招标活动，并组织项目施工；

（三）负责申报年度投资计划、办理建设实施代建阶段的有关手续；

（四）负责工程合同的洽谈与签订工作，对工程建设实行全过程管理；

（五）按月向组织实施机构报送工程进度、资金使用情况和项目进度用款报告；

（六）组织工程质量竣工验收；

（七）负责编制工程竣工决算报告，报市财政部门审批；

（八）协助项目竣工验收；

（九）负责将项目竣工及有关资料整理汇编移交，并按批准的资产价值向使用单位办理资产交付手续。

第十六条 实行代建制的市政府投资项目，其使用单位的主要职责是：

（一）根据项目需求和功能定位，提出建设规模和建设内容，编制项目建议书；

（二）根据批准的项目建议书或政府投资计划、中长期规划确定的建设规模和项目投资等内容，及时提出项目使用功能配置、建设标准等意见；

（三）负责办理用地、拆迁审批手续及相关工作；

（四）按照代建合同约定，向代建单位提供项目相关资料，委托代建单位办理立项、规划、初设概算、施工、环保、消防、林业、地震、人防、园林及市政公用设施借用等报批手续；

（五）参与项目设计评审及施工、监理、设备材料采购等招标的监督工作；

（六）负责筹措市政府差额拨款投资项目中的自筹资金，建立项目专门账户，按合同约定付款；

（七）对代建项目的工程质量、施工进度和资金使用提出监督建议；

（八）参与代建单位组织的工程质量竣工验收和市发改部门组织的项目竣工验收，接收已通过工程质量竣工验收的代建项目。

第三章 组织实施

第十七条 组织实施机构按本办法规定确定代建单位之日起 30 日内，应当组织签订代建合同，并在合同中约定各方权利和义务。

第十八条 实行前期工作代建的，代建单位应当按照国家和省、市有关规定和项目代建合同要求开展前期工作，前期工作深度必须达到国家规定要求。

实行建设实施代建或全过程代建的，代建单位应当严格按照批准的初步设计及概算控制投资，在施工图设计中实行限额设计。项目预算不得超过经批准的设计概算。严禁在施工过程中利用施工洽商或者补签其他协议随意变更设计、增加投资。

第十九条 因项目建设期价格大幅上涨、政策调整、地质条件发生重大变化和自然灾害等不可抗力因素导致原核定概算不能满足工程实际需要，确需变更工程设计或者调整项目概算的，须由代建单位提出并经使用单位（非市政府部门的，应先征得市政府主管部门同意）确认，组织实施机构签署意见，按照原工程设计和项目概算审批程序报批。

第二十条 实行建设实施代建或者全过程代建的，在签订代建合同前，代建单位应提供工程概算投资 5%～10%的银行履约保函，具体数额应根据项目行业特点，在招标文件中确定。

第二十一条 代建单位应当建立健全有关档案，在办理项目移交手续时，一并将工程档案、财务档案及相关资料移交使用单位、组织实施机构和有关部门。

实行分阶段代建的，前期工作代建单位应当自项目初步设计批准之日起 1 个月内办理移交手续，向使用单位或者建设实施代建单位移交相关资料；建设实施代建单位应当自项目竣工验收合格之日起 3 个月内向使用单位办理资产交付等手续。

第二十二条 使用单位和其他行政主管部门履行职责时，不得妨碍正常代建活动。

第四章 资金管理

第二十三条 代建项目的财政资金，由市财政部门依据批准的项目投资计划和财政预算，分期拨付使用单位。

第二十四条 代建项目的代建工作费按照国家、省有关规定执行。前期工作代建与建设实施代建按照应提代建工作费总额的 3∶7 比例确定。代建工作费原则上可预留 10%，在项目竣工验收后（前期工作代建的）或工程保修期满后（全过程代建、建设实施代建的）支付。代建单位应当严格执行国家和省、市有关基本建设财务管理制度和会计制度，实行专户管理，专账核算，专款专用，不得截留、挪用。

代建工作费的支付，由代建单位和使用单位（非市政府部门的，应先征得市政府主管部门同意）根据合同约定提出申请，经组织实施机构审核同意后按规定程序拨付。

第二十五条 代建单位按月向组织实施机构报送项目进度月报和资金使用情况，监理单位按月向组织实施机构报送项目监理月报。

第二十六条 市政府有关部门依据国家和省、市有关法规规定，对代建项目进行稽查、审计、监察和评价。

第五章 奖惩与监督

第二十七条 以审核批准的市政府投资项目竣工财务决算为依据，决算投资比代建合同约定相应投资有节余的，可将工程建设费用节余额的 20%奖励给代建单位，其余部分缴回市财政或按投资比例退回使用单位。

第二十八条 前期工作代建单位未能恪尽职守，致使前期工作因质量缺陷造成工程损失的，应当按照代建合同约定承担相应赔偿责任。

建设实施代建单位未能完全履行代建合同约定，因擅自变更建设内容、扩大建设规模、提高建设标准等，致使工期延长、投资增加或工程质量不合格的，其损失或投资增加额从建设实施代建单位的银行履约保函中扣除；履约保函数额不足的，相应扣减项目代建工作费；项目代建工作费不足的，由建设实施代建单位使用自有资金支付。

第二十九条 代建单位有下列情形之一的，除组织实施机构依照代建合同约定追究代建单位违约责任，市财政部门或使用单位暂停资金拨付外，由有关部门依法处理：

（一）不履行或不正确履行监管职责，导致工程勘察、设计、施工、监理等出现转包、违法分包和挂靠行为的；

（二）与使用单位串通，损害国家利益或者社会公共利益的；

（三）与勘察设计、施工、监理、设备材料供应等单位串通，谋取不正当利益或者损害使用单位利益的；

（四）违反项目建设资金使用和财务管理规定的。

第三十条 使用单位有下列情形之一的，除承担相应违约责任，暂停项目执行或资金拨付外，对主要负责人和其他直接责任人员，根据情节轻重依法依规追究责任：

（一）违反项目代建合同约定，致使项目建设无法进行的；

（二）与项目代建单位或者施工、监理单位串通，损害国家利益或社会公共利益的；

（三）违反项目建设资金使用和财务管理规定的。

第三十一条 在代建项目实施过程中，有关行政主管部门及其工作人员有下列情形之一的，由其所在单位、上级主管部门或者监察机关责令限期改正，对主要负责人和直接责任人员，根据情节轻重依法依规追究责任：

（一）滥用职权、徇私舞弊的；

（二）玩忽职守、不履行法定职责的；

（三）索取、收受财物或者谋取其他不正当利益的。

第六章　附　则

第三十二条　各县区政府可参照本办法，结合当地实际，制定本辖区政府投资项目代建制管理规定。

第三十三条　本办法自 2017 年 4 月 10 日起施行，有效期至 2022 年 4 月 10 日。

附录 3
工程项目管理流程图